普通高等教育“十三五”特色教材

纳税会计实务

主　编　史越英　赵　玲
副主编　于　莉　蒙　静
　　　　刘启航　刘翠屏
参　编　白　赓

電子工業出版社
Publishing House of Electronics Industry
北京·BEIJING

内 容 简 介

纳税会计学是会计学的重要分支之一，可以说是会计学与税收学的合璧。纳税会计常被称为“税务中的会计”和“会计中的税务”。随着我国改革开放的不断深化和社会主义市场经济体制的确立，我国的税收法规和会计制度不断发生重大变化，税收对社会经济活动的影响也越来越深刻，税收法规和会计准则、制度的偏离程度也越来越大，用单一的财务会计的处理方法解决复杂的涉税事项已很不现实。纳税会计相关课程作为财经类专业的骨干课程，从财务会计中分离出来，并将财务会计的基本理论和基本方法融入其中，是融合税收法规、法令和会计核算为一体的专业会计课程。

本书可作为会计、财务管理、审计等财经类专业核心课教材。

图书在版编目（CIP）数据

纳税会计实务 / 史越英，赵玲主编. —北京：电子工业出版社，2020.2
ISBN 978-7-121-38219-2

Ⅰ. ①纳… Ⅱ. ①史… ②赵… Ⅲ. ①税收会计－高等学校－教材 Ⅳ. ①F810.42

中国版本图书馆 CIP 数据核字（2020）第 015723 号

责任编辑：祁玉芹
印　　刷：中国电影出版社印刷厂
装　　订：中国电影出版社印刷厂
出版发行：电子工业出版社
　　　　　北京市海淀区万寿路 173 信箱　邮编　100036
开　　本：787×1092　1/16　印张：17.5　字数：426 千字
版　　次：2020 年 2 月第 1 版
印　　次：2020 年 2 月第 1 次印刷
定　　价：49.80 元

凡所购买电子工业出版社图书有缺损问题，请向购买书店调换。若书店售缺，请与本社发行部联系，联系及邮购电话：（010）88254888，88258888。
质量投诉请发邮件至 zlts@phei.com.cn，盗版侵权举报请发邮件至 dbqq@phei.com.cn。
本书咨询联系方式：qiyuqin@phei.com.cn。

前言 Preface

纳税会计学是会计学的重要分支之一，可以说是会计学与税收学的合璧。纳税会计常被称为“税务中的会计”和“会计中的税务”。随着我国改革开放的不断深化和社会主义市场经济体制的确立，我国的税收法规和会计制度不断发生重大变化，税收对社会经济活动的影响也越来越深刻，税收法规和会计准则、制度的偏离程度也越来越大，用单一的财务会计的处理方法解决复杂的涉税事项已很不现实。纳税会计相关课程作为财经类专业的骨干课程，从财务会计中分离出来，并将财务会计的基本理论和基本方法融入其中，是融合税收法规、法令和会计核算为一体的专业会计课程。

本书以我国现行最新的税收法规和财务制度为依据，按我国现行主要税种分项目叙述其基本内容、应纳税额的计算、会计处理方法、纳税申报流程等，根据不同税种的特点列举了大量实例。为了便于学习和理解，在各章节的编写中，我们充分考虑了高等职业教育的特点，力求遵循纳税会计学的内在逻辑，体现了纳税会计学的最新变化和成果，做到清晰明了、循序渐进、条理性强。

本书的编者都是长期从事高等职业教育的专业骨干教师以及从事企业税收筹划的专业人员（刘启航来自河南嘉鸿会计师事务所）。编写过程中充分结合高等职业教育教学的特点，即以应用型、实践型教学为主，使书中内容循序渐进、环环相扣，从税务基础知识、会计准则到会计处理，再到纳税申报，突出重点难点，举例贴近最新的实务，尽力做到使复杂的问题变得易于学生理解和接受。

随着我国税收制度和法规的不断完善，税收法规会调整、修改或扩充而形成新的法规，书中引用的法规若与新的法规不一致时，应以新的法规为依据。

由于编者水平所限，书中不足之处敬请读者批评指正，以便修订时改进。读者在使用本书的过程中如有其他意见或建议，可以向编者提出。

编　者

2019.8

目录 Contents

项目一　纳税会计

知识与能力目标

1. 理解纳税的基本概念；
2. 熟悉纳税的一般程序；
3. 了解纳税会计的基本概念。

任务案例

案例：高某是新疆哈密市人，其通过朋友介绍认识了想在哈密市做生意的河北省廊坊市人员李某和薛某。李某把河南人汪某的身份证件提供给高某，高某以开办公司为由向公安机关提供虚假地址为汪某办理暂住证件，然后聘用会计周某在工商部门注册了XC商贸公司，在税务机关办理税务登记。在两个月时间内，高某和会计周某在李某和薛某的授意下，使用他人身份证件，采用和注册XC商贸公司相同的手段，又先后设立DC商贸公司等5户企业并办理了税务登记。会计周某以6户企业的名义，先后向主管税务机关申领空白发票1 300多份交于高某，高某再通过快递方式将空白发票邮递给河北省廊坊市的薛某。薛某和李某根据其背后的主谋孙某的授意向河北、天津9户企业（注册地址均为虚假且经营场所已关闭）开具货物名称为煤炭、废钢铁的增值税专用发票，且此9户企业已认证抵扣1 300多万元进项税额，向河北13户企业（均为注册地址虚假或无实际经营能力的“空壳公司”）开具增值税专用发票437份，涉及金额4 200余万元，受票企业已认证抵扣增值税进项税额710余万元。

任务思考：请问税务机关对于该企业的违法行为如何进行税政征管？个人在企业经营管理中应该如何把握职业操守？

任务一　理解纳税的基本概念

一、税收与税法

税收是国家为了向社会提供公共产品、满足社会共同需要、按照法律的规定，参与社会产品的分配、强制、无偿取得财政收入的一种规范形式。

国家通过征税，将一部分社会产品由纳税人所有转变为国家所有，因此征税的过程实际上是国家参与社会产品的分配过程。税收与其他分配方式相比，具有强制性、无偿性和固定性的特征，习惯上称为税收的“三性”。近几年随着非税收入（如土地拍卖收入等）的增加，税收收入占财政收入的比重大多数年份都维持在90%以上，税收体现的是作为主体的国家与社会组织和社会成员之间的一种特定的收入分配关系。

税法是指国家制定的用以调整国家与纳税人之间在征税方面的权利及义务关系的法律规范的总称。税法构建了国家及纳税人依法征税、依法纳税的行为准则体系，其目的是保障国家利益和纳税人的合法权益，维护正常的税收秩序，保证国家的财政收入。

税收法律关系是由税收法律规范确认和调整的、国家和纳税人之间发生的具有权利和义务内容的社会关系。税收法律关系的一方主体始终是国家，税收法律关系主体双方具有单方面的权利与义务内容，税收法律关系的产生以纳税人发生了税法规定的行为或者事实为根据。

因此，纳税就是税收中的纳税人根据国家各种税法的规定，按照一定的比率，把集体或个人收入的一部分缴纳给国家的执行过程。

二、税法基本原则

税法基本原则是统御所有税收规范的根本准则，是包括税收立法、执法、司法在内的一切税收活动所必须遵守的。其中，税收法定原则是税法基本原则的核心。

（一）税收法定原则

税收法定原则又称税收法定主义，是指税法主体的权利义务必须由法律加以规定，税法的各类构成要素必须且只能由法律予以明确。如果没有相应法律作为前提，国家则不能征税，公民也没有纳税的义务；没有法律依据，任何主体不得征税或减免税收。

（二）税收公平原则

税收公平原则又称税收公平主义，源于法律上的平等原则。税收公平的最基本含义是：税收负担必须根据纳税人的负担能力分配：负担能力相等，税负相同；负担能力不相等，税负不相同。许多国家的税收在贯彻税法公平原则时，都特别强调“禁止不平等对待”的法理，禁止对特定纳税人给予歧视性对待，也禁止在没有正当理由的情况下对特定纳税人给予特别优惠。对一部分纳税人的特别优惠，很可能就是对其他纳税人的歧视。

（三）税收效率原则

税收效率原则所要求的是以最小的费用获取最大的税收收入，并利用税收的经济调控作用最大限度地促进经济的发展，或者最大限度地减轻税收对经济发展的阻碍。它包括税收行政效率和税收经济效率两个方面。

（四）实质课税原则

实质课税原则是指应根据纳税人的真实负担能力决定纳税人的税负，而不能仅考虑相关外观和形式，即实质重于形式。例如，纳税人借转让的定价而减少计税所得，税务机关有权根据实质课税原则，重新估定计税价格，并据以计算应纳税额。实质课税原则的意义在于防止纳税人的避税与偷税，增强税法适用的公正性。

课堂思考

个人所得税法中对居民个人的全年综合所得适用七级超额累进税率，即按应纳税所得额的大小划分为七个等级，不同等级的课税税额分别适用不同的税率，课税税额越大，适用的税率越高。个人所得税的这种计税方法体现了税法基本原则中的什么原则，如何理解？

三、我国现行税法体系

税法体系是指一个国家在一定时期内、一定体制下以法定形式规定的各种税收法律、法规的总和。我国现行税法体系由税收法律、行政法规、规章及地方税法等构成。其内容主要包括税收实体法和税收程序法两大类。

（一）税收实体法

我国现行税法体系就其实体法而言，按照征税对象大致分为以下五类：

（1）商品（货物）和劳务税类。包括增值税、消费税、关税，主要在生产、流通或者服务业中发挥调节作用。由于商品劳务税是对商品或劳务流转过程中发生的毛收付额的征税，因此在我国也被习惯称为流转税。

（2）所得税类。包括企业所得税、个人所得税，主要是在国民收入形成后，对生产经营者的利润和个人的纯收入发挥调节作用。

（3）资源税和环境保护税类。包括资源税、环境保护税、土地增值税和城镇土地使用税，主要是对因开发和利用自然资源的差异而形成的级差收入发挥调节作用。

（4）特定目的税类。包括城市维护建设税、车辆购置税、耕地占用税、船舶吨税和烟叶税，主要是为了达到特定目的，对特定对象和特定行为发挥调节作用。

（5）财产和行为税类。包括房产税、车船税、印花税、契税，主要是对某些财产和行为发挥调节作用。

上述税种一共有 18 个，其中进口的增值税和消费税、关税和船舶吨税由海关负责征收管理，其他税种由税务机关负责征收管理。除企业所得税、个人所得税、车船税是以国家法律的形式发布实施外，其他各种税种都是经全国人民代表大会授权立法，由国务院以暂行条例的形式发布实施的。这些法律法规共同组成了我国的税收实体法体系。

（二）税收程序法

除税收实体法外，我国对税收征收管理适用的法律制度，是按照税收管理机关的不同而分别规定的：

（1）由税务机关负责征收的税种的征收管理，按照全国人民代表大会常务委员会发布实施的《中华人民共和国税收征收管理法》（以下简称《税收征收管理法》）执行。

（2）由海关机关负责征收的税种的征收管理，按照《中华人民共和国海关法》以下简称《海关法》及《中华人民共和国进出口关税条例》以下简称《进出口关税条例》等有关规定执行。

上述税收实体法和税收征收管理的程序法共同构成了我国现行税法体系。

四、税法构成要素

税法构成要素是指各种单行税法具有的共同的基本要素的总称，既包括实体性的，也包括程序性的。税法的构成要素一般包括总则、纳税义务人、征税对象、税目、税率、纳税环节、纳税期限、纳税地点、减税免税等项目。

1. 总则

总则主要包括立法依据、立法目的、适用原则等。例如，《中华人民共和国环境保护法》第一条规定，“为保护和改善环境，防治污染和其他公害，保障公众健康，推进生态文明建设，促进经济社会可持续发展，制定本法。”此条突出了该法制定的目的，即“立法目的”。

2. 纳税义务人

纳税义务人也称纳税人或纳税主体，是税法规定的直接负有纳税义务的单位和个人，是税款的法律承担者。纳税义务人有自然人和法人两种最基本的形式。纳税义务人不同于负税人，负税人是税款的实际负担者，有时税负转嫁会使纳税义务人与实际负税人不一致，如虽然增值税是向企业主征收的，但企业主在销售商品时将税收负担转嫁给下一个生产流通环节，最后由最终消费者承担。

与纳税义务人相联系的两个概念是代扣代缴义务人和代收代缴义务人。代扣代缴义务人是指虽然不承担纳税义务，但依照有关规定，在向纳税人支付收入、结算货款、收取费用时有义务代扣代缴税款的单位和个人，如演出公司代扣某歌星的演出所得的个人所得税等。代收代缴义务人是指虽不承担纳税义务，但依照有关规定，在向纳税人收取商品或劳务收入时，有义务代收代缴的单位和个人。例如，消费税条例规定，委托加工的应税消费品，由受托方在向委托方交货时代收代缴委托方应该缴纳的消费税。

3. 征税对象

征税对象又称课税对象、征税客体，即“对什么征税”，是征纳税双方权利与义务共同指向的客体或标的物，是区别一种税与另一种税的重要标志。征税对象是税法最基本的要素，它决定着某一种税的基本征税范围，也决定了各个不同税种的名称。例如，房产税的征税对象是房屋，对企业的生产经营所得征收企业所得税等。与课税对象相关的两个基本概念：税目和税基。税目本身也是一个重要的税法要素，下面单独说明。

税基又称计税依据，是据以计算征税对象应纳税款的直接数量依据，是征税对象的数量化，按其性质可分为从价计征和从量计征。从价计征是指按征税对象的货币价值计算，如生产销售化妆品应纳消费税税额是由化妆品的销售收入乘以适用税率计算产生，其税基为化妆品的销售收入；从量计征是按征税对象的自然单位计算，如城镇土地使用税应纳税额是由占用土地面积乘以每单位面积应纳税额计算产生，其税基为占用土地的面积。

4. 税目

税目是对征税对象的具体化，反映具体的征税范围，代表征税的广度。并非所有的税种都规定税目，有些税种的征税对象简单、明确，没有另行规定税目的必要，如企业所得税、房产税等。针对征税对象比较复杂的税种，划分税目是明确具体的征税范围：凡列入税目的即为应税项目；未列入税目的，则不属于应税项目。例如，消费税的税目按照类别的不同共设置了 15 个税目，这是由于消费税的征税对象比较复杂，需要规定税目，从而对应不同的税率，体现了不同应税行为税负的差异。

5. 税率

税率是对征税对象的征收比例或征收额度，是应纳税额计算的尺度，是对征税对象深度的界定，也是衡量税负轻重与否的重要标志。我国现行的税率主要有以下四种：

（1）比例税率，指对同一征税对象，不分数额大小，规定相同的征收比例，税额与征税对象呈正比例关系。例如，我国的增值税、企业所得税等采用的是比例税率。比例税率适用于从价计征的税种。

（2）定额税率，又称固定税额，是根据征税对象计量单位直接规定固定的征税数额。例如，城镇土地使用税、消费税中的汽油分别以“平方米”“升”为计量单位，税额的多少只同课税对象的数量有关，与价格无关。定额税率适用于从量计征的税种。

（3）超额累进税率，指把征税对象按数额的大小分成若干等级，每一级规定一个税率，税率依次提高，但每一纳税人的征税对象则依所属等级同时适用几个税率分别计算，将计算结果相加后得出应纳税额。表 1-1 为居民个人劳务报酬所得预扣预缴税率表。

表 1-1　居民个人劳务报酬所得预扣预缴税率表

级　数	预扣预缴应纳税所得额	预扣率（%）	速算扣除数（元）
1	不超过 20 000 元的部分	20	0
2	超过 20 000 元至 50 000 元的部分	30	2 000
3	超过 50 000 元的部分	40	7 000

假如某人某次劳务报酬应纳税所得额为 30 000 元，用表 1-1 所列税率，其应预扣预缴税额可以分步计算：

第一级的 20 000 元适用 20%的税率，应预扣预缴税额=20 000×20%=4 000（元）；

第二级的 10 000 元（30 000−20 000）适用 30%的税率，应预扣预缴税额=10 000×30%=3 000（元）；

其该次应预扣预缴税额=4 000+3 000=7 000（元）。

在级数较多的情况下，为了简化计算，也可采用速算法。对于同样的征税对象，按全额累进方法计算出的税额比按超额累进方法计算出的税额多，即有重复计算的部分，这个多征的常数称为速算扣除数。用公式表示为：

速算扣除数=按全额累进方法计算的税额−按超额累进方法计算的税额

公式移项得：

按超额累进方法计算的税额=按全额累进方法计算的税额−速算扣除数

上例中，采用简化的方法计算，则应预扣预缴税额=30 000×30%−2 000=7 000（元）。

（4）超率累进税率，即对征税对象的相对率划分若干级距，分别规定相应的差别税率，相对率每超过一个级距的，对超过的部分就按高一级的税率计算征税。目前我国税收体系中采用这种税率的是土地增值税。

6. 纳税环节

纳税环节是指按税法规定的征税对象在从生产到消费的流转过程中应当缴纳税款的环节，即发生纳税义务的时间，如商品税在生产和流通环节纳税、所得税在分配环节纳税等。按照纳税环节的多少，可将税收课征制度分为两类：凡只在一个环节征税的称为一次课征制，如我国的资源税只在开采环节征税；凡在两个及以上的环节征税的称为多次课征制，如我国的增值税对商品（货物）的生产、批发和零售均征税。

7. 纳税期限

纳税期限是指税法规定的关于税款缴纳时间方面的限定。纳税人每次发生纳税义务后，不可能马上去缴纳税款。税法规定了每种税的纳税期限，即每隔固定时间汇总一次纳税义务的时间。例如，《中华人民共和国增值税暂行条例》以下简称增值税暂行条例规定，增值税的具体纳税期限分别为1日、3日、5日、10日、15日、1个月或者1个季度。纳税人的具体纳税期限，由主管税务机关根据纳税人应纳税额的大小分别核定；不能按照固定期限纳税的，可以按次纳税。

8. 纳税地点

纳税地点是指根据各个税种纳税对象的纳税环节和有利于对税款的源泉控制，而规定的纳税人（包括代征、代扣、代缴义务人）的具体纳税地点。例如，环境保护税的纳税人，原则上应当向应税污染物排放地的税务机关申报缴纳环境保护税。

9. 减税免税

减税免税是对某些纳税人或征税对象采取减少征税或者免予征税的特殊规定。减税是对应缴纳税额少征一部分税款，免税是对应缴纳税额全部免征税款。减税免税是税率的重要补充，如税法规定企业因购买国债所得的利息收入，免征企业所得税；非居民企业应按10%的税率征收企业所得税等。

任务二　熟悉纳税的一般程序

纳税程序是纳税人履行纳税义务应遵循的法定手续和先后顺序。纳税程序既是纳税人正确履行纳税义务的基本步骤，也是税务机关实施税收征管的一般规则，是人们对纳税活动过程规律性的总结和反映。按照纳税程序办事，有利于建立正常的纳税秩序，保证税款及时足额入库，提高税收征收管理质量。一般来说，纳税程序是：

（1）纳税人领取营业执照后，按规定向主管税务机关申请办理税务登记，由税务机关核发税务登记证；

（2）纳税人办理税务登记后，应确定办税主管领导、主管会计、主管办税人员；

（3）纳税人按照发票管理制度的规定购买、使用发票，并建立内部的发票管理制度；

（4）纳税人按期如实向主管税务机关进行纳税申报，并按规定报送有关报表、资料；

（5）纳税人按照规定的期限，将应纳税款如期缴入国库；

（6）纳税人按照税务机关的要求，进行纳税自查，并有义务接受税务机关定期或不定期的检查。

一、税务登记

税务登记是税务机关对纳税人的生产、经营活动进行登记并据此对纳税人实施税务管理的一种法定制度。税务登记是税务机关对纳税人实施税收管理的首要环节和基础工作，是征纳双方法律关系成立的依据和证明，也是纳税人必须依法履行的义务。建立税务登记制度，便于税务机关掌握和控制税源，对纳税人履行纳税义务的情况进行监督和管理。税务登记主要包括开业，变更、注销，停业、复业，外出经营报验登记内容。

（一）开业税务登记

开业税务登记是指从事生产经营活动或者其他业务的单位和个人，在获得工商行政管理机关核准或者其他主管机关批准后的一定时期内，向税务机关办理注册登记的活动。开业税务登记的程序和内容包括以下几点。

1. 税务登记申请

纳税人应自领取营业执照之日起30日内，持有关证件向税务机关申报办理税务登记，申请办理开业税务登记的，首先到主管税务机关或指定的税务登记点，填报《税务登记表》，需要如实提供的证件和资料包括：营业执照或者其他核准开业证件的副本及复印件；有关合同、章程、协议书；组织机构统一代码证书；开户银行及账号证明；法定代表人、负责人或业主的居住身份证、护照或者其他合法证件；其他需要提供的有关证件、资料。

2. 税务登记内容

税务登记的内容包括：单位名称、法定代表人或业主住所、经营地点；登记注册类型及所属主管单位；核算方式；行业、经营范围、经营方式；注册资金、投资总额、开户银行及账号；经营期限、从业人数、营业执照号码；财务负责人、办税人员等。

3. 税务登记审核

税务机关收到纳税人的书面申请报告、税务登记表及有关证件、文件、资料后，应当在30日内审核并发给税务登记证。

自2015年10月1日起，新设企业领取由工商管理部门核发加载法人和其他组织社会统一社会信用代码的营业执照后，以18位统一社会信用代码为其纳税人识别号，不再领取税务登记证。企业办理涉税事宜时，在完成补充信息采集后，凭加载统一代码的营业执照可代替税务登记证使用。工商登记“一个窗口”统一受理申请后，申请材料和登记信息在部门间共享，各部门数据互换、档案互认。

（二）变更、注销税务登记

变更税务登记是纳税人税务登记内容发生变化时，由税务机关根据纳税人申请对原登记内容进行相应变动的登记。注销税务登记是指纳税人税务登记内容发生了根本性变化，依法需终止履行纳税义务时向税务机关申报办理的税务登记手续。

纳税人税务登记内容发生变化的，应当自工商行政管理机关或者其他机关办理变更登记之日起 30 日内，持有关证件向原税务登记机关申报办理变更税务登记；按照规定不需要到工商行政管理机关或者其他机关办理变更登记的，应当自发生变化之日 30 日内，持有关证件向原税务登记机关申报办理变更税务登记。

纳税人因住所、生产场所、经营场所变动而涉及改变主管税务登记机关的，应当在向工商行政管理机关申请办理变更或注销登记前，或者住所、生产场所、经营场所变动前，向原税务登记机关办理注销登记，并自注销税务登记之日起 30 日内向迁达地主管税务登记机关申报办理税务登记。

纳税人被工商行政管理机关吊销营业执照的，应当自营业执照被吊销之日起 15 日内，向原税务登记机关申报办理注销税务登记。

（三）停业、复业登记

停业登记是指实行定期定额征收方式的纳税人，在营业执照核准的经营期限内需要停业的，应当向税务机关提出停业登记，说明停业的理由、时间与停业前的纳税情况和发票的领、用、存情况，并如实填写《停业复业报告书》。税务机关经过审核（必要时可实地审查），应当责成申请停业的纳税人结清税款，收回其税务登记证件、发票领购簿和未使用完的发票，办理停业登记。如纳税人停业期间发生纳税义务，应当及时向税务机关申报，依法补缴应纳税款。

复业登记是指纳税人在恢复生产、经营之前，向税务机关提出复业登记申请，经确认后，办理复业登记，领回或启用税务登记证件和发票领购簿及其领购的发票，纳入正常管理。

（四）外出经营报验登记

外出经营报验登记是指纳税人到外县（市）从事生产经营活动的，应当在外出生产经营以前，持税务登记证向主管税务机关申请开具《外出经营活动税收管理证明》，向营业地税务机关报验登记，接受税务管理。

课堂思考

为什么要进行税务登记？开业税务登记的程序和内容包括哪些？开业税务登记需要提供哪些证件和资料？

二、账簿、凭证管理

账簿、凭证管理制度是根据国家有关法律、行政法规和国务院财政、税务主管部门的规定，对纳税人会计凭证、账簿，财务会计制度，发票和税控管理等要求所制定的制度。

（一）账簿、凭证管理

1. 账簿、凭证设置管理

从事生产、经营的纳税人应当自领取营业执照或者发生纳税义务之日起 15 日内，按照国家有关规定设置账簿。这里的账簿是指总账、明细账、日记账及其他辅助性账簿。总账、日记账应当采用订本式。

生产、经营规模小又确无建账能力的纳税人，可以聘请经批准从事会计代理记账业务的专业机构或者经税务机关认可的财会人员代为建账和办理账务；聘请上述机构或者人员有实际困难的，经县以上税务机关批准，可以按照税务机关的规定，建立收支凭证粘贴簿、进货销货登记簿或者使用税控装置。

所有的纳税人和扣缴义务人都必须根据合法、有效的凭证进行账务处理，纳税人建立的电算化系统应当符合国家有关规定，并能正确、完整核算其收入或者所得。

2. 财务会计制度管理

凡从事生产、经营的纳税人必须自领取税务登记证件之日起 15 日内，将其财务、会计制度、会计处理方法报送主管税务机关备案。纳税人、扣缴义务人的财务、会计制度、方法与国务院和财政部、国家税务总局有关税收方面的规定相抵触时，必须按照国务院制定的税收法规的规定，或者财政部、国家税务总局制定的有关税收的规定计缴税款。

（二）发票管理

发票是指在购销商品、提供或者接受服务以及从事其他经营活动中，开具、收取的收付款凭证。税务机关是发票的主管机关，负责发票的印刷、领购、开具、使用、取得、保管、缴销的管理和监督。

1. 发票的印刷

增值税专用发票由国务院税务主管部门确定的企业印制；其他发票，按照国务院税务主管部门的规定，由省、自治区、直辖市税务机关确定的企业印制。未经规定的税务机关指定，不得印刷发票。

2. 发票领购管理

依法办理税务登记的单位和个人，可以向主管税务机关申请领购发票。纳税人可以根据自己的需求申请领购普通发票。增值税专用发票只限于增值税一般纳税人领购使用。

3. 发票开具、使用、取得的管理

普通发票开具、使用、取得的管理，应注意以下几点（增值税专用发票开具、使用、取得的管理，按增值税有关规定办理）：

（1）销货方按规定填开发票；

（2）购买方按规定索取发票；

（3）纳税人进行电子商务必须取得发票；

（4）发票要全联一次填写；

（5）发票不得跨省、直辖市、自治区使用。发票限于领购单位和个人在本省、自治区、直辖市内开具；

（6）开具发票要加盖财务印章或发票专用章；

（7）开具发票后，如发生销货退回需开红字发票的，必须收回原发票并注明“作废”字样或取得对方有效证明；发生销售折让的，在收回原发票并证明“作废”后，重新开具发票。

4. 发票保管管理

根据发票管理的要求，发票保管分为税务机关保管和用票单位、个人保管两个层次，都必须建立严格的发票保管制度。包括专人保管制度、专库保管制度、专账登记制度、保管交接制度和定期盘点制度。

5. 发票缴销管理

发票缴销包括发票收缴和发票销毁。发票收缴是指用票单位和个人按照规定向税务机关上缴已经使用或者未使用的发票；发票销毁是指由税务机关统一将自己或者他人已使用或者未使用的发票进行销毁。

6. 增值税电子普通发票的推广与应用

2015 年 11 月 26 日，国家税务总局发布了《关于推行通过增值税电子发票系统开具的增值税电子普通发票有关问题的公告》，对增值税电子发票的开具和使用提出具体规定：

（1）规定了增值税电子发票系统开具的增值税电子普通发票票样；

（2）增值税电子普通发票的开票方和受票方需要纸质发票的，可以自行打印增值税电子普通发票的版式文件，其法律效力、基本用途、基本使用规定等与税务机关监制的增值税普通发票相同；

（3）增值税电子普通发票的发票代码为 12 位，编码规则：第 1 位为 0，第 2～5 位代表省、自治区、直辖市和计划单列市，第 6～7 位代表年度，第 8～10 位代表批次，第 11～12 位代表票种。发票号码为 8 位，按年度、分批次编制。

（三）税控管理

税控管理是税收征收管理的一个重要组成部分，也是近期提出来的一个崭新的概念。它是指税务机关利用税控装置对纳税人的生产经营情况进行监督和管理，以保障国家税收收入，防止税款流失，提高税收征管效率，降低征收成本的各项活动的总称。

三、纳税申报管理

纳税申报是纳税人在发生法定纳税义务后，按照税法或税务机关规定的期限和内容，以书面形式向主管税务机关提交有关纳税事项的法律行为。纳税申报是纳税人履行纳税义务、界定纳税人法律责任的主要依据，是税务机关税收管理信息的主要来源和税务管理的重要制度。

（一）纳税申报的对象

纳税申报的对象为纳税人、扣缴义务人。应当正常履行纳税义务的纳税人在纳税期内即使没有应缴税款或者享受减免税待遇的，也应当按照规定办理纳税申报；对于取得临时应税收入或临时发生应税行为的纳税人，应在发生纳税义务后到税务机关办理纳税申报和缴纳税款。

（二）纳税申报的内容

纳税申报的内容，主要在各税种的纳税申报表，代扣代缴、代收代缴报告表和随纳税申报表附报的财务报表及有关纳税资料中体现。具体内容主要包括：税种、税目，应纳税项目或者应代扣代缴、代收代缴税款项目，计税依据，扣除项目及标准，适用税率或者单位税额，应退税项目及税额、应减免税项目及税额，应纳税额或者应代扣代缴、代收代缴税额，税款所属期限、延期缴纳税款、欠税、滞纳金等。

（三）纳税申报的方式

我国目前的纳税申报主要有以下几种方式。

1. 直接申报

直接申报是指纳税人、扣缴义务人自行到税务机关办理纳税申报或报送代扣代缴、代收代缴报告的申报方式。这是一种传统申报方式。

2. 邮寄申报

邮寄申报是指经税务机关批准的纳税人、扣缴义务人使用统一规定的纳税申报特快专递专用信封，通过邮政部门办理交寄手续，并向邮政部门索取收据作为申报凭证的方式。邮寄申报以寄出的邮戳日期为实际申报日期。

3. 数据电文

数据电文是指经税务机关批准的纳税人，通过电话语音、电子数据交换和网络传输等方式办理纳税申报的一种方式。例如，目前纳税人的网上申报，就是数据电文申报方式的一种形式。纳税人采用数据电文方式办理纳税申报的，应当按照税务机关规定的期限和要求保存有关资料，并定期书面报送主管税务机关。

4. 简易申报

简易申报是指实行定期定额缴纳税款的纳税人经税务机关批准，以缴纳税款凭证代替申报的方式。

5. 简并征期

简并征期是指实行定期定额缴纳税款的纳税人经税务机关批准，可以采取将纳税期限合并为按季、半年、年的方式缴纳税款的申报方式。

四、税款征收

税款征收是税务机关依据国家税收法律、行政法规确定的标准和范围，通过法定程序将纳税人应纳税款组织征收入库的具体行为。税款征收是税收征收管理工作的中心环节，是全部税收征管工作的目的和归宿，也是纳税人履行纳税义务的体现。

1. 税款征收方式

（1）查账征收。

查账征收是指税务机关按照纳税人提供的账表所反映的经营情况，依照适用税率计算缴纳税款的方式。这种方式一般适用与财务会计制度较为健全，能够认真履行纳税义务的纳税单位。

（2）查定征收。

查定征收是指税务机关根据纳税人的从业人员、生产设备、采用原材料等因素，对其产制的应税产品查实核定产量、销售额并据以征收税款的方式。这种方式一般适用于账册不够健全，但是能够控制原材料或进销货的纳税单位。

（3）查验征收。

查验征收是指税务机关对纳税人应税商品通过查验数量，按市场一般销售单价计算其销售收入并据以征税的方式。这种方式一般适用于经营品种比较单一，经营地点、时间和商品来源不固定的纳税单位，如在车站、码头、市场等临时经营的零星、流动性税源。

（4）定期定额征收。

定期定额征收是指税务机关通过典型调查，逐户确定营业额和所得额并据以征税的方式。这种方式一般适用于生产经营规模较小、不能准确计算营业额和所得额的小规模纳税人或个体工商户。

除以上几种主要方式外，还有委托代征税款、邮寄纳税等方式。

2. 税款征收制度

（1）代扣代缴、代收代缴税款制度。税法规定的扣缴义务人必须依法履行代扣、代收税款义务，扣缴义务人依法履行代扣、代收税款义务时，纳税人不得拒绝。

（2）延期缴纳税款制度。纳税人因有特殊困难，不能按期缴纳税款的，经省、自治区、直辖市税务机关批准，可以延期缴纳税款，但最长不得超过 3 个月。

（3）税收滞纳金征收制度。纳税人、扣缴义务人未按规定期限缴纳税款的，税务机关除责令限期缴纳外，从滞纳税款之日起，按日加收滞纳税款万分之五的滞纳金。

（4）减免税收制度。纳税人申请减免税，应向主管税务机关提出书面申请，并按规定附送有关资料。减税、免税期满，纳税人应当自期满次日起恢复纳税。

除此之外，税款征收制度还包括税额核定和税收调整制度、税收保全措施、税收强制执行措施等制度。

课堂思考

某企业按照国家规定享受 3 年内免纳企业所得税的优惠待遇。当税务机关要求该企业进行纳税申报时，会计小李认为，既然本企业享受免税待遇，就不用办理企业所得税的纳税申报了。分析小李的看法是否正确。

五、税务违章

税务违章是纳税人和税款扣缴义务人违反税收法律、法规，妨碍税务机关正常执行征收任务行为的总称。为了保障国家税收政策、法规的切实贯彻执行，在税收征收管理制度中，对有违章行为的纳税人给予一定的处罚和制裁，是维护正常征纳秩序，加强征收管理的必要手段。

（一）违反税务管理基本规定行为的处罚

根据《税收征管法》的规定：纳税人有下列行为之一的，由税务机关责令限期改正，可处以2 000元以下的罚款；情节严重的，处2 000元以上1万元以下的罚款。

（1）未按照规定的期限申报办理税务登记、变更或者注销登记的；

（2）未按照规定设置、保管账簿或者保管记账凭证和有关资料的；

（3）未按照规定将财务、会计制度或者财务、会计处理办法和会计核算软件报送税务机关备查的；

（4）未按照规定将其全部银行账号向税务机关报告的；

（5）未按照规定安装、使用税控装置，或者损毁或擅自改动税控装置的；

（6）纳税人未按照规定办理税务登记证件验证或者换证手续的。

纳税人不办理税务登记的，由税务机关责令限期改正；逾期不改正的，由工商行政管理机关吊销其营业执照。

纳税人未按照规定使用税务登记证件，或者转借、涂改、损毁、买卖、伪造税务登记证件的，处2 000元以上1万元以下的罚款；情节严重的，处1万元以上5万元以下的罚款。

（二）扣缴义务人的违法行为及其法律责任

根据《税收征管法》的规定，扣缴义务人的违法行为及其法律责任具体包括以下几点。

（1）扣缴义务人未按照规定设置、保管代扣代缴、代收代缴税款账簿或者保管代扣代缴、代收代缴税款记账凭证及有关资料的，由税务机关责令限期改正，可处以2 000元以下的罚款；情节严重的，处2 000元以上5 000元以下的罚款。

（2）扣缴义务人未按照规定的期限向税务机关报送代扣代缴、代收代缴税款报告表和有关资料的，由税务机关责令限期改正，可以处2 000元以下的罚款；情节严重的，可以处2 000元以上1万元以下的罚款。

（3）扣缴义务人采取偷税手段，不缴或少缴已扣、已收税款，由税务机关追缴其不缴或者少缴的税款、滞纳金，并处不缴或者少缴的税款50%以上5倍以下的罚款；构成犯罪的，依法追究刑事责任。

（4）扣缴义务人在规定期限内不缴或者少缴应解缴的税款，经税务机关责令限期缴纳，逾期仍未缴纳的，税务机关除依照《税收征管法》第四十条的规定采取强制执行措施追缴其不缴或者少缴的税款外，可以处不缴或者少缴的税款50%以上5倍以下的罚款。

（5）扣缴义务人应扣未扣、应收而不收税款的，由税务机关向纳税人追缴税款，对扣缴义务人处应扣未扣、应收未收税款50%以上3倍以下的罚款。

（6）扣缴义务人逃避、拒绝或者以其他方式阻挠税务机关检查的，由税务机关责令改正，可以处1万元以下的罚款；情节严重的，处1万元以上5万元以下的罚款。

任务三　了解纳税会计的基本概念

一、纳税会计概念

纳税会计也称税务会计，最早产生于二战后的美国。20 世纪 70～80 年代随着美国高通货膨胀和高利率的出现，经济生活中货币时间价值得到了极大的关注，人们逐渐认识到最少纳税原则和最迟纳税对国家税收收入和企业经营成果会产生重大的影响。因此，纳税会计便由此揭开了神秘的面纱。

美国著名会计学家 E.S.亨德里克森曾指出："很多小企业，会计的目的是为了编制所得税申报表，甚至不少企业若不是为了纳税就根本不会记账。即使对于大公司来说，纳税也是会计师们的一个主要问题。""税法对于提高会计实践有极大影响，并有利于一般会计改进及一致性的保持。""通过税法还可以促进会计观念的发展。如促进寻求更好的折旧方法和存货计价方法，澄清了计税收益的实质和所应包括的范围等等。"

纳税会计是以现行税收法规为准绳，以货币为计量单位，运用会计学的基本理论和方法，全面、系统、连续地反映纳税单位由纳税活动所引起的资金运动，对纳税人应纳税款的形成、申报、缴纳进行反映和监督的一种管理活动。

因此，纳税会计主要解决以企业为主的各项涉税业务的税务处理和会计处理，以及各税种的纳税申报办法。由于税种可分为流转税、所得税、资源税等，纳税会计也可相应地分为流转税会计、所得税会计和资源税会计等分支。

二、纳税会计的基本前提

纳税会计以财务会计为基础，财务会计中的基本前提有些也适用于纳税会计，如会计分期、货币计量等。但由于纳税会计有自己的特点，其基本前提也应有其特殊性。

（一）纳税主体

纳税主体与财务会计的会计主体有密切联系，但不一定等同。会计主体是财务会计为之服务的特定单位或组织，会计处理的数据和提供的财务信息，被严格限制在一个特定的、独立的或相对独立的经营单位之内。典型的会计主体是企业。纳税主体必须是能够独立承担纳税义务的纳税人。在某些垂直领导的行业，如铁路、银行，由铁道部、各总行集中纳税，其基层单位是会计主体，但不是纳税主体。又如，对稿酬征纳个人所得税时，其纳税人（即稿酬收入者）并非会计主体，而作为扣缴义务人的出版社或杂志社则成为这一纳税事项的会计主体。纳税主体作为代扣（或代收、代付）代缴义务人时，纳税人与负税人是分开的。作为纳税会计的一项基本前提，应侧重从会计主体的角度来理解和应用纳税主体。

（二）持续经营

持续经营是假设纳税主体在可预见的将来不会解散、破产、清算。持续经营的前提意味着纳税主体将继续存在足够长的时间以实现其现在的承诺，如预期所得税在将来要继续缴纳。这是所得税税款递延、亏损前溯或后转，以及暂时性差异能够存在并且能够使用纳税影响会计法进行所得税跨期摊配的基础所在。

（三）货币时间价值

随着时间的推移，投入周转使用的资金价值将会发生增值，这种增值的能力或数额，就是货币时间价值，这和货币计量中币值稳定假设相冲突。在货币时间价值的前提下，税法出于及时、足额征税的目的，规定纳税人应尽快确认收入、推迟计量费用；纳税人在依法纳税的前提下，出于纳税筹划、相对节税的财务利益考虑，会计核算往往采用加速计量费用、推迟确认收入的处理方法，如所得税会计中采用债务法进行递延税款处理。

（四）纳税会计期间

纳税会计期间亦称纳税年度，是指纳税人按照税法规定选定的纳税年度。我国的纳税会计期间是指自公历 1 月 1 日起至 12 月 31 日止。纳税会计期间不等同于纳税期限，如增值税、消费税的纳税期限是日或月。如果纳税人在一个纳税年度的中间开业，或者由于改组、合并、破产关闭等原因，使该纳税年度的实际经营期限不足 12 个月的，应当以其实际经营期限为一个纳税年度。纳税人清算时，应当以清算期间作为一个纳税年度。

（五）货币计量

货币计量的纳税会计要求是确定记账本位币，纳税额必须以人民币为计量单位。货币计量假定币值在不同时间内不发生变化。如果考虑币值发生变化，那么税款的计算和缴纳就会缺乏统一标准，无法完成计算和税款缴纳。

三、纳税会计的原则

纳税会计与财务会计密切相关。财务会计中的核算原则，大部分或基本上也都适用于纳税会计。但又因纳税会计与税法的特定联系，税收理论和立法中的实际支付能力原则、公平税负原则、程序优先于实体原则等，也会非常明显地影响纳税会计。纳税会计的原则可以归纳如下：

（一）纳税会计的基本原则

1. 税法导向原则

税法导向原则是指纳税会计应以税法为准绳，在财务会计确认、计量的基础上，再以税法为判断标准（或以税务筹划为目标）进行重新确认和计量，在遵从或不违反税法的前提下，履行纳税义务，寻求税收利益。该原则体现“税法至上”，税法优先于会计法规等其他普通法规。

2. 筹划性原则

筹划性原则是指纳税会计既要保证依法计税、纳税，又要尽可能地争取纳税人的最大税收利益。因此，选择什么样的会计政策、采用何种税务筹划方案，必须事先进行周密谋划。“税务会计的目标不是会计，而是收益。”（汉弗莱·H.纳什，1997）因此，纳税会计还具有财务职能，具有预测性。

3. 时间性原则

时间性原则是指纳税会计必须在税法规定的时间内及时进行会计处理。税法对纳税人的税收优惠政策享受、违反或逾期税务办理规定等，都有享受时间、丧失权利或承受处罚等相应的规定。在时间性原则下，纳税会计应关注税法的时效性，尽量避免应得利益的丧失或遭受税法惩罚损失。

（二）纳税会计确认和计量原则

1. 权责发生制与收付实现制相结合的原则

权责发生制原则以权利和义务的发生来确定收入和费用的归属期间，能够合理、有效地确定不同会计期间的收益和企业的经营成果；而收付实现制则是指以款项的实际收付为基础确认本期的收入和费用。纳税会计为了保证企业纳税的及时性，在收入的确认上，一方面贯彻权责发生制，如在流转税法规中，都将“收取销售款项或索取销售款项凭证的当天”作为纳税义务发生时间；另一方面，又贯彻收付实现制，如在确定转让不动产的增值税纳税义务发生时间时规定：“纳税人转让土地使用权或者销售不动产，采用预收方式的，其纳税义务发生时间为收到预收款的当天。”尽管纳税人收取的预收款在会计处理上不作为收入处理，但在税务处理上仍然要求企业计算缴纳税金。

2. 调整性原则

调整性原则是在期末会计核算的结果上，对税收法规与会计准则规范不一致引起的应纳税差异，按税法进行差异调整。在日常会计核算方法上，纳税会计与财务会计是一致的。由于财务会计解决的主要问题之一是正确计算期间收入、费用和利润，税法利用会计核算计算税金是十分便利的，但两者核算结果不一定一致。在调整性原则下，通过对计税依据、应税收入、扣除费用等的调整确认，可以得到会计利润与应税所得的差异，进一步揭示形成差异的原因，有助于会计信息用户对财务会计信息和纳税会计信息的进一步了解、分析和决策。

四、纳税会计要素

（一）纳税会计要素

纳税会计要素受税法和会计两方面的影响，作为一个单独的会计学科，它也应该有自己的会计要素。纳税会计要素是对纳税会计对象的进一步分类，其分类既要服从于纳税会计目标，又受纳税会计环境的影响。纳税会计环境决定纳税会计主体的具体涉税事项和特点，按涉税事项的特点和税务会计信息使用者的要求进行的分类，即形成纳税会计要素（同时也是税务会计报表要素）。

1. 计税依据

计税依据指税法中规定的计算应纳税额的根据，在税收理论中称为税基。纳税人的各种应缴税款是根据各税的计税依据与其税率相乘来计算的。税种不同其计税依据也不同，有收入额、销售额（量）、增值额（率）、所得额等。

2. 应税收入

应税收入是企业因销售商品、提供劳务等应税行为所取得的收入，即税法所认定的收入，也称法定收入。应税收入与财务会计收入（简称“会计收入”）有密切联系，但不一定等同。

对应税收入的确认和计量，一般也是按财务会计原则和标准进行。但在具体掌握上，税法又有例外，如对权责发生制的修正，税法对某些应税行为按收付实现制确认应税收入。

3. 扣除费用

扣除费用是企业因发生应税收入而必须支付的相关成本、费用，即税法所认可的允许在计税时扣除项目的金额，因此亦称法定扣除项目金额。财务会计确认、记录的费用、支出与法定扣除项目金额虽然有密切关系，但两者并不完全等同。

4. 应税所得

财务会计与纳税会计中“所得”的含义有所不同。财务会计中的“所得”就是账面利润或会计利润；纳税会计中的“所得”即指应税所得，或称应纳税所得额，它是应税收入与法定扣除项目金额之差。

5. 应纳税额

应纳税额亦称应缴税款。它是计税依据与其适用税率（或者单位税额）之乘积。应纳税额是纳税会计特有的一个会计要素。影响应纳税额的因素有计税依据、税率、单位税额和减免税规定。

（二）纳税会计要素的平衡关系

在我国财务会计的六项会计要素中，资产、负债和所有者权益构成资产负债表，称为资产负债表要素；收入、费用和利润构成利润表，称为利润表要素。由此构成财务会计的两个基本平衡公式：资产-负债=所有者权益（所有者权益=净资产）；收入-费用=利润。

纳税会计要素是税制构成要素在纳税人会计核算中的基本体现，它们之间也有两个会计等式：计税依据×适用税率=应纳税额；应税收入-扣除费用=应税所得。前者适用于所有的税种，后者仅适用于所得税，由此可见纳税会计要素之间的关系。

知识拓展

美国的纳税人权利

纳税人权利是纳税人在税收法律关系中所享有的权利。对纳税人权利的保护，直接影响到一个国家经济的持续发展和社会和谐。在经济发达的国家，纳税人权利普遍受到重视，不少国家公布了纳税人权利宣言或制定了纳税人权利法案，对纳税人权利有较详细的规定。美国十分重视纳税人权利保护，既有专门的纳税人权利法案，又在《国内收入法典》及各专项税收法案中予以较为详细的规定，这些法律都强调了对纳税人权利的保护。

包含在 1988 年《专业和杂项收入法》中的《纳税人权利法案》，该法案赋予纳税人法定的具体权利，从此使权利理念渗入到税收法制之中。该法案中的纳税人权利包括：

（1）征收会面的录音权。纳税人依法享有以其自身的开支或设备对任何征收审查进行录音。

（2）知情权。在纳税人与国税局首次会面之前，国税局应当向纳税人提供关于审计、征缴及纳税人在此过程中权利的解释。

（3）征收咨询权。纳税人有权咨询律师、注册会计师或注册代理机构及其他人。

（4）税务委托代理权。除有行政传唤在前之外，纳税人可委托正当授权的受托人代表其应对国税局的检查或征税。

（5）信赖权。纳税人有权信赖或不信赖国税局回答纳税人的书面要求或建议。

（6）申请保护权。当税收执法人员在执法过程中的态度可能给纳税人带来巨大的困难时，纳税人有权向国税局的负责官员舞弊的调查官申请保护。

（7）国税局应禁止将职员执行结果与其业绩挂钩，也不允许为提高执行数量扣押纳税人财产。

（8）延期纳税权。纳税人有为便利纳税义务实现而延期纳税的权利。

（9）获取服务权。国税局须设立以副局长分管的纳税人服务机构为纳税人服务。

（10）获得补偿权。纳税人只要在行政或司法申诉中具有“实质性优势”，就有权获得合理的行政性补偿。这一补偿含聘请律师、注册会计师和注册代理机构的各种花费。

（11）诉讼并获得赔偿权。纳税人有权在联邦地区法院起诉联邦政府以求赔偿。当纳税人的损害是由国税局职员的过错所造成时，纳税人可获得最高 10 万美元（含诉讼费）的赔偿。

任务案例实施

案例解析：

1. 新疆哈密市石油新城国税局税务人员在分析企业涉税信息时，发现 XC 商贸公司存在发票申请数量大、短期开票金额大以及未按期申报等多项疑点，就移交给稽查部门。哈密市国税局向公安机关通报案情，请公安机关经侦支队提前介入，双方成立联合专案组，对 XC 商贸公司立案调查，发现薛某、李某、孙某设立空壳公司、接受虚开发票和虚开没有业务的发票的情形，案件移交司法部门审理。

2. 首先，个人要管理好自己的身份证件，防止被不法分子利用注册公司实施逃避缴纳税款等违法行为；其次，不管是向他人虚开发票还是接受他人虚开的发票，如果没有相关的真实货物甚至还有资金回流都是违法行为，企业切不可触碰法律的红线；最后，即使只是公司老板雇用的会计，也应当坚持自己的职业操守。

项目小结：

本项目考查的知识点难度不大，属于基础概念性部分。理论性知识点较多、比较抽象，需要多思考理解并课外延伸阅读税收税法相关知识。以下知识点需要大家重点掌握：税法的构成要素，纳税的一般程序，纳税会计要素之间的关系。

知识测试与能力训练

强化训练 1-1 同步考试真题

一、单项选择题

1. 我国取得财政收入的主要来源是（　　）。（2012 年会计从业）
   A. 规费　B. 国有资产收益　C. 税收　D. 公债
2. 区别一种税与另一种税的重要标志是（　　）。（2014 年注税）
   A. 纳税义务人　B. 征税对象　C. 税目　D. 计税依据
3. 下列情形中，纳税人应当注销税务登记的是（　　）。（2018 年注会）
   A. 纳税人改变生产经营方式的
   B. 纳税人被工商行政管理部门吊销营业执照的
   C. 纳税人改变名称的
   D. 纳税人改变住所和经营地点未涉及改变原主管税务机关的

二、多项选择题

1. 税收的特征主要表现为（　　）。（2014 年会计从业）
   A. 强制性　B. 稳定性　C. 无偿性
   D. 固定性　E. 监督性
2. 下列税法构成要素各项中，表述正确的有（　　）。（2016 年注会）
   A. 对于累进税率，一般情况下，课税数额越大，适用税率越高
   B. 比例税率是对同一征税对象，不分数额大小，规定相同的征收比例
   C. 税目是各个税种所规定的具体征税项目
   D. 纳税义务人也称纳税人或纳税主体
   E. 征税对象又称课税对象、征税客体，即对什么征税
3. 属于纳税人义务的有（　　）。（2013 会计从业）
   A. 依法办理税务登记的义务　B. 接受账簿、凭证管理的义务
   C. 纳税申报的义务　D. 按时缴纳税款的义务
   E. 接受税务检查的义务

三、判断题

1. 税收是国家为实现其职能，凭借政治权力，按照法律规定的标准，有偿取得财政收入的一种特定分配方式。（　　）（2013 会计从业）

2. 税收无偿性是指国家取得税收收入既不需偿还，也不需对纳税人直接付出任何代价。（　　）（2014 会计从业）

3. 纳税人享受减税、免税待遇的，在减税、免税期间应当按照规定办理纳税申报。（　　）（2013 年会计从业）

4. 征税人仅包括代表国家行使税收征管职权的各级税务机关。（　　）（2014 会计从业）

强化训练 1-2　同步模拟训练题

一、单项选择题

1. 我国的税种分为商品和劳务税、所得税、财产和行为税、资源税和特定目的税等，是按照（　　）分类的。

A. 征税对象不同　B. 纳税期限不同　C. 税率不同　D. 税目不同

2. 下列税种中属于商品和劳务税的是（　　）。

A. 契税　B. 增值税　C. 资源税　D. 房产税

3. 下列税种中属于财产税的是（　　）。

A. 增值税　B. 企业所得税
C. 房产税　D. 城市维护建设税

4. 下列说法中不正确的是（　　）。

A. 纳税义务人即纳税主体
B. 税率是衡量税负轻重与否的唯一标志
C. 征税对象是区分不同税种的主要标志
D. 税目是征税对象的具体化

5. 税基是指（　　）。

A. 计税单位　B. 计税价格
C. 定额　D. 计税依据

6. 定额税率一般适用于（　　）的某些税种、税目。

A. 从价计征　B. 从量计征
C. 复合计税　D. 混合计税

7. 对账簿、凭证等会计核算比较健全的纳税人应采取的税款征收方式是（　　）。

A. 查验征收　B. 查定征收
C. 查账征收　D. 自核自缴

8. 下列税费的征收管理，适用《税收征管法》的是（　　）。

A. 关税　B. 房产税
C. 教育费附加　D. 海关代征增值税

9. 纳税会计以（　　）为准绳。

A. 会计准则　B. 会计制度
C. 税收法规　D. 财务会计

10. 纳税会计要素中不包括（　　）。

A. 计税依据　B. 应税所得

C. 应纳税额　　D. 利润总额

二、多项选择题

1. 税法的基本原则包括（　　）。
   A. 税收法定原则　　B. 税收公平原则　　C. 税收效率原则
   D. 强制性原则　　E. 实质课税原则
2. 我国现行税法体按征税对象可以分为（　　）。
   A. 流转税类　　B. 所得税类　　C. 资源税类
   D. 特定目的税类　　E. 财产和行为税类
3. 我国现行的税率有（　　）。
   A. 比例税率　　B. 定额税率　　C. 累进税率
   D. 复合税率　　E. 定率税率
4. 税务登记的内容包括（　　）。
   A. 开业登记　　B. 变更登记　　C. 注销登记
   D. 停业登记　　E. 复业登记
5. 根据《税收征管法》规定，下列属于纳税申报对象的有（　　）。
   A. 代扣代缴义务人　　B. 享受减税的纳税人
   C. 纳税期内没有应纳税款的纳税人　　D. 享受免税的纳税人
   E. 取得临时应税收入的纳税人
6. 税款征收的方式有（　　）。
   A. 查账征收　　B. 查定征收　　C. 查验征收
   D. 定期定额征收　　E. 自核自缴
7. 纳税会计的基本前提包括（　　）。
   A. 会计主体　　B. 持续经营　　C. 货币时间价值
   D. 纳税会计期间　　E. 货币计量
8. 纳税会计的基本原则有（　　）。
   A. 无偿性原则　　B. 税法导向原则　　C. 筹划性原则
   D. 时间性原则　　E. 协同性原则
9. 纳税会计确认和计量原则有（　　）。
   A. 筹划性原则　　B. 无偿性原则
   C. 权责发生制与收付实现制相结合原则
   D. 调整性原则　　E. 协同性原则
10. 纳税会计的要素有（　　）。
    A. 应税收入　　B. 扣除费用　　C. 计税依据
    D. 应纳税额　　E. 应税所得

三、判断题

1. 税目是征税对象的具体化和数量化，反映各税种征税的广度。（　　）
2. 在征税对象已经明确的前提下，国家征税的数量和纳税人负担水平主要取决于税率。（　　）

3. 纳税人被工商行政管理机关吊销营业执照的，应当自营业执照被吊销之日起 30 日内，向原税务登记机关申报办理注销税务登记。（　　）

4. 查定征收是指税务机关对纳税人应税商品通过查验数量，按市场一般销售单价计算其销售收入并据以征税的方式。（　　）

5. 根据税法的规定，纳税人、扣缴义务人未按规定期限缴纳税款的，税务机关除责令限期缴纳外，从滞纳税款之日起，按日加收滞纳税款千分之五的滞纳金。（　　）

6. 纳税会计只核算和监督与税款形成、计缴有关的财务活动，不核算和监督企业的全部资金运动。（　　）

7. 纳税主体与财务会计中的“会计主体”一定等同。（　　）

8. 税收的筹划性是指企业的纳税负担可以通过合理地计划安排达到逃税的目的。（　　）

9. 纳税会计的目标是通过对企业涉税活动的反映和核算，保证纳税人依法纳税，使纳税人的经营行为既符合税法，又最大限度地减轻税收负担。（　　）

10. 我国的纳税会计期间是指自公历 1 月 1 日起至 12 月 31 日止。纳税会计期间等同于纳税期限。（　　）

强化训练 1-3　同步复习思考题

1. 按征税对象不同，我国税种分为哪几类？具体包括哪些税种？

2. 简述税法的构成要素。

3. 富兰克林有一句富有哲理的名言：人一生下来有两件事不能避免，一是死亡，二是缴税。试分析其含义。

4. 学生李某听到老师讲解我国现行税种有 18 个，立即质疑仅自己了解的个人所得税就有工资薪金所得、劳务报酬所得和财产转让所得等，不可能只有 18 个税种。试分析李某的观点是否正确？为什么？

5. 怎样理解纳税会计中的应税收入与扣除费用要素？它们与财务会计中的收入与费用的确认是否一致？

项目二　增值税会计

知识与能力目标

1. 了解增值税的基本要素；
2. 掌握增值税的计算；
3. 掌握增值税的会计处理；
4. 熟悉增值税的纳税申报。

任务案例

案例： 某公司 2018 年 9 月购入一栋写字楼，按照原来的税收政策规定，不动产进项税额的 40%应于 2019 年 9 月抵扣。2019 年 4 月 1 日增值税新政实施后，40%部分是否只能在 2019 年 4 月税款所属期抵扣？

任务思考： 请了解并掌握财政部、税务总局、海关总署《关于深化增值税改革有关政策的公告》（2019 年第 39 号）相关规定。

任务一　了解增值税的基本要素

一、增值税概述

（一）增值税的概念

增值税是以商品（含应税劳务和应税服务）在流转过程中产生的增值额作为征税对象而征收的一种流转税。按照我国增值税法的规定：增值税是对在我国境内销售货物或者提供加工、修理修配劳务（以下简称“应税劳务”）、交通运输业、邮政业、部分现代服务业服务（以下简称“应税服务”）以及进口货物的企业单位和个人，就其货物销售或提供劳务、应税服务的增值额和货物进口金额为计税依据而课征的一种流转税。

1984 年 9 月 18 日，国务院发布了《中华人民共和国增值税条例（草案）》，标志着增值税作为一个法定的独立税种在我国正式建立。2011 年 10 月 28 日，财政部和国家税务总局修订并重新公布了《中华人民共和国增值税暂行条例实施细则》以下简称《增值税暂行条例实施细则》，自 11 月 1 日起提高了增值税起征点。2016 年 3 月 23 日，经国务院批准，财政部和国家税务总局发布了《关于全面推开营业税改征增值税试点的通知》，通知决定自 2016 年 5 月 1 日起，在全国范围内全面推开营业税改征增值税试点，将建筑业、房地产业、金融业、生活服务业等全部营业税纳税人，纳入试点范围。2017 年 11 月 19 日国务院发布了“关于废止《中华人民共和国营业税暂行条例》和修改《中华人民共和国增值税暂行条例》的决定”，正式结束了营业税的历史使命。

我国现行增值税的基本规范是 2017 年 11 月 19 日国务院第 691 号公布的《中华人民共和国增值税暂行条例》和 2016 年 3 月财政部和国家税务总局发布的“营改增通知”以及 2011 年 10 月 28 日，财政部和国家税务总局修订并公布的《增值税暂行条例实施细则》。

（二）增值税的特点

1. 保持税收中性

根据增值税的计税原理，流转额中的非增值因素在计税时被扣除。因此，对同一商品而言，无论流转环节的多与少，只要增值额相同，税负就相等，不会影响商品的生产结构、组织结构和产品结构。

2. 普遍征收

从增值税的征税范围看，对从事商品生产经营和劳务提供的所有单位和个人，在商品增值的各个生产流通环节向纳税人普遍征收。

3. 税收负担由商品最终消费者承担

虽然增值税是向企业主征收，但企业主在销售商品时又通过价格将税收负担转嫁给下一生产流通环节，最后由最终消费者承担。

4. 实行税款抵扣制度

在计算企业主应纳税款时，要扣除商品在以前生产环节已负担的税款，以避免重复征税。从世界各国来看，一般都实行凭购货发票进行抵扣的制度。

5. 实行比例税率

从实行增值税制度的国家看，普遍实行比例税制，以贯彻征收简便易行的原则。由于增值额对不同行业和不同企业、不同产品来说性质是一样的，原则上对增值额应采用单一比例税率。但为了贯彻一些经济社会政策也会对某些行业或产品实行不同的政策，因而引入增值税的国家一般都规定基本税率和优惠税率。

6. 实行价外税制度

在计税时，作为计税依据的销售额中不包含增值税税额，这样有利于形成均衡的生产价格，并有利于税负转嫁的实现。这是增值税与传统的以全部流转额为计税依据的流转税或商品课税的一个重要区别。

（三）增值税的类型

在实践中，各国实行的增值税都是以法定增值额为征税对象的。法定增值额和理论增值额往往不相一致，其主要区别在于对购入固定资产的处理上。所以，根据对购入固定资产已纳税款处理的不同，可以将增值税分为不同的类型。依据实行增值税的各个国家允许抵扣已纳税款的扣除项目范围的大小，增值税分为生产型增值税、收入型增值税、消费型增值税三种类型。

1. 生产型增值税

生产型增值税以纳税人的销售收入（或劳务收入）减去用于生产、经营的外购原材料、燃料、动力等物质资料价值后的余额作为法定的增值额，但对购入的固定资产及其折旧均不予扣除。既不允许扣除购入固定资产的价值，也不考虑生产经营过程中固定资产磨损的那部分转移价值（即折旧）。由于这个法定增值额等于工资、租金、利息、利润和折旧之和，其内容从整个社会来说相当于国民生产总值，所以称为生产型增值税。生产型增值税购入固定资产的进项税额当期完全不能抵扣且以后也不能抵扣。

2. 收入型增值税

收入型增值税除允许扣除外购物质资料的价值以外，对于购置用于生产、经营的固定资产，允许将已提折旧的价值额予以扣除。即对于购入的固定资产，可以按照磨损程度相应地给予扣除。这个法定增值额就整个社会来说相当于国民收入，所以称为收入型增值税。收入型增值税购入固定资产的进项税额当期只能部分抵扣（部分抵扣指按当期所提折旧所对应的进项税额来抵扣）。

3. 消费型增值税

消费型增值税允许将购置物质资料的价值和用于生产、经营的固定资产价值中所含的税款，在购置当期全部一次扣除。虽然固定资产在原生产经营单位作为商品于出售时都已征税，但当购置者作为固定资产购进使用时，其已纳税金在购置当期已经全部扣除。因此，就整个社会而言，这部分商品实际上没有征税，所以说这种类型增值税的课税对象不包括生产资料部分，仅限于当期生产销售的所有消费品，故称为消费型增值税。消费型增值税购入固定资产的进项税额当期可以完全抵扣。

我国在引用增值税时采用的是生产型增值税，目前已经改为消费型增值税。

二、增值税纳税人

1. 纳税义务人

在中华人民共和国境内销售货物、劳务，服务、无形资产、不动产以及进口货物的单位和个人，为增值税的纳税人。

单位，是指企业、行政单位、事业单位、军事单位、社会团体及其他单位。

个人，是指个体工商户和其他个人。

单位以承包、承租、挂靠方式经营的，承包人、承租人、挂靠人（以下统称承包人）以发包人、出租人、被挂靠人（以下统称发包人）名义对外经营并由发包人承担相关法律责任的，以该发包人为纳税人；否则，以承包人为纳税人。

资管产品运营过程中发生的增值税应税销售行为，以资管产品管理人为增值税纳税人。

采用承包、承租、挂靠经营方式下，区分以下两种情况界定纳税人：

（1）同时满足以下两个条件的，以发包人为纳税人：以发包人名义对外经营；由发包人承担相关法律责任。

（2）不同时满足上述两个条件的，以承包人为纳税人。

纳税人应当按照国家统一的会计制度进行增值税会计核算。

2. 扣缴义务人

中华人民共和国境外的单位或者个人在境内提供应税劳务和应税服务，在境内未设有经营机构的，以其境内的代理人为扣缴义务人；在境内没有代理人的，以购买方为扣缴义务人。

三、一般纳税人和小规模纳税人的登记

增值税实行凭专用发票抵扣税款的制度，客观上要求纳税人具备健全的会计核算制度和能力。在实际经济生活中我国增值税纳税人众多，会计核算水平差异较大，大量的小企业和个人还不具备用发票抵扣税款的条件，为了简化增值税的计算和征收，也有利于减少税收征管漏洞，增值税税法将增值税纳税人按会计核算水平和经营规模分为一般纳税人和小规模纳税人两类纳税人，分别采取不同的登记管理办法。2018 年 2 月 1 日起施行的《增值税一般纳税人登记管理办法》，其主要内容如下。

（一）一般纳税人的登记

1. 一般纳税人的登记条件

根据《增值税一般纳税人登记管理办法》的规定，增值税纳税人（以下简称纳税人）年应税销售额超过财政部、国家税务总局规定的小规模纳税人标准（以下简称规定标准）的，除下述 2 第（1）条规定外，应当向主管税务机关办理一般纳税人登记。

年应税销售额，是指纳税人在连续不超过 12 个月或 4 个季度的经营期内累计应征增值税销售额，包括纳税申报销售额、稽查查补销售额、纳税评估调整销售额。

年应税销售额未超过规定标准的纳税人，会计核算健全，能够提供准确税务资料的，可以向主管税务机关办理一般纳税人登记。

会计核算健全，是指能够按照国家统一的会计制度规定设置账簿，根据合法、有效凭证核算。

纳税人应当向其机构所在地主管税务机关办理一般纳税人登记手续，登记为一般纳税人后，不得转为小规模纳税人，国家税务总局另有规定的除外。

2. 不得办理一般纳税人登记的情况

（1）按照政策规定，选择按照小规模纳税人纳税的（应当向主管税务机关提交书面说明）；

（2）年应纳税销售额超过规定标准的其他个人。

3. 纳税人办理一般纳税人登记的程序

（1）纳税人向主管税务机关填报《增值税一般纳税人登记表》，如实填写固定生产经营场所等信息，并提供税务登记证件；

（2）纳税人填报内容与税务登记信息一致的，主管税务机关当场登记；

（3）纳税人填报内容与税务登记信息不一致，或者不符合填列要求的，税务机关应当

场告知纳税人需要补正的内容。

（二）小规模纳税人的登记

小规模纳税人是指年销售额在规定标准以下，并且会计核算不健全，不能按规定报送有关税务资料的增值税纳税人。会计核算不健全是指不能正确核算增值税的销项税额、进项税额和应纳税额。

根据《关于统一小规模纳税人标准等若干增值税问题的公告》（国家税务总局公告 2018 年第 18 号）等相关文件的规定，小规模纳税人的具体认定标准为年应征增值税销售额 500 万元及以下。

按照《增值税暂行条例实施细则》第二十八条规定，已登记为增值税一般纳税人的单位和个人，在 2018 年 12 月 31 日前，可转登记为小规模纳税人，其未抵扣的进项税额作转出处理。符合条件的一般纳税人，可选择按照财政部、税务总局《关于统一增值税小规模纳税人标准的通知》（财税〔2018〕33 号）第二条的规定，转登记为小规模纳税人，或选择继续作为一般纳税人。

转登记纳税人按规定再次登记为一般纳税人后，不得再转登记为小规模纳税人。

四、增值税征税范围的一般规定

现行增值税征税范围的一般规定包括应税销售行为和进口的货物，具体规定如下：

（一）销售货物

货物是指有形动产，包括电力、热力和气体在内。销售货物是指有偿转让货物的所有权。有偿不仅指从购买方取得货币，还包括取得货物或其他经济利益。

（二）提供应税劳务

劳务是指纳税人提供的加工、修理修配劳务。加工是指受托加工货物，即委托方提供原料及主要材料，受托方按照委托方的要求制造货物并收取加工费的业务；修理修配是指受托对损伤和丧失功能的货物进行修复，使其恢复原状和功能的业务。

提供应税劳务是指有偿提供劳务。单位或个体工商户聘用的员工为本单位或雇主提供加工、修理修配劳务不包括在内。

（三）销售服务

销售服务，是指提供交通运输服务、邮政服务、电信服务、建筑服务、金融服务、现代服务、生活服务。其具体征税范围如下。

1. 交通运输服务

交通运输服务，是指使用运输工具将货物或者旅客送达目的地，使其空间位置得到转移的业务活动。包括陆路运输服务、水路运输服务、航空运输服务和管道运输服务。

2. 邮政服务

邮政服务，是指中国邮政集团公司及其所属邮政企业提供邮件寄递、邮政汇兑和机要通信等邮政基本服务的业务活动。包括邮政普遍服务、邮政特殊服务和其他邮政服务。

3. 电信服务

电信服务，是指利用有线、无线的电磁系统或者光电系统等各种通信网络资源，提供语音通话服务，传送、发射、接收或者应用图像、短信等电子数据和信息的业务活动。包括基础电信服务和增值电信服务。

4. 建筑服务

建筑服务，是指各类建筑物、构筑物及其附属设施的建造、修缮、装饰、线路、管道、设备、设施等的安装以及其他工程作业的业务活动。包括工程服务、安装服务、修缮服务、装饰服务和其他建筑服务。

5. 金融服务

金融服务，是指经营金融保险的业务活动。包括贷款服务、直接收费金融服务、保险服务和金融商品转让。

6. 现代服务

现代服务，是指围绕制造业、文化产业、现代物流产业等提供技术性、知识性服务的业务活动。包括研发和技术服务、信息技术服务、文化创意服务、物流辅助服务、租赁服务、鉴证咨询服务、广播影视服务、商务辅助服务和其他现代服务。

7. 生活服务

生活服务，是指为满足城乡居民日常生活需求提供的各类服务活动。包括文化体育服务、教育医疗服务、旅游娱乐服务、餐饮住宿服务、居民日常服务和其他生活服务。

（四）销售无形资产

销售无形资产，是指转让无形资产所有权或者使用权的业务活动。无形资产，是指不具实物形态，但能带来经济利益的资产，包括技术、商标、著作权、商誉、自然资源使用权和其他权益性无形资产。

（五）销售不动产

销售不动产，是指转让不动产所有权的业务活动。不动产，是指不能移动或者移动后会引起性质、形状改变的财产，包括建筑物、构筑物等。

（六）进口货物

进口货物，是指申报进入中国海关境内的货物。我国增值税税法规定，只要是报关进口的应税货物，均属于增值税的征税范围，除享受免税政策外，在进口环节缴纳增值税。

五、增值税征税范围的特殊规定

1. 罚没物品征与不征增值税的处理。

（1）执罚部门和单位查处的属于一般商业部门经营的商品，具备拍卖条件的，由执罚部门或单位商同级财政部门同意后，公开拍卖。其拍卖收入作为罚没收入由执罚部门和单位如数上缴财政，不予征税。对经营单位购入拍卖物品再销售的应照章征收增值税。

（2）执罚部门和单位查处的属于一般商业部门经营的商品，不具备拍卖条件的，由执罚部门、财政部门、国家指定销售单位会同有关部门按质论价，交由国家指定销售单位纳入正常销售渠道变价处理。执罚部门按商定价格所取得的变价收入作为罚没收入如数上缴财政，不予征税。国家指定销售单位将罚没物品纳入正常销售渠道销售的，应照章征收增值税。

（3）执罚部门和单位查处的属于专管机关管理或专管企业经营的财物，如金银（不包括金银首饰）、外币、有价证券、非禁止出口文物，应交由专管机关或专营企业收兑或收购。执罚部门和单位按收兑或收购价所取得的收入作为罚没收入如数上缴财政，不予征税。专管机关或专营企业经营上述物品中属于应征增值税的货物，应照章征收增值税。

2. 航空运输企业已售票但未提供航空运输服务取得的逾期票证收入，按照航空运输服务征收增值税。

3. 纳税人取得的中央财政补贴，不属于增值税应税收入，不征收增值税。

4. 融资性售后回租业务中，承租方出售资产的行为不属于增值税的征税范围，不征收增值税。

5. 存款利息不征收增值税。

6. 被保险人获得的保险赔付不征收增值税。

7. 纳税人在资产重组过程中，通过合并、分立、出售、置换等方式，将全部或部分实物资产以及与其相关联的债权、负债和劳动力一并转让给其他单位和个人，不属于增值税的征税范围。

8. 房地产主管部门或者其指定机构、公积金管理中心、开发企业以及物业管理单位代收的住宅专项维修资金，不征收增值税。

9. 药品生产企业销售自产创新药的销售额，为向购买方收取的全部价款和价外费用，其提供给患者后续免费使用的相同创新药，不属于增值税视同销售范围。创新药是指经国家食品药品监督管理部门批准注册、获批前未曾在中国境内外上市销售，通过合成或者半合成方法制得的原料药及其制剂。

10. 根据国家指令无偿提供的铁路运输服务、航空运输服务，属于《营业税改征增值税试点实施办法》第十四条规定的用于公益事业的服务。

11. 单用途商业预付卡（以下简称单用途卡）业务按照以下规定执行：

（1）单用途卡发卡企业或者售卡企业（以下统称售卡方）销售单用途卡，或者接受单用途卡持卡人充值取得的预收资金，不缴纳增值税。售卡方可按照规定向购卡人、充值人开具增值税普通发票，不得开具增值税专用发票。

单用途卡，是指发卡企业按照国家有关规定发行的，仅限于在本企业、本企业所属集团或者同一品牌特许经营体系内兑付货物或者服务的预付凭证。

发卡企业，是指按照国家有关规定发行单用途卡的企业。售卡企业，是指集团发卡企业或者品牌发卡企业指定的，承担单用途卡销售、充值、挂失、换卡、退卡等相关业务的本集团或同一品牌特许经营体系内的企业。

（2）售卡方因发行或者销售单用途卡并办理相关资金收付结算业务取得的手续费、结算费、服务费、管理费等收入，应按照现行规定缴纳增值税。

（3）持卡人使用单用途卡购买货物或服务时，货物或者服务的销售方应按照现行规定缴纳增值税，且不得向持卡人开具增值税发票。

（4）销售方与售卡方不是同一个纳税人的，销售方在收到售卡方结算的销售款时，应向售卡方开具增值税普通发票，并在备注栏注明“收到预付卡结算款”，不得开具增值税专用发票。售卡方从销售方取得的增值税普通发票，作为其销售单用途卡或接受单用途卡充值取得预收资金不缴纳增值税的凭证，留存备查。

12. 支付机构预付卡（以下称多用途卡）业务按照以下规定执行：

（1）支付机构销售多用途卡取得的等值人民币资金，或者接受多用途卡持卡人充值取得的充值资金，不缴纳增值税。支付机构可按照第九条的规定，向购卡人、充值人开具增值税普通发票，不得开具增值税专用发票。

支付机构，是指取得中国人民银行核发的《支付业务许可证》，获准办理“预付卡发行与受理”业务的发卡机构和获准办理“预付卡受理”业务的受理机构。

多用途卡，是指发卡机构以特定载体和形式发行的，可在发卡机构之外购买货物或服务的预付价值卡。

（2）支付机构因发行或者受理多用途卡并办理相关资金收付结算业务取得的手续费、结算费、服务费、管理费等收入，应按照现行规定缴纳增值税。

（3）持卡人使用多用途卡，向与支付机构签署合作协议的特约商户购买货物或服务，特约商户应按照现行规定缴纳增值税，且不得向持卡人开具增值税发票。

（4）特约商户收到支付机构结算的销售款时，应向支付机构开具增值税普通发票，并在备注栏注明“收到预付卡结算款”，不得开具增值税专用发票。支付机构从特约商户取得的增值税普通发票，作为其销售多用途卡或接受多用途卡充值取得预收资金不缴纳增值税的凭证，留存备查。

六、对视同销售货物行为的征税规定

视同销售货物业务是指属于缴纳增值税行业的业务，虽然有时在账面上不反映为销售收入，但在计税时应按视同销售货物的公允价值计税。单位或者个体工商户的下列行为，视同销售货物：

（1）将货物交付其他单位或者个人代销；

（2）销售代销货物；

（3）设有两个以上机构并实行统一核算的纳税人，将货物从一个机构移送至其他机构用于销售，但相关机构设在同一县（市）的除外；

（4）将自产或者委托加工的货物用于非应税项目；

（5）将自产、委托加工的货物用于集体福利或者个人消费；

（6）将自产、委托加工或者购进的货物作为投资，提供给其他单位或者个体工商户；

（7）将自产、委托加工或者购进的货物分配给股东或者投资者；

（8）将自产、委托加工或者购进的货物无偿赠送其他单位或者个人；

（9）“营改增”试点规定的视同销售服务、无形资产或者不动产，但以公益活动为目的或者以社会公众为对象的除外；

（10）财政部和国家税务总局规定的其他情形。

七、对混合销售行为的征税规定

一项销售行为如果既涉及货物又涉及服务，为混合销售。从事货物的生产、批发或者零售的单位和个体工商户的混合销售行为，按照销售货物缴纳增值税；其他单位和个体工商户的混合销售行为，按照销售服务缴纳增值税。

上述从事货物的生产、批发或者零售的单位和个体工商户，包括以从事货物的生产、批发或者零售为主，并兼营销售服务的单位和个体工商户在内。

混合销售行为成立的行为标准有两点，一是其销售行为必须是一致的；二是该项行为必须既涉及货物销售又涉及应税行为。

八、对兼营的征税规定

（一）兼营的含义

所谓兼营非应税项目，是指纳税人的经营范围既包括销售货物和应税劳务，又包括提供非应税项目。但是，销售货物或应税劳务与提供非应税项目不同时发生在同一项销售行为中。

（二）兼营的税务处理

根据《增值税暂行条例实施细则》和《营业税改征增值税试点有关事项的规定》（财税〔2016〕36 号），纳税人销售货物、劳务、服务、无形资产或者不动产适用不同税率或者征收率的，应当分别核算适用不同税率或者征收率的销售额，未分别核算销售额的，按照以下方法适用税率或者征收率：

（1）兼有不同税率的销售货物、劳务、服务、无形资产或者不动产，从高适用税率；

（2）兼有不同征收率的销售货物、劳务、服务、无形资产或者不动产，从高适用征收率；

（3）兼有不同税率和征收率的销售货物、劳务、服务、无形资产或者不动产，从高适用税率；

（4）纳税人销售活动板房、机器设备、钢结构件等自产货物的同时提供建筑、安装服务，不属于《营业税改征增值税试点实施办法》规定的混合销售，应分别核算货物和建筑服务的销售额，分别适用不同的税率或者征收率。

（三）混合销售与兼营非应税项目的异同点及其税务处理的规定

混合销售与兼营，两者有相同的方面，又有明显的区别。相同点是：两种行为的经营范围都有销售货物和提供劳务这两类经营项目。区别是：混合销售强调的是在同一项销售行为中存在着两类经营项目的混合，销售货款及劳务价款是同时从一个购买方取得的；兼营强调的是在同一纳税人的经营活动中存在着两类经营项目，但这两类经营项目不是在同一项销售行为中发生的。

混合销售与兼营是两个不同的税收概念，因此在税务处理上的规定也不同。混合销售的纳税主要原则是按“经营主业”划分，分别按照“销售货物”或“销售服务”征收增值税。兼营的纳税原则是分别核算、分别按照适用税率征收增值税；对兼营行为不分别核算的，从高适用税率征收增值税。

九、增值税税率

增值税税率是指增值税的适用税率，是法定税率，用于增值税一般计税方法的计算。

（一）适用税率13%

纳税人销售货物、劳务、有形动产租赁服务或者进口货物，除下列第（二）项、第（四）项、第（五）项另有规定外，税率为13%。

（二）适用税率9%

纳税人销售交通运输、邮政、基础电信、建筑、不动产租赁服务，销售不动产，转让土地使用权，销售或者进口下列货物，税率为9%：

（1）粮食等农产品、食用植物油、食用盐；

（2）自来水、暖气、冷气、热水、煤气、石油液化气、天然气、二甲醚、沼气、居民用煤炭制品；

（3）图书、报纸、杂志、音像制品、电子出版物；

（4）饲料、化肥、农药、农机、农膜；

（5）国务院规定的其他货物。

（三）适用税率6%

纳税人销售服务、无形资产以及增值电信服务，除另有规定外，税率为6%。

（四）出口零税率

纳税人出口货物，税率为0；但是，国务院另有规定的除外。

（五）服务、无形资产等零税率

境内单位和个人跨境销售国务院规定范围内的服务、无形资产，税率为0。

十、增值税征收率

增值税征收率是指对特定的货物或特定的纳税人发生应税销售行为，在某一生产流通环节应纳税额与销售额的比率。增值税征收率适用于两种情况，一是小规模纳税人；二是一般纳税人发生应税销售行为，按规定可以选择简易计税方法计税的。

（一）征收率的一般规定

1. 根据“营改增通知”的规定，下列情况适用于5%的征收率：

（1）小规模纳税人销售自建或者取得的不动产；

（2）一般纳税人选择简易计税方法计税的不动产销售；

（3）房地产开发企业中的小规模纳税人，销售自行开发的房地产项目；

（4）其他个人销售其取得（不含自建）的不动产（不含其购买的住房）；

（5）一般纳税人选择简易计税方法计税的不动产经营租赁；

（6）小规模纳税人出租（经营租赁）其取得的不动产（不含个人出租住房）；

（7）其他个人出租（经营租赁）其取得的不动产（不含住房）；

（8）个人出租住房，应按5%的征收率减按1.5%计算应纳税额；

（9）一般纳税人和小规模纳税人提供劳务派遣服务选择差额纳税的；

（10）一般纳税人在2016年4月30日前签订的不动产融资租赁合同，或以2016年4月30日前取得的不动产提供的融资租赁服务，选择适用简易计税方法的；

（11）一般纳税人收取试点前开工的一级公路、二级公路、桥、闸通行费，选择适用简易计税方法的；

（12）一般纳税人提供人力资源外包服务，选择适用简易计税方法的；

（13）纳税人转让在2016年4月30日前取得的土地使用权，选择适用简易计税方法的。

2. 除上述适用5%征收率以外的纳税人选择简易计税方法发生的应税销售行为，均为3%。

（二）征收率的特殊政策规定

1. 根据增值税法的有关规定，适用3%征收率的某些一般纳税人和小规模纳税人可以减按2%计征增值税。

（1）一般纳税人销售自己使用过的属于《增值税暂行条例》第十条规定不得抵扣且未抵扣进项税额的固定资产，按照简易办法依照3%征收率减按2%征收增值税。

纳税人销售自己使用过的固定资产，使用简易办法依照3%征收率减按2%征收增值税政策的，可以放弃减税，按照简易方法依照3%征收率缴纳增值税，并可以开具增值税专用发票。

“使用过的固定资产”是指纳税人根据财务会计制度已经计提折旧的固定资产。

（2）小规模纳税人（除其他个人，下同）销售自己使用过的固定资产，减按2%征收率征收增值税。

（3）纳税人销售旧货，按照简易办法依照3%征收率减按2%征收增值税。

所称旧货，是指进入二次流通的具有部分使用价值的货物（含旧汽车、旧摩托车和旧游艇），但不包括自己使用过的物品。

上述纳税人销售自己使用过的固定资产、物品和旧货适用于按照简易办法依照3%征收率减按2%征收增值税的，按下列公式确定销售额和应纳税额。

销售额 = 含税销售额 ÷(1+3%)

应纳税额 = 销售额 × 2%

2. 提供物业管理服务的纳税人，向服务接受方收取的自来水水费，以扣除其对外支付的自来水水费后的余额为销售额，按照简易计税方法依照3%的征收率计算缴纳增值税。

3. 小规模纳税人提供劳务派遣服务，可以按照“营改增通知”的有关规定，以取得的全部价款和价外费用为销售额，按照简易计税方法依照3%的征收率计算缴纳增值税；也可以选择差额纳税，以取得的全部价款和价外费用，扣除代用工单位支付给劳务派遣员工的工资、福利和为其办理社会保险及住房公积金后的余额为销售额，按照简易计税方法依照5%的征收率计算缴纳增值税。

4. 非企业单位中的一般纳税人提供的研发和技术服务、信息技术服务、鉴证咨询服务，以及销售技术、著作权等无形资产，可以选择简易计税方法依照3%征收率计算缴纳增值税。

5. 一般纳税人提供教育辅助服务，可以选择简易计税方法依照 3%征收率计算缴纳增值税。

6. 自 2018 年 5 月 1 日起，增值税一般纳税人生产销售和批发、零售抗癌药品，可以选择按简易办法依照 3%征收率计算缴纳增值税。抗癌药品，是指经国家药品监督管理部门批准注册的抗癌制剂及原料药。抗癌药品范围实行动态调整，纳税人选择简易办法计算缴纳增值税后，36 个月内不得变更。

7. 自 2019 年 3 月 1 日起，增值税一般纳税人生产销售和批发、零售罕见病药品，可选择按照简易办法依照 3%征收率计算缴纳增值税。上述纳税人选择简易办法计算缴纳增值税后，36 个月内不得变更。

所称罕见病药品，是指经国家药品监督管理部门批准注册的罕见病药品制剂及原料药。罕见病药品范围实行动态调整，由财政部、海关总署、税务总局、药监局根据变化情况适时明确。纳税人应单独核算罕见病药品的销售额。未单独核算的，不得适用上述规定的简易征收政策。

十一、增值税专用发票的使用和管理

增值税专用发票，是增值税一般纳税人销售货物或者提供应税劳务开具的发票，是购买方支付增值税额并可按照增值税有关规定据以抵扣增值税进项税额的凭证。

一般纳税人应通过增值税发票管理新系统使用专用发票。使用包括领购、开具、缴销、认证纸质专用发票及其相应的数据电文。

（一）增值税专用发票的联次及其用途

增值税专用发票由基本联次或者基本联次附加其他联次构成，基本联次应为 3 联，分别为：

（1）发票联，作为购买方核算采购成本和增值税进项税额的记账凭证；

（2）抵扣联，作为购买方报送主管税务机关认证和留存备查的凭证；

（3）记账联，作为销售方核算销售收入和增值税销项税额的记账凭证。

其他联次用途，由一般纳税人自行确定。

（二）增值税专用发票的开具

增值税专用发票应按下列要求开具：

（1）项目齐全，与实际交易相符。

（2）字迹清楚，不得压线、错格。

（3）发票联和抵扣联加盖财务专用章或者发票专用章。

（4）按照增值税纳税义务的发生时间开具。

对不符合上列要求的增值税专用发票，购买方有权拒收。

（5）一般纳税人发生应税销售行为可汇总开具增值税专用发票。汇总开具增值税专用发票的，同时使用防伪税控系统开具《销售货物或者提供劳务清单》，并加盖财务专用章或者发票专用章。

（6）保险机构作为车船税扣缴义务人，在代收车船税并开具增值税发票时，应在增值税发票备注栏中注明车船税税款信息。具体包括：保险单号、税款所属期、代收车船税金额、滞纳金金额、金额合计等。该增值税专用发票可作为纳税人缴纳车船税及滞纳金的会计核算原始凭证。

（三）增值税专用发票的领购

一般纳税人领购专用设备后，凭《最高开票限额申请表》《发票领购簿》到主管税务机关办理初始发行。初始发行，是指主管税务机关将一般纳税人的企业名称、税务登记代码、开票限额、购票限量、购票人员姓名、密码、开票及数量、国家税务总局规定的其他信息等载入空白金税卡和 IC 卡的行为。一般纳税人凭《发票领购簿》、IC 卡和经办人身份证明领购专用发票。

一般纳税人有下列情形之一的，不得领购开具专用发票：

1. 会计核算不健全，不能向税务机关准确提供增值税销项税额、进项税额、应纳税额数据及其他有关增值税税务资料的。

2. 有《税收征管法》规定的税收违法行为，拒不接受税务机关处理的。

3. 有下列行为之一，经税务机关责令限期改正而仍未改正的：虚开增值税专用发票；私自印制增值税专用发票；向税务机关以外的单位和个人买取增值税专用发票；借用他人增值税专用发票；未按规定开具发票；未按规定保管增值税专用发票和专用设备；未按规定申请办理防伪税控系统变更发行；未按规定接受税务机关检查等。

有以上情形的，如已领购专用发票，主管税务机关应暂扣其结存的专用发票和 IC 卡。

4. 新办纳税人首次申领增值税发票规定。

（1）同时满足下列条件的新办纳税人首次申领增值税发票，主管税务机关应当自受理申请之日起 2 个工作日内办结，有条件的主管税务机关当日办结：

① 纳税人的办税人员、法定代表人已经进行实名信息采集和验证（需要采集、验证法定代表人实名信息的纳税人范围由各省税务机关确定）；

② 纳税人有开具增值税发票需求，主动申领发票；

③ 纳税人按照规定办理税控设备发行等事项。

（2）新办纳税人首次申领增值税发票主要包括发票票种核定、增值税专用发票（增值税税控系统）最高开票限额审批、增值税税控系统专用设备初始发行、发票领用等涉税事项。

（3）税务机关为符合第（1）条规定的首次申领增值税发票的新办纳税人办理发票票种核定，增值税专用发票最高开票限额不超过 10 万元，每月最高领用数量不超过 25 份；增值税普通发票最高开票限额不超过 10 万元，每月最高领用数量不超过 50 份。各省税务机关可以在此范围内结合纳税人税收风险程度，自行确定新办纳税人首次申领增值税发票票种核定标准。

（四）增值税专用发票的使用管理

1. 增值税专用发票开票限额

增值税专用发票实行最高开票管理。最高开票限额是指单份专用发票开具的销售额合计数不得达到的上限额度。

最高开票限额由一般纳税人申请，税务机关依法审批。最高开票限额为 10 万元以下的，由区（县）级税务机关审批；最高开票限额为100万元的，由地市级税务机关审批；最高开票限额为1000万元的及以上的，由省级税务机关审批。防伪税控系统的具体发行工作由区（县）级税务机关负责。

2. 增值税专用发票开具范围

（1）一般纳税人发生应税销售行为，应向购买方开具增值税专用发票。但是以下情况除外：

① 应税销售行为的购买方为个人的；

② 发生应税销售行为适用免税规定的。

（2）一般纳税人向小规模纳税人销售应税项目，可以不开具增值税专用发票；商业企业一般纳税人零售的烟、酒、食品、服装、鞋帽（不包括劳保专用部分）、化妆品等消费品不得开具增值税专用发票。

（3）增值税小规模纳税人需要开具增值税专用发票的，可向主管税务机关申请代开。

（4）销售免税货物不得开具增值税专用发票，法律、法规及国家税务总局另有规定的除外。

（5）自2016年11月4日起，对于月销售额超过3万元（或季销售额超过9万元）的自开发票试点纳税人（小规模纳税人），除销售其取得的不动产外，需要开具增值税专用发票的，通过增值税发票管理新系统自行开具。

（五）增值税专用发票不得抵扣进项税额的规定

有下列情形之一的，不得作为增值税进项税额的抵扣凭证，税务机关退还原件，购买方可要求销售方重新开具增值税专用发票。

1. 无法认证

无法认证，是指增值税专用发票所列密文或者明文不能辨认，无法产生认证结果。

2. 纳税人识别号认证不符

纳税人识别号认证不符，是指专用发票所列购买方纳税人识别号有误。

3. 专用发票代码、号码认证不符

专用发票代码、号码认证不符，是指专用发票所列密文解译后与明文的代码或者号码不一致。

十二、增值税普通发票

增值税普通发票，是将除商业零售以外的增值税一般纳税人纳入增值税防伪税控系统开具和管理，也就是说一般纳税人可以使用同一套增值税防伪税控系统开具增值税专用发票、增值税普通发票等，俗称“一机多票”。

（1）增值税普通发票的格式、字体、栏次、内容与增值税专用发票完全一致。按发票联次分为两联票和五联票两种，基本联次为两联，第一联为记账联，销货方用作记账凭证；第二联为发票联，购货方用作记账凭证。此外为满足部分纳税人的需要，在基本联次后添加了三联的附加联次，即五联票，供企业选择使用。

（2）增值税普通发票第二联（发票联）采用防伪纸张印制。代码采用专用防伪油墨印刷，号码的字形为专用异型体。各联次的颜色依次为蓝、橙、绿蓝、黄绿和紫红色。

增值税普通发票是不可以抵扣税款的，而增值税专用发票可以抵扣进项税款。

十三、增值税税收优惠

（一）《增值税暂行条例》及其实施细则规定的免税项目

（1）农业生产者销售的自产农产品。

（2）孕药品和用具。

（3）古旧图书。

（4）直接用于科学研究、科学实验和教学的进口仪器、设备。

（5）外国政府、国际组织无偿援助的进口物资和设备。

（6）由残疾人的组织直接进口供残疾人专用的物品。

（7）销售自己使用过的物品。

除上述规定外，增值税的免税、减税项目由国务院规定。任何地区、部门均不得规定免税、减税项目。

（8）纳税人兼营免税、减税项目的，应当分别核算免税、减税项目的销售额；未分别核算销售额的，不得免税、减税；纳税人销售货物或者应税劳务适用免税规定的，可以放弃免税，依据《增值税暂行条例》的规定缴纳增值税。放弃免税后 36 个月内不得再申请免税。

（9）小微企业的免征增值税规定：

① 增值税小规模纳税人，月销售额不超过 10 万元（含本数，下同），免征增值税。其中，以 1 个季度为纳税期限的增值税小规模纳税人，季度销售额不超过 30 万元的，免征增值税。小规模纳税人销售额未达到起征点的，免征增值税；达到起征点的，全额计算缴纳增值税。

② 其他个人采取一次性租金形式出租不动产的，取得的租金收入，可在租金对应的租赁期内平均分摊，分摊后的月租金不超过 10 万元的，可享受小微企业免征增值税的优惠政策。

（二）“营改增通知”规定的主要税收优惠政策

1. 下列项目免征增值税

（1）托儿所、幼儿园提供的保育和教育服务。

（2）养老机构提供的养老服务。

（3）残疾人福利机构提供的育养服务。

（4）婚姻介绍服务。

（5）殡葬服务。

（6）残疾人员本人为社会提供的服务。

（7）医疗机构提供的医疗服务。

（8）从事学历教育的学校提供的教育服务。

（9）学生勤工俭学提供的服务。

（10）农业机耕、排灌、病虫害防治、植物保护、农牧保险以及相关技术培训业务，家禽、牲畜、水生动物的配种和疾病防治。

（11）纪念馆、博物馆、文化馆、文物保护单位管理机构、美术馆、展览馆、书画院、图书馆在自己的场所提供文化体育服务取得的第一道门票收入。

（12）寺院、宫观、清真寺和教堂举办文化、宗教活动的门票收入。

（13）行政单位之外的其他单位收取的符合规定条件的政府性基金和行政事业性收费。

（14）个人转让著作权。

（15）个人销售自建自用住房。

（16）以下利息收入免征增值税：2016 年 12 月 31 日前，金融机构农户小额贷款；国家助学贷款；国债、地方政府债；人民银行对金融机构的贷款；金融同业往来利息收入；住房公积金管理中心用住房公积金在指定的委托银行发放的个人住房贷款；外汇管理部门在从事国家外汇储备经营过程中，委托金融机构发放的外汇贷款；统借统还业务中，企业集团或企业集团中的核心企业以及集团所属财务公司，按不高于支付给金融机构的借款利率水平或者支付的债券票面利率水平，向企业集团或者集团内下属单位收取的利息。

（17）保险业务：公司开办的一年期以上人身保险产品取得的保费收入；境内保险公司向境外保险公司提供的完全在境外消费的再保险服务。

（18）下列金融商品转让收入：合格境外投资者（QFII）委托境内公司在我国从事证券买卖业务；香港市场投资者（包括单位和个人）通过沪港通买卖上海证券交易所上市 A 股、通过基金互认买卖内地基金份额；证券投资基金管理人运用基金买卖股票、债券；个人从事金融商品转让业务。

（19）纳税人提供技术转让、技术开发和与之相关的技术咨询、技术服务。

（20）学历教育的学校举办进修班、培训班取得的全部归该学校所有的收入。

（21）政府办职业学校设立的主要为在校学生提供实习场所、并由学校出资自办、经营收入归学校所有的企业，从事“现代服务”（不含融资租赁服务、广告服务和其他现代服务）、“生活服务”（不含文化体育服务、其他生活服务和桑拿、氧吧）业务活动取得的收入。

（22）家政服务企业由员工制家政服务员提供家政服务取得的收入。

（23）福利彩票、体育彩票的发行收入。

（24）军队空余房产租赁收入。

（25）为了配合国家住房制度改革，企业、行政事业单位按房改成本价、标准价出售住房取得的收入。

（26）将土地使用权转让给农业生产者用于农业生产。

（27）家庭财产分割的个人无偿转让不动产、土地使用权。

（28）土地所有者出让土地使用权和土地使用者将土地使用权归还给土地所有者。

（29）县级以上地方人民政府或自然资源行政主管部门出让、转让或收回自然资源使用权（不含土地使用权）。

（30）各党派、共青团、工会、妇联、中科协、青联、台联、侨联收取党费、团费、会费，以及政府间国际组织收取会费。

（31）中国邮政集团公司及其所属邮政企业提供的邮政普遍服务、邮政特殊服务、为金融机构代办金融保险业务取得的代理收入。

（32）为安置随军家属就业而新开办的企业、从事个体经营的军队转业干部，自领取税务登记证之日起，其提供的应税服务 3 年内免征增值税。

2. 增值税即征即退

（1）增值税一般纳税人销售其自行开发生产的软件产品，按 13%税率征收增值税后，对其增值税实际税负超过 3%的部分实行即征即退政策。

（2）一般纳税人提供管道运输服务，对其增值税实际税负超过 3%的部分实行即征即退政策。

增值税实际税负，是指纳税人当期提供应税服务实际缴纳的增值税额，占纳税人当期提供应税服务取得的全部价款和价外费用的比例。

（3）纳税人（安置残疾人的单位和个体工商户）享受安置残疾人增值税即征即退优惠：

月应退增值税额=纳税人本月安置残疾人员人数×本月最低工资标准的 4 倍

（4）纳税人本期已缴增值税额小于本期应退税额不足退还的，可在本年度内以前纳税期已缴增值税额扣除已退增值税额的余额中退还，仍不足退还的可结转本年度内以后纳税期退还。年度已缴增值税额小于或等于年度应退税额的，退税额为年度已缴增值税额；年度已缴增值税额大于年度应退税额的，退税额为年度应退税额。年度已缴增值税额不足退还的，不得结转以后年度退还。

3. 扣减增值税规定

退役士兵创业就业以及重点群体创业就业 3 年内，按每户每年 12 000 元为限额依次扣减其当年实际应缴纳的增值税、城市维护建设税、教育费附加、地方教育附加和个人所得税。

4. 金融企业贷款业务

发放贷款后，自结息日起 90 天内发生的应收未收利息按现行规定缴纳增值税，自结息日起 90 天后发生的应收未收利息暂不缴纳增值税，待实际收到利息时按规定缴纳增值税。

5. 个人出售住房

个人将购买不足 2 年的住房对外销售的，按照 5%的征收率全额缴纳增值税；个人将购买 2 年以上（含 2 年）的非普通住房对外销售的，以销售收入减去购买住房价款后的差额按照 5%的征收率缴纳增值税；个人将购买 2 年以上（含 2 年）的普通住房对外销售的，免征增值税。上述政策仅适用于北京市、上海市、广州市和深圳市。

任务二　掌握增值税的计算

增值税的计税方法，包括一般计税方法和简易计税方法。一般纳税人发生应税行为适用一般计税方法；一般纳税人发生财政部和国家税务总局规定的特定应税行为，可以选择适用简易计税方法计税，但一经选择，36 个月内不得变更。小规模纳税人发生应税行为适用简易计税方法。

一、一般计税方法应纳税额的计算

一般纳税人销售货物、提供应税劳务、应税服务，其应纳税额在一般计税方法下为：当期销项税额减去同期准予抵扣的进项税额后的余额。其计算公式如下：

当期应纳税额=当期销项税额-当期准予抵扣的进项税额

=当期销售额×适用税率-当期准予抵扣的进项税额

当期销项税额小于当期进项税额而不足抵扣时，其不足部分结转下期继续抵扣。

（一）销项税额的计算

销项税额是指纳税人销售货物或者提供应税劳务和应税服务，按照销售额或提供应税劳务和应税服务收入与规定的税率计算并向购买方收取的增值税税额。销项税额的计算公式为：

销项税额=销售额×适用税率

销项税额的计算取决于销售额和适用税率两个因素。在适用税率既定的前提下，销项税额的大小主要取决于销售额的大小。增值税适用税率是比较简单的，因而销项税额计算的关键是如何准确确认作为增值税计税依据的销售额。

1. 一般销售方式下的销售额确认

销售额是指纳税人销售货物或者提供应税劳务和应税服务，向购买方（承受应税劳务和应税服务也视为购买方）收取的全部价款和价外费用。特别需要强调的是，增值税采用价外计税方式，用不含税价作为计税依据，因而销售额中不包括向购买方收取的销项税额。

价外费用，包括价外向购买方收取的手续费、补贴、基金、集资费、返还利润、奖励费、违约金、滞纳金、延期付款利息、赔偿金、代收款项、代垫款项、包装费、包装物租金、储备费、优质费、运输装卸费以及其他各种性质的价外收费。但下列项目不包括在内：

（1）受托加工应征消费税的消费品所代收代缴的消费税。

（2）以委托方名义开具发票代委托方收取的款项。

（3）同时符合以下条件代为收取的政府性基金或者行政事业性收费：

① 由国务院或者财政部批准设立的政府性基金，由国务院或者省级人民政府及其财政、价格主管部门批准设立的行政事业性收费；

② 收取时开具省级以上财政部门印制的财政票据；

③ 所收款项全额上缴财政。

（4）销售货物的同时代办保险向购买方收取的保险费，以及向购买方收取的代购买方缴纳的车辆购置税、车辆牌照费。

2. 特殊方式下的销售额确认

（1）采取折扣方式销售。

① 折扣销售（商业折扣）：销货方在销售货物或应税劳务和应税服务时，因购货方购买数量较大等原因而给予的价格优惠。税法规定纳税人采取折扣方式销售货物，销售额

和折扣额在同一张发票上分别注明的，可按折扣后的销售额征收增值税。

② 实物折扣：按视同销售中“无偿赠送”处理，实物款额不能从原销售额中减除。

③ 销售折扣（现金折扣）：销售方在销售货物或应税劳务和应税服务后，为鼓励对方及早偿还货款而协议许诺给予购货方的一种折扣优惠。销售折扣发生在销货之后，属于一种融资行为，税法规定销售折扣不得从销售额中减除。

④ 销售折让：货物销售后，由于品种或质量等原因购货方未予退货，但销货方给予购货方的一种价格折让。销售折让是对已售产品出现品种、质量问题而给予购买方的补偿，税法规定折让额可以从销售额中减除（需开具红字增值税专用发票）。

案例 2-1：某商场是增值税一般纳税人，为促销某品牌洗发水，对团购客户一次性购买 100 套以上者，折扣 10%，对零售客户开展“买一赠一”优惠活动，所赠护手霜的正常零售价格为 3 元/瓶。洗发水向零售客户售出 580 套，某团购客户购买 150 套。该商场开具普通发票，销售额与折扣额均在该发票注明。该洗发水的正常零售价格为 50 元/套。计算该商场本月销售该品牌洗发水的计税销售额。

【解析】对客户团购给予的价格优惠为商业折扣，因销售额和折扣额开在一张发票上，可按折扣后的余额作为销售额计算增值额；对零售客户的“买一赠一”优惠活动应视同销售货物，征收增值税。向零售客户开具的普通发票价格属于含税销售额，需换算。

向团购客户销售的计税销售额=150×50÷(1+13%)×90%=5 973.45（元）

向零售客户销售的计税销售额=580×(50+3)÷(1+13%)=27 203.54（元）

合计计税销售额=5 973.45+27 203.54=33 176.99（元）

（2）采取以旧换新方式销售。

以旧换新是指纳税人在销售自己的货物时，有偿收回旧货的行为。根据税法规定，采取以旧换新方式销售货物的，应按新货物的同期销售价格确定销售额，不得从销售额中扣减旧货物的收购价格。

案例 2-2：某商城为增值税一般纳税人，2019 年 9 月发生以下业务：采取“以旧换新”方式向消费者销售金项链 2 000 条，新项链每条零售价 0.25 万元，旧项链每条作价 0.22 万元，另收取加工费 0.3 万元。计算其商城 9 月该业务的计税销售额。

【解析】金银首饰的以旧换新业务，可以按销售方实际收到的不含税全部价款征收增值税。计税销售额=[2 000×(0.25−0.22)+0.3]÷(1+13%)=53.36（万元）

（3）采取还本销售方式销售。

还本销售是指纳税人在销售自己的货物后，到一定期限由销售方一次或分次退还给购买方全部或部分价款。

税法规定，采取还本销售方式销售货物，其销售额就是货物的销售价格，不得从销售额中减除还本支出。

（4）采取以物易物方式销售。

以物易物是一种较为特殊的购销行为，购销双方不是以货币结算，而是以同等价款的货物相互结算，是实现货物购销的一种方式。

税法规定，采取以物易物方式销售，以各自发出的货物核算销售额，计算销项税额，以各自收到的货物核算购货额并计算进项税额。在以物易物活动过程中，应分别开具合法的票据，如收到的货物不能取得相应的增值税专用发票或者其他合法票据的，不能抵扣进项税额。

案例 2-3：卷烟厂销售雪茄烟 300 箱给各专卖店，取得不含税销售收入 600 万元；以雪茄烟 40 箱换回小轿车 2 辆、大货车 1 辆。计算卷烟厂的增值税计税销售额。

【解析】计税销售额=600+600÷300×40=680（万元）

（5）包装物押金处理。

① 销售货物收取的包装物押金，如果单独记账核算，时间在 1 年以内，又未过期的，不并入销售额征税。

② 因逾期（1 年为限）未收回包装物不再退还的押金，应并入销售额征税。征税时注意两点：一是逾期包装物押金为含税收入，需换算成不含税价再并入销售额；二是征税税率为所包装货物适用税率。

③ 酒类产品除外：啤酒、黄酒按是否逾期处理，啤酒、黄酒以外的其他酒类产品收取的押金，无论是否逾期一律并入销售额征税。

案例 2-4：某酒厂半年前销售啤酒收取的包装物押金 2 万元、白酒的包装物押金 3 万元，本月逾期均不再返还。计算酒厂押金的计税销售额。

【解析】计税销售额=2÷(1+13%)=1.77（万元）

白酒的包装物押金由于收取的时候就纳税了，因此逾期的时候不再需要纳税。

（6）视同销售货物行为销售额的确定。

税法规定，对视同销售征税而无销售额的按下列顺序确定其销售额：

① 按纳税人最近时期同类货物的平均销售价格确定；

② 按其他纳税人最近时期同类货物的平均销售价格确定；

③ 按组成计税价格确定。其组成计税价格的公式为：

组成计税价格=成本×(1+成本利润率)

征收增值税的货物，同时又征收消费税的，其组成计税价格中应加上消费税税额。其组成计税价格公式为：

组成计税价格=成本×(1+成本利润率)+消费税税额

或：

组成计税价格=成本×(1+成本利润率)÷(1−消费税税率)

公式中的成本是指：销售自产货物的为实际生产成本，销售外购货物的为实际采购成本。公式中的成本利润率由国家税务总局确定。

（7）贷款服务的销售额。

贷款服务，以提供贷款服务取得的全部利息及利息性质的收入为销售额。

自 2018 年 1 月 1 日起，资管产品管理人运营资管产品提供的贷款服务，产生的利息及利息性质的收入为销售额。

（8）直接收费金融服务的销售额。

直接收费金融服务，以提供直接收费金融服务收取的手续费、佣金、酬金、管理费、服务费、经手费、开户费、过户费、结算费、转托管费等各类费用为销售额。

3. 按差额确定销售额

虽然原营业税的征税范围均纳入了增值税的征收范围，但是目前仍然有无法通过抵扣机制避免重复征税的情况存在，因此引入了差额征税的办法，解决纳税人税收负担增加问题。以下项目属于试点纳税人按差额确定的销售额。

（1）金融商品转让的销售额。

金融商品转让，按照卖出价扣除买入价后的余额为销售额。

金融商品的买入价，可以选择按照加权平均法或者移动加权平均法进行核算，选择后36个月内不得变更。金融商品转让，不得开具增值税专用发票。

（2）经纪代理服务的销售额。

经纪代理服务，以取得的全部价款和价外费用，扣除向委托方收取并代为支付的政府性基金或者行政事业性收费后的余额为销售额。向委托方收取的政府性基金或者行政事业性收费，不得开具增值税专用发票。

（3）融资租赁和融资性售后回购业务的销售额。

经人民银行、银保监会或者商务部批准从事融资租赁业务的试点纳税人，提供融资租赁服务，以取得的全部价款和价外费用，扣除支付的借款利息、发行债券利息和车辆购置税后的余额为销售额；提供融资性售后回购服务，以取得的全部价款和价外费用（不含本金），扣除对外支付的借款利息、发行债券利息后的余额为销售额。

（4）航空运输企业的销售额。

航空运输企业的销售额，不包括代收的机场建设费和代售其他航空运输企业客票而代收转付的价款。

自2018年1月1日起，航空运输销售代理企业提供境外航段机票代理服务，以取得的全部价款和价外费用，扣除向客户收取并支付给其他单位或者个人的境外航段机票结算款和相关费用后的余额为销售额。

（5）客运场地服务的销售额。

试点纳税人中的一般纳税人提供客运场地服务，以取得的全部价款和价外费用，扣除支付给承运方运费后的余额为销售额。

（6）旅游服务的销售额。

试点纳税人提供旅游服务，可以选择以取得的全部价款和价外费用，扣除向旅游服务购买方收取并支付给其他单位或者个人的住宿费、餐饮费、交通费、签证费、门票费和支付给其他接团旅游企业的旅游费用后的余额为销售额。

选择上述办法计算销售额的试点纳税人，向旅游服务购买方收取并支付的上述费用，不得开具增值税专用发票，可以开具普通发票。

（7）建筑服务的销售额。

试点纳税人提供建筑服务适用简易计税办法的，以取得的全部价款和价外费用，扣除支付的分包款后的余额为销售额。

（8）房地产项目的销售额。

房地产开发企业中的一般纳税人销售其开发的房地产项目（选择简易计税方法的房地产老项目除外），以取得的全部价款和价外费用，扣除受让土地时向政府部门支付的土地价款后的余额为销售额。

“向政府部门支付的土地价款”，包括土地受让人向政府部门支付的征地和拆迁补偿费用、土地前期开发费用和土地出让收益等。

（9）转让不动产缴纳增值税差额扣除的有关规定。

纳税人转让不动产，按照有关规定差额缴纳增值税的，如因丢失等原因无法提供取得不动产的发票，可向税务机关提供其他能证明契税计税金额的完税凭证等资料，进行差额扣除。

纳税人以契税计税金额进行差额扣除的，按照下列公式计算增值税应纳税额：

2016 年 4 月 30 日及以前缴纳契税的：

增值税应纳税额=[全部交易价格(含增值税)−契税计税金额(含营业税)]÷(1+5%)×5%

2016 年 5 月 1 日及以后缴纳契税的：

增值税应纳税额=[全部交易价格(含增值税)÷(1+5%)−契税计税金额(不含增值税)]×5%

纳税人同时保留取得不动产时的发票和其他证明契税计税金额的完税凭证等资料的，应当凭发票进行差额扣除。

（10）抵扣凭证的规定。

试点纳税人按照上述（2）～（9）的规定从全部价款和价外费用中扣除的价款，应当取得符合法律、行政法规和国家税务总局规定的有效凭证，属于增值税扣税凭证的，其进项税额不得从销项税额中抵扣。

4. 含税销售额的换算

在实际工作中，常常会出现一般纳税人销售货物或者应税劳务和应税服务，采用销售额和销项税额合并定价收取的方法，这样就会形成含税销售额。对于一般纳税人销售货物或者应税劳务和应税服务，采用销售额和销项税额合并定价方法的，按下列公式计算销售额：

销售额=含税销售额 ÷(1+税率)

公式中的税率为：销售货物或者应税劳务和应税服务时按《增值税暂行条例》和“营改增通知”中规定所适用的税率。

（二）进项税额的计算

纳税人购进货物、劳务、服务、无形资产、不动产支付或者负担的增值税额，为进项税额。

进项税额是与销项税额相对应的另一个概念。在开具增值税专用发票的情况下，它们之间的对应关系是：销售方收取的销项税额，就是购买方支付的进项税额。需要注意的是，并不是纳税人支付的所有进项税额都可以从销项税额中抵扣。为体现增值税的配比原则，即购进项目金额与发生应税销售行为的销售额之间应有配比性，当纳税人购进的货物或接受的应税劳务用于简易计税项目、免征增值税项目、集体福利、个人消费等情况时，其支付的进项税额就不能从销项税额中抵扣。税法对不能抵扣进项税额的项目做了严格的规定，如果违反税法规定，随意抵扣进项税额就将以偷税论处。因此，严格把握哪些进项税额可以抵扣，哪些进项税额不能抵扣是十分重要的。这些方面也是纳税人在缴纳增值税实务中差错出现最多的地方。

1. 准予从销项税额中抵扣的进项税额

根据《增值税暂行条例》和“营改增通知”的规定，准予从销项税额中抵扣的进项税额，限于下列增值税扣税凭证上注明的增值税税额和按规定的扣除率计算的进项税额。

（1）从销售方取得的增值税专用发票（含税控机动车销售统一发票，下同）上注明的增值税额。

（2）从海关取得的海关进口增值税专用缴款书上注明的增值税额。

（3）纳税人购进农产品，自 2019 年 4 月 1 日起，按照以下规定抵扣进项税额：

① 取得一般纳税人开具的增值税专用发票或海关进口增值税专用缴款书的，以增值税专用发票或海关进口增值税专用缴款书上注明的增值税税额为进项税额；

② 按照简易计税方法依照 3%征收率计算缴纳增值税的小规模纳税人，取得增值税专用发票的，以增值税专用发票上注明的金额和 9%的扣除率计算进项税额；

③ 取得（开具）农产品销售发票或收购发票的，以农产品销售发票或收购发票上注明的农产品买价和 9%的扣除率计算进项税额。

销售发票，是指农业生产者销售自产农产品适用免征增值税政策而开具的普通发票。

④ 纳税人购进用于生产销售或委托加工 13%税率货物的农产品，按照 10%的扣除率计算进项税额。

购进农产品进项税额的计算公式：进项税额=买价×扣除率

⑤ 纳税人购进农产品，既用于生产销售或委托受托加工 13%税率货物，又用于生产销售其他货物服务的，应当分别核算用于生产销售或委托受托加工 13%税率货物和其他货物服务的农产品进项税额。未分别核算的，统一以增值税专用发票或海关进口增值税专用缴款书上注明的增值税额为进项税额，或以农产品收购发票或销售发票上注明的农产品买价和 9%的扣除率计算进项税额。

⑥ 对烟叶税纳税人按规定缴纳的烟叶税，准予并入烟叶产品的买价计算增值税的进项税额，并在计算缴纳增值税时予以抵扣。烟叶收购金额包括纳税人支付给烟叶销售者的烟叶收购价款和价外补贴，价外补贴统一暂按烟叶收购价款的 10%计算，计算公式如下：

烟叶收购金额=烟叶收购价款×(1+10%)

烟叶税应纳税额=烟叶收购金额×税率(20%)

准予抵扣的进项税额=（烟叶收购金额+烟叶税应纳税额）×扣除率

（4）从境外单位或者个人购进服务、无形资产或者不动产，自税务机关或者扣缴义务人取得的解缴税款的完税凭证上注明的增值税额。

（5）收费公路通行费增值税抵扣规定：

① 纳税人支付的道路通行费，按照收费公路通行费增值税电子普通发票上注明的增值税额抵扣进项税额。

2018 年 1 月 1 日至 6 月 30 日，纳税人支付的高速公路通行费，如暂未能取得收费公路通行费增值税电子普通发票，可凭取得的通行费发票（不含财政票据，下同）上注明的收费金额，按照下列公式计算可抵扣的进项税额：

高速公路通行费可抵扣进项税额=高速公路通行费发票上注明的金额÷(1+3%)×3%

2018 年 1 月 1 日至 12 月 31 日，纳税人支付的一级、二级公路通行费，如暂未能取得收费公路通行费增值税电子普通发票，可凭取得的通行费发票上注明的收费金额，按照下列公式计算可抵扣的进项税额：

一级、二级公路通行费可抵扣进项税额=一级、二级公路通行费发票上注明的金额

÷(1+5%)×5%

② 纳税人支付的桥、闸通行费，暂凭取得的通行费发票上注明的收费金额，按照下列公式计算可抵扣的进项税额：

桥、闸通行费可抵扣进项税额=桥、闸通行费发票上注明的金额÷(1+5%)×5%

通行费，是指有关单位依法或者依规设立并收取的过路、过桥和过闸费用。

（6）原增值税一般纳税人购进服务、无形资产或者不动产，取得的增值税专用发票上注明的增值税额为进项税额，准予从销项税额中抵扣。

（7）原增值税一般纳税人自用的应征消费税的摩托车、汽车、游艇，其进项税额准予从销项税额中抵扣。

（8）原增值税一般纳税人从境外单位或者个人购进服务、无形资产或者不动产，按照规定应当扣缴增值税的，准予从销项税额中抵扣的进项税额，从自税务机关或者扣缴义务人取得的解缴税款的完税凭证上注明的增值税额。纳税人凭完税凭证抵扣进项税额的，应当具备书面合同、付款证明和境外单位的对账单或者发票。资料不全的，其进项税额不得从销项税额中抵扣。

（9）按照“营改增通知”规定不得抵扣且未抵扣进项税额的固定资产、无形资产、不动产，发生用途改变，用于允许抵扣进项税额的应税项目，可在用途改变的次月，按照下列公式计算可以抵扣的进项税额：

可以抵扣的进项税额=固定资产、无形资产、不动产净值÷(1+适用税率)×适用税率

（10）自 2018 年 1 月 1 日起，纳税人租入固定资产、不动产，既用于一般计税方法计税项目，又用于简易计税方法计税项目、免征增值税项目、集体福利或者个人消费的，其进项税额准予从销项税额中全额抵扣。

案例 2-5：某卷烟厂 2019 年 6 月收购烟叶生产卷烟，收购凭证上注明价款 50 万元，并向烟叶生产者支付了价外补贴。计算该卷烟厂 6 月收购烟叶可抵扣的进项税额。

【解析】烟叶进项税额=(烟叶收购金额+烟叶税应纳税额)×10%=50×(1+10%)×(1+20%)×10%=6.6（万元）

2. 不得从销项税额中抵扣的进项税额

按《增值税暂行条例》和“营改增通知”及其他相关政策规定，下列项目不得从销项税额中抵扣：

（1）用于简易计税方法计税项目、免征增值税项目、集体福利或者个人消费的购进货物、加工修理修配劳务、服务、无形资产和不动产。其中涉及的固定资产、无形资产、不动产，仅指专用于上述项目的固定资产、无形资产（不包括其他权益性无形资产）、不动产。

纳税人的交际应酬消费属于个人消费。

（2）非正常损失的购进货物，以及相关的加工修理修配劳务和交通运输服务。

（3）非正常损失的在产品、产成品所耗用的购进货物（不包括固定资产）、加工修理修配劳务和交通运输服务。

（4）非正常损失的不动产，以及该不动产所耗用的购进货物、设计服务和建筑服务。

（5）非正常损失的不动产在建工程所耗用的购进货物、设计服务和建筑服务。

纳税人新建、改建、扩建、修缮、装饰不动产，均属于不动产在建工程。

（6）购进的旅客运输服务、贷款服务、餐饮服务、居民日常服务和娱乐服务。

（7）财政部和国家税务总局规定的其他情形。

（三）应纳税额的计算

1. 计算应纳税额的时间限定

为了保证计算应纳税额的合理性、准确性，纳税人必须严格把握当期进项税额从当期销项税额中抵扣这个要点。“当期”是个重要的时间限定，具体是指税务机关依照税法规定对纳税人确定的纳税期限。

（1）计算销项税额的时间限定。

销项税额是增值税一般纳税人销售货物或提供应税劳务和应税服务，按照实现的销售额计算的金额。纳税人在什么时间计算销项税额，《增值税暂行条例》及其实施细则都做了严格的规定。例如，采取直接收款方式销售货物，不论货物是否发出，均为收到销售款或者取得索取销售款凭据的当天；采取托收承付和委托银行收款方式销售货物，为发出货物并办妥托收手续的当天；纳税人发生视同销售货物行为中第（3）至第（8）项的，为货物移送的当天等（见任务四中的“纳税义务发生的时间”相关内容）。

（2）增值税扣税凭证抵扣期限的界定。

增值税专用发票认证是进项税额抵扣的前提。增值税发票认证是指通过增值税发票税控系统，对增值税发票所包含的数据进行甄别、确认。纳税人通过增值税发票税控系统开具发票时，系统会自动将发票上的开票日期、发票号码、发票代码、购买方纳税人识别号、销售方识别号、金额、税额等要素，经过加密形成电子密文打印在发票上。认证时，税务机关利用扫描仪采集发票上的密文和明文图像，或由纳税人自行采集发票电子信息传送至税务机关，通过认证系统对密文解密还原，再与发票明文进行比对，比对一致则通过认证。

发票认证是税务机关进行纳税申报管理、出口退税审核、发票稽核比对、异常发票核查以及税务稽查的重要依据，在推行“以票控税”、加强税收征管中发挥着重要作用。

纳税人必须在规定的期限内进行认证并申请抵扣进项税额，税法对不同扣税凭证的抵扣时间做了详细的规定，主要包括：

① 2010 年 1 月 1 日后开具的增值税专用发票、公路内河货物运输业统一发票和机动车销售统一发票，应在开具之日起 180 日内到税务机关办理认证，并在认证通过的次月申报期内，向主管税务机关申报抵扣进项税额。

② 实行海关进口增值税专用缴款书“先比对后抵扣”管理办法的增值税一般纳税人，取得 2010 年 1 月 1 日以后开具的海关缴款书，应在开具之日起 180 日内，向主管税务机关报送《海关完税凭证抵扣清单》，申请稽核比对。

未实行海关缴款书“先比对后抵扣”管理办法的增值税一般纳税人，取得 2010 年 1 月 1 日以后开具的海关缴款书，应在开具之日起 180 日后的第一个纳税申报期结束以前，向主管税务机关申报抵扣进项税额。

2. 计算应纳税额时进项税额不足抵扣的处理

由于增值税实行购进扣税法，有时企业当期购进的货物很多，在计算应纳税额时，会出现当期销项税额小于当期进项税额不足抵扣的情况。根据税法规定，当期进项税额不足抵扣的部分可以结转下期继续抵扣。

3. 扣减发生期进项税额的规定

由于增值税实行以当期销项税额抵扣当期进项税额的“购进扣税法”，当期购进的货物或应税劳务和应税服务，如果事先并未确定将用于非生产经营项目，其进项税额会在当期销项税额中予以抵扣。但已抵扣进项税额的购进货物或应税劳务和应税服务，如果事后改变用途，发生“营改增”和《增值税暂行条例》中的所列情况（即用于免征增值税项目、用于集体福利或者个人消费、购进货物发生非正常损失、在产品或产成品发生非正常损失等）时，根据《增值税暂行条例》及其实施细则和“营改增通知”的规定，应当将该项购进货物或应税劳务和应税服务的进项税额从当期的进项税额中扣减；无法确定该项进项税额的，按当期实际成本计算应扣减的进项税额。

4. 销货退回或折让涉及销项税额和进项税额的税务处理

一般纳税人发生应税销售行为，开具增值税专用发票后，应税行为发生退回或者折让、开票有误等情形，应按国家税务总局的规定开具红字增值税专用发票。未按规定开具红字增值税专用发票的，增值税额不得从销项税额中扣减。

纳税人在货物购销活动中，因货物质量、规格等原因，常会发生销货退回或销售折让的情况。销货退回或折让不仅涉及销货价款或折让价款的退回，还涉及增值税的退回，销货方和购货方应相应对当期的销项税额或进项税额进行调整。为此，《增值税暂行条例》及其实施细则规定，增值税一般纳税人因销售货物退回或者折让而退还给购买方的增值税额，应从发生销售货物退回或者折让当期的销项税额中扣减；因购进货物退出或者折让而收回的增值税额，应从发生购进货物退出或者折让当期的进项税额中扣减。

“营改增通知”也规定：纳税人提供的适用一般计税方法计税的应税服务，因服务中止或者折让而退还给购买方的增值税额，应当从当期的销项税额中扣减；发生服务中止、购进货物退出、折让而收回的增值税额，应当从当期的进项税额中扣减。

目前，一些企业在发生进货退出或折让并收回价款和增值税额时，没有相应减少当期进项税额，造成进项税额虚增、减少纳税的现象，这是税法所不能允许的。对于纳税人进货退出或折让而不扣减当期进项税额，造成不纳税或少纳税的，都将被认定为是偷税行为，并按偷税予以处罚。

5. 向供货方取得返还收入的税务处理

自 2004 年 7 月 1 日起，对商业企业向供货方收取的与商品销售量、销售额挂钩（如以一定比例、金额、数量计算）的各种返还收入，均应按照平销返利行为的有关规定，冲减当期增值税进项税额。应冲减进项税额的计算公式为：

当期应冲减进项税额=当期取得的返还收入÷(1+所购货物适用增值税税率)×所购货物适用增值税税率

商业企业向供货方收取的各种返还收入，一律不得开具增值税专用发票。

6. 一般计税方法应纳税额计算实例

案例 2-6：某生产企业为增值税一般纳税人，适用增值税税率 13%，2019 年 9 月的有关生产经营业务如下：

（1）销售甲产品给某大型商场，开具增值税专用发票，取得不含税销售额 100 万元；另外，取得销售甲产品的送货运输费收入 5.8 万元（含增值税价格，与销售货物不能分别核算）。

（2）销售乙产品，开具普通发票，取得含税销售额 23.2 万元。

（3）将试制的一批应税新产品用于本企业集体福利，成本价为 20 万元，成本利润率为 10%，该新产品无同类产品市场销售价格。

（4）将使用过 3 年的设备转让，原值 25 万元，账面净值 15 万元，转让价格为 12 万元（不含税价）。

（5）购进货物取得增值税专用发票，注明支付的货款 60 万元，进项税额 7.8 万元，另外支付购货的运输费用 6 万元（不含税价），取得运输公司（一般纳税人）开具的货物运输业增值税专用发票。

（6）购进农产品一批用于生产甲产品，收购发票的金额为 30 万元；同时支付给运输单位（一般纳税人）的运输费用 5 万元（不含税价），取得增值税专用发票。本月下旬将购进的农产品的 20%用于本企业职工福利。

（7）当月租入商用楼房一层，取得对方开具的增值税专用发票上注明的税额为 6.8 万元。该楼房的 1/4 用于工会的集体福利项目，其余为企业管理部门使用。

以上相关票据均符合税法的规定，请按下列顺序计算该企业 9 月应缴纳的增值税额。

（1）计算销售甲产品的销项税额；

（2）计算销售乙产品的销项税额；

（3）计算自用新产品的销项税额；

（4）计算销售使用过的设备的销项税额；

（5）计算外购货物可抵扣的进项税额；

（6）计算外购农产品可抵扣的进项税额；

（7）计算租赁商用楼房可抵扣的进项税额；

（8）计算企业当月应缴纳的增值税税额。

【解析】

（1）销售甲产品的销项税额=100×13%+5.8÷(1+13%)×13%=13.67（万元）

（2）销售乙产品的销项税额=23.2÷(1+13%)×13%=2.67（万元）

（3）自用新产品的销项税额=20×(1+10%)×13%=2.86（万元）

（4）销售使用过的设备的销项税额=12×13%=1.56（万元）

（5）外购货物应抵扣的进项税额=7.8+6×9%=8.32（万元）

（6）外购农产品可抵扣的进项税额=(30×10%+5×9%)×(1−20%)=2.76（万元）

（7）自 2018 年 1 月 1 日起，纳税人租入固定资产、不动产，既用于一般计税方法计税项目，又用于简易计税方法计税项目、免征增值税项目、集体福利或者个人消费的，其进项税额准予从销项税额中全额抵扣。租赁商用楼房可抵扣的进项税额=6.8（万元）

（8）该企业 9 月应缴纳的增值税税额=13.67+2.67+2.86+1.56−8.32−2.76−6.8=2.88（万元）

二、简易计税方法应纳税额的计算

小规模纳税人销售货物、提供应税劳务、应税服务以及其他符合或选择简易计税方法的应税行为，实行按照销售额和征收率计算应纳税额，并不得抵扣进项税额。其应纳税额计算公式为：

应纳税额=销售额×征收率

其中销售额为销售货物、提供应税劳务、应税服务向购买方收取的全部价款和价外费用，但是不包括按 3%的征收率收取的增值税税额和代垫运费；且《增值税暂行条例》规定的 3%的征收率，其税收负担与一般纳税人基本一致，因此不能再抵扣进项税额。

由于小规模纳税人在销售货物或应税劳务时，一般只能开具普通发票，取得的销售收入均为含税销售额。为了符合增值税作为价外税的要求，小规模纳税人在计算应纳税额时，必须将含税销售额换算为不含税的销售额后才能计算应纳税额。

当小规模纳税人销售货物或者应税劳务采用销售额和应纳税额合并定价方法的，按下列公式计算销售额：

销售额=含税销售额÷(1+征收率)

案例 2-7：某餐馆为增值税小规模纳税人，8 月取得含增值税的餐饮收入 12.36 万元。计算该餐馆 8 月应缴纳的增值税税额。

【解析】

（1）8 月取得的不含税销售额=12.36÷(1+3%)=12（万元）

（2）8 月应缴纳增值税税额=12×3%=0.36（万元）

小规模纳税人因销售货物退回或者折让退还给购买方的销售额，应从发生销售货物退回或者折让当期的销售额中扣减，而不必追究其原发票的处理。

三、进口货物应纳税额的计算

纳税人进口货物，按照组成计税价格和规定税率计算应纳税额，不得抵扣任何税额。其计算公式为：

组成计税价格=关税完税价格+关税+消费税

应纳税额=组成计税价格×税率

案例 2-8：某商贸公司（有进出口经营权）8 月进口货物一批。该批货物在国外的买价为 40 万元，另该批货物运抵我国海关前发生的包装费、运输费、保险费等共计 20 万元。货物报关后，公司按规定缴纳了进口环节的增值税并取得了海关开具的海关进口增值税专用缴款书。该批进口货物在国内全部销售，取得不含税销售额 100 万元。该批货物关税税率 20%，增值税税率 13%。请按照下列顺序计算增值税税额：

（1）计算关税的组成计税价格；

（2）计算进口环节应纳的进口关税；

（3）计算进口环节应纳增值税的组成计税价格；

（4）计算进口环节应缴纳增值税的税额；

（5）计算国内销售环节的销项税额；

（6）计算国内销售环节应缴纳增值税税额。

【解析】

（1）关税的组成计税价格=40+20=60（万元）

（2）进口环节应纳的进口关税=60×20%=12（万元）

（2）进口环节应纳增值税的组成计税价格=60+12=72（万元）

（3）进口环节应缴纳增值税的税额=72×13%=9.36（万元）

（4）国内销售环节的销项税额=100×13%=13（万元）

（5）国内销售环节应缴纳增值税税额=13−9.36=3.64（万元）

任务三 掌握增值税的会计处理

一、一般纳税人的会计处理

（一）账户设置

根据《增值税暂行条例》和《关于全面推开营业税改征增值税试点的通知》（财税〔2016〕36号）等有关规定，现对增值税有关会计处理规定如下：

增值税一般纳税人应当在“应交税费”科目下设置“应交增值税”“未交增值税”“预交增值税”“待抵扣进项税额”“待认证进项税额”“待转销项税额”“增值税留抵税额”“简易计税”“转让金融商品应交增值税”“代扣代交增值税”等明细科目。

1. “应交增值税”明细科目

（1）“进项税额”专栏，记录一般纳税人因购进货物、加工修理修配劳务、服务、无形资产或不动产而支付或负担的、准予从当期销项税额中抵扣的增值税额；

（2）“销项税额抵减”专栏，记录一般纳税人按照现行增值税制度规定因扣减销售额而减少的销项税额；

（3）“已交税金”专栏，记录一般纳税人当月已缴纳的应交增值税额；

（4）“转出未交增值税”和“转出多交增值税”专栏，分别记录一般纳税人月度终了转出当月应交未交或多交的增值税额；

（5）“减免税款”专栏，记录一般纳税人按照现行增值税制度规定，准予减免的增值税额；

（6）“出口抵减内销产品应纳税额”专栏，记录实行“免、抵、退”办法的一般纳税人，按规定计算的出口货物的进项税抵减内销产品的应纳税额；

（7）“销项税额”专栏，记录一般纳税人销售货物、加工修理修配劳务、服务、无形资产或不动产应收取的增值税额；

（8）“出口退税”专栏，记录一般纳税人出口货物、加工修理修配劳务、服务、无形资产按规定退回的增值税额；

（9）“进项税额转出”专栏，记录一般纳税人因购进货物、加工修理修配劳务、服务、无形资产或不动产等，发生非正常损失以及其他原因而不应从销项税额中抵扣、按规定转出的进项税额。

2. “未交增值税”明细科目

“未交增值税”明细科目，核算一般纳税人月度终了从“应交增值税”或“预交增值税”明细科目转入当月应交未交、多交或预缴的增值税额，以及当月缴纳以前期间未交的增值税额。

3. “预交增值税”明细科目

“预交增值税”明细科目，核算一般纳税人转让不动产、提供不动产经营租赁服务、提供建筑服务、采用预收款方式销售自行开发的房地产项目等，以及其他按照现行增值税制度规定应预缴的增值税额。

4. “待抵扣进项税额”明细科目

“待抵扣进项税额”明细科目，核算一般纳税人已取得增值税扣税凭证并经税务机关认证，按照现行增值税制度规定准予以后期间从销项税额中抵扣的进项税额。包括：一般纳税人自 2016 年 5 月 1 日后取得并按固定资产核算的不动产，或者 2016 年 5 月 1 日后取得的不动产在建工程，按照现行增值税制度规定准予以后期间从销项税额中抵扣的进项税额；实行纳税辅导期管理的一般纳税人取得的尚未交叉稽核比对的增值税扣税凭证上注明或计算的进项税额。

5. “待认证进项税额”明细科目

“待认证进项税额”明细科目，核算一般纳税人由于未经税务机关认证，而不得从当期销项税额中抵扣的进项税额。包括：一般纳税人已取得增值税扣税凭证、按照现行增值税制度规定准予从销项税额中抵扣，但尚未经税务机关认证的进项税额；一般纳税人已申请稽核但尚未取得稽核相符结果的海关缴款书进项税额。

6. “待转销项税额”明细科目

“待转销项税额”明细科目，核算一般纳税人销售货物、加工修理修配劳务、服务、无形资产或不动产，已确认相关收入（或利得）但尚未发生增值税纳税义务，而须以后期间确认为销项税额的增值税额。

7. “增值税留抵税额”明细科目

“增值税留抵税额”明细科目，核算兼有销售服务、无形资产或者不动产的原增值税一般纳税人，截止到纳入营改增试点之日前的增值税期末留抵税额，按照现行增值税制度规定不得从销售服务、无形资产或不动产的销项税额中抵扣的增值税留抵税额。

8. “简易计税”明细科目

“简易计税”明细科目，核算一般纳税人采用简易计税方法发生的增值税计提、扣减、预缴、缴纳等业务。

9. “转让金融商品应交增值税”明细科目

“转让金融商品应交增值税”明细科目，核算增值税纳税人转让金融商品发生的增值税额。

10. “代扣代交增值税”明细科目

“代扣代交增值税”明细科目，核算纳税人购进在境内未设立经营机构的境外单位或个人在境内的应税行为，代扣代缴的增值税。

（二）取得资产或接受劳务等业务的会计处理

1. 采购等业务进项税额允许抵扣的会计处理

一般纳税人购进货物、加工修理修配劳务、服务、无形资产、不动产或在建工程，按应计入相关成本费用或资产的金额，借记“在途物资”或“原材料”“库存商品”“生产成本”“无形资产”“固定资产”“管理费用”“在建工程”等科目；按当月已认证的可抵扣增值税额，借记“应交税费——应交增值税（进项税额）”科目；按当月未认证的可抵扣增值税额，借记“应交税费——待认证进项税额”科目；按应付或实际支付的金额，贷记“应付账款”“应付票据”“银行存款”等科目。发生退货的，如原增值税专用发票已做认证，应根据税务机关开具的红字增值税专用发票做相反的会计分录；如原增值税专用发票未做认证，应将发票退回并做相反的会计分录。

案例 2-9：明达公司 2019 年 9 月 2 日从 A 企业购入材料一批，取得一张增值税专用发票，其金额为 100 000 元、增值税额为 13 000 元。另外支付运费 2 000 元，进项税额 180 元，取得增值税专用发票。增值税专用发票当月通过认证。企业开出银行承兑汇票，材料验收入库。编制会计分录如下：

借：原材料　　102 000
　　应交税费——应交增值税（进项税额）　　13 180
　　贷：应付票据　　115 180

案例 2-10：明达公司 2019 年 9 月 30 日将上月认证或稽核比对相符以及核查后允许抵扣的进项税额 280 000 元申报抵扣。编制会计分录如下：

借：应交税费——应交增值税（进项税额）　　280 000
　　贷：应交税费——应交增值税（待抵扣进项税额）　　280 000

2. 采购等业务进项税额不得抵扣的会计处理

一般纳税人购进货物、加工修理修配劳务、服务、无形资产或不动产，用于简易计税方法计税项目、免征增值税项目、集体福利或个人消费等，其进项税额按照现行增值税制度规定不得从销项税额中抵扣的，取得增值税专用发票时，应借记相关成本费用或资产科目，借记“应交税费——待认证进项税额”科目，贷记“银行存款”“应付账款”等科目，经税务机关认证后，应借记相关成本费用或资产科目，贷记“应交税费——应交增值税（进项税额转出）”科目。

案例 2-11：宏达公司是一家电力安装公司，属于增值税一般纳税人。公司的一个安装工程项目符合简易计税条件，在机构所在地办理了简易征收备案，2019 年 11 月公司采购工程材料取得增值税专用发票，金额 60 万元，增值税额 7.8 万元。其账务处理如下：

采购材料取得发票时的会计分录：

借：原材料　　600 000

应交税费——待认证进项税额　　78 000

贷：银行存款　　678 000

增值税专用发票经税务机关认证后的会计分录：

借：应交税费——应交增值税（进项税额）　　78 000

贷：应交税费——待认证进项税额　　78 000

按照规定做进项税额转出的会计分录：

借：原材料　　78 000

贷：应交税费——应交增值税（进项税额转出）　　78 000

3. 货物等已验收入库但尚未取得增值税扣税凭证的会计处理

一般纳税人购进的货物等已到达并验收入库，但尚未收到增值税扣税凭证并未付款的，应在月末按货物清单或相关合同协议上的价格暂估入账，不需要将增值税的进项税额暂估入账。下月初，用红字冲销原暂估入账金额，待取得相关增值税扣税凭证并经认证后，按应计入相关成本费用或资产的金额，借记“原材料”“库存商品”“固定资产”“无形资产”等科目，按可抵扣的增值税额，借记“应交税费——应交增值税（进项税额）”科目，按应付金额，贷记“应付账款”等科目。

4. 购买方作为扣缴义务人的会计处理

按照现行增值税制度规定，境外单位或个人在境内发生应税行为，在境内未设立经营机构的，以购买方为增值税扣缴义务人。境内一般纳税人购进服务、无形资产或不动产，按应计入相关成本费用或资产的金额，借记“生产成本”“无形资产”“固定资产”“管理费用”等科目，按可抵扣的增值税额，借记“应交税费——进项税额”科目（小规模纳税人应借记相关成本费用或资产科目），按应付或实际支付的金额，贷记“应付账款”等科目，按应代扣代缴的增值税额，贷记“应交税费——代扣代交增值税”科目。实际缴纳代扣代缴增值税时，按代扣代缴的增值税额，借记“应交税费——代扣代交增值税”科目，贷记“银行存款”科目。

（三）销售业务的会计处理

1. 销售业务的会计处理

企业销售货物、加工修理修配劳务、服务、无形资产或不动产，应当按应收或已收的金额，借记“应收账款”“应收票据”“银行存款”等科目，按取得的收入金额，贷记“主营业务收入”“其他业务收入”“固定资产清理”“工程结算”等科目，按现行增值税制度规定计算的销项税额（或采用简易计税方法计算的应缴纳增值税税额），贷记“应交税费——应交增值税（销项税额）”或“应交税费——简易计税”科目（小规模纳税人应贷记“应交税费——应交增值税”科目）。发生销售退回的，应根据按规定开具的红字增值税专用发票做相反的会计分录。

按照国家统一的会计制度确认收入或利得的时点早于按照增值税制度确认增值税纳税义务发生时点的，应将相关销项税额记入“应交税费——待转销项税额”科目，待实际发生纳税义务时再转入“应交税费——应交增值税（销项税额）”或“应交税费——简易计税”科目。

按照增值税制度确认增值税纳税义务发生时点早于按照国家统一的会计制度确认收入或利得的时点的，应将应缴纳增值税税额，借记“应收账款”科目，贷记“应交税费——应交增值税（销项税额）”或“应交税费——简易计税”科目，按照国家统一的会计制度确认收入或利得时，应按扣除增值税销项税额后的金额确认收入。

案例 2-12：明达公司 2019 年 9 月 2 日向 F 企业销售甲产品一批，开具的专用发票上注明价款 10 000 元，税额 1 300 元，同时以库存现金代垫运输费 200 元。分录如下：

借：应收账款	11 500	
贷：主营业务收入		10 000
应交税费——应交增值税（销项税额）		1 300
库存现金		200

案例 2-13：甲公司将 2019 年 4 月 30 日前取得的门面房一间出售，于 2019 年 12 月 15 日取得出售价款 105 000 元，适用简易征收。该资产原来在投资性房地产科目核算。

借：银行存款	105 000	
贷：其他业务收入		100 000
应交税费——简易计税		5 000

2. 视同销售的会计处理

企业发生税法上视同销售的行为，应当按照企业会计准则制度相关规定进行相应的会计处理，并按照现行增值税制度规定计算的销项税额（或采用简易计税方法计算的应缴纳增值税税额），借记“应付职工薪酬”“利润分配”等科目，贷记“应交税费——应交增值税（销项税额）”或“应交税费——简易计税”科目（小规模纳税人应贷记“应交税费——应交增值税”科目）。

案例 2-14：明达公司 2019 年 10 月将自产的丙产品一批对 Z 企业投资。假定该批丙产品实际成本为 3 000 000 元，市场价值为 3 300 000 元，适用增值税税率为 13%。分录如下：

借：长期股权投资	3 729 000	
贷：主营业务收入		3 300 000
应交税费——应交增值税（销项税额）		429 000

同时

借：主营业务成本	3 000 000	
贷：库存商品		3 000 000

（四）差额征税的会计处理

1. 企业发生相关成本费用允许扣减销售额的会计处理

按照现行增值税制度规定，企业发生相关成本费用允许扣减销售额的，发生成本费用时，按应付或实际支付的金额，借记“主营业务成本”“存货”“工程施工”等科目，贷记“应付账款”“应付票据”“银行存款”等科目。待取得合规增值税扣税凭证且纳税义务发生时，按照允许抵扣的税额，借记“应交税费——应交增值税（销项税额抵减）”或“应交税费——简易计税”科目（小规模纳税人应借记“应交税费——应交增值税”科目），贷记“主营业务成本”“存货”“工程施工”等科目。

案例 2-15：深圳某实业有限公司是一般纳税人，提供劳务派遣服务适用差额征税，含税销售额 10 万元，向用工单位收取用于支付给劳务派遣员工工资、福利和为其办理社会保险及住房公积金的费用 8 万元，征收率 5%。分录如下：

确认收入时：

借：银行存款　　100 000

　　贷：主营业务收入　　95 238.10

　　　　应交税费——应交增值税（销项税额）　　4 761.90

支付给劳务派遣员工工资、福利和为其办理社会保险及住房公积金时：

借：应交税费——应交增值税（销项税额抵减）　　3 809.52

　　主营业务成本　　76 190.48

　　贷：银行存款　　80 000

2. 金融商品转让按规定以盈亏相抵后的余额作为销售额的会计处理

金融商品实际转让月末，如产生转让收益，则按应纳税额，借记“投资收益”等科目，贷记“应交税费——转让金融商品应交增值税”科目；如产生转让损失，则按可结转下月抵扣税额，借记“应交税费——转让金融商品应交增值税”科目，贷记“投资收益”等科目。缴纳增值税时，应借记“应交税费——转让金融商品应交增值税”科目，贷记“银行存款”科目。年末，本科目如有借方余额，则借记“投资收益”等科目，贷记“应交税费——转让金融商品应交增值税”科目。

案例 2-16：甲公司为增值税一般纳税人。2019 年 1 月买入国债，买入价为 106 万元。2019 年 5 月将其卖出，卖出价为 127.20 万元。该国债被划分为可供出售金融资产核算。分录如下：

出售国债时：

借：银行存款　　127.20

　　贷：应交税费——转让金融商品应交增值税　　1.2

　　　　可供出售金融资产——国债　　106

　　　　投资收益　　20

缴纳税款时：

借：应交税费——转让金融商品应交增值税　　1.2

　　贷：银行存款　　1.2

（五）进项税额抵扣情况发生改变的会计处理

因发生非正常损失或改变用途等，原已计入进项税额、待抵扣进项税额或待认证进项税额，但按照现行增值税制度规定不得从销项税额中抵扣的，借记“待处理财产损溢”“应付职工薪酬”“固定资产”“无形资产”等科目，贷记“应交税费——应交增值税（进项税额转出）”“应交税费——待抵扣进项税额”或“应交税费——待认证进项税额”科目；原不得抵扣且未抵扣进项税额的固定资产、无形资产等，因改变用途等用于允许抵扣进项税额的应税项目的，应按允许抵扣的进项税额，借记“应交税费——应交增值税（进项税额）”科目，贷记“固定资产”“无形资产”等科目。固定资产、无形资产等经上述调整后，应按调整后的账面价值在剩余尚可使用寿命内计提折旧或摊销。

一般纳税人购进时已全额计提进项税额的货物或服务等转用于不动产在建工程的，对于结转以后期间的进项税额，应借记“应交税费——待抵扣进项税额”科目，贷记“应交税费——应交增值税（进项税额转出）”科目。

案例 2-17：明达公司 2019 年 10 月 28 日由于管理不善导致一批产品被盗，已知被盗产品账面价值为 80 000 元。假定当期该产品总的生产成本为 400 000 元，其中耗用前期外购材料等价值为 280 000 元，外购材料均适用 13%的增值税税率。分录如下：

被盗产品成本中所耗外购货物的购进金额=80 000×(280 000÷400 000)=56 000（元）

应转出的进项税额=56 000×13%=7 280（元）

借：待处理财产损溢——待处理流动资产损溢	87 280	
贷：库存商品		80 000
应交税费——应交增值税（进项税额转出）		7 280

（六）月末转出多交增值税和未交增值税的会计处理

月度终了，企业应当将当月应交未交或多交的增值税，自“应交增值税”明细科目转入“未交增值税”明细科目。对于当月应交未交的增值税，借记“应交税费——应交增值税（转出未交增值税）”科目，贷记“应交税费——未交增值税”科目；对于当月多交的增值税，借记“应交税费——未交增值税”科目，贷记“应交税费——应交增值税（转出多交增值税）”科目。

案例 2-18：明达公司 2019 年 6 月发生的销项税额合计 180 000 元，进项税额转出 20 000 元，进项税额 120 000 元，当月已预交增值税 30 000 元。分录如下：

本月未交增值税=180 000−(120 000−20 000)−30 000=50 000（元）

借：应交税费——应交增值税（转出未交增值税）	80 000	
贷：应交税费——未交增值税		80 000
借：应交税费——未交增值税	30 000	
贷：应交税费——预交增值税		30 000

案例 2-19：若明达公司 2019 年 6 月发生销项税额合计 180 000 元，进项税额转出 10 000 元，进项税额 120 000 元，当月已预交增值税 80 000 元，分录如下：

本月未交增值税=180 000−(120 000−10 000)−80 000=−10 000（元）

借：应交税费——应交增值税（转出未交增值税）	70 000	
贷：应交税费——未交增值税		70 000
借：应交税费——未交增值税	80 000	
贷：应交税费——预交增值税		80 000

案例 2-20：若明达公司 2019 年 6 月发生销项税额合计 180 000 元，进项税额转出 10 000 元，进项税额 230 000 元，当月已预交增值税 20 000 元。分录如下：

本月未交增值税=180 000−(230 000−10 000)−20 000=−60 000（元）。

借：应交税费——未交增值税	40 000	
贷：应交税费——未交增值税（转出多交增值税）		40 000
借：应交税费——未交增值税	20 000	
贷：应交税费——预交增值税		20 000

月末，尚未抵扣的进项税额为40 000元，则留作下月继续抵扣。

（七）缴纳增值税的会计处理

1. 缴纳当月应交增值税的会计处理

企业缴纳当月应交的增值税，借记“应交税费——应交增值税（已交税金）”科目（小规模纳税人应借记“应交税费——应交增值税”科目），贷记“银行存款”科目。

案例2-21：明达公司2019年6月18日以银行存款缴纳本月增值税100 000元。分录如下：

借：应交税费——应交增值税（已交税金）　　100 000

　　贷：银行存款　　100 000

2. 缴纳以前期间未交增值税的会计处理

企业缴纳以前期间未交的增值税，借记“应交税费——未交增值税”科目，贷记“银行存款”科目。

案例2-22：明达公司2019年6月8日以银行存款缴纳上月未交的增值税200 000元。分录如下：

借：应交税费——未交增值税　　200 000

　　贷：银行存款　　200 000

3. 预缴增值税的会计处理

企业预缴增值税时，借记“应交税费——预交增值税”科目，贷记“银行存款”科目。月末，企业应将“预交增值税”明细科目余额转入“未交增值税”明细科目，借记“应交税费——未交增值税”科目，贷记“应交税费——预交增值税”科目。房地产开发企业等在预缴增值税后，应直至纳税义务发生时方可从“应交税费——预交增值税”科目结转至“应交税费——未交增值税”科目。

4. 减免增值税的会计处理

对于当期直接减免的增值税，借记“应交税金——应交增值税（减免税款）”科目，贷记“营业外收入——政府补助”科目。

（八）增值税期末留抵税额的会计处理

纳入营改增试点当月月初，原增值税一般纳税人应按不得从销售服务、无形资产或不动产的销项税额中抵扣的增值税留抵税额，借记“应交税费——增值税留抵税额”科目，贷记“应交税费——应交增值税（进项税额转出）”科目。待以后期间允许抵扣时，按允许抵扣的金额，借记“应交税费——应交增值税（进项税额）”科目，贷记“应交税费——增值税留抵税额”科目。

（九）增值税税控系统专用设备和技术维护费用抵减增值税额的会计处理

按照现行增值税制度规定，企业初次购买增值税税控系统专用设备支付的费用以及缴纳的技术维护费，允许在增值税应纳税额中全额抵减的，按规定抵减的增值税应纳税额，借记“应交税费——应交增值税（减免税款）”科目（小规模纳税人应借记“应交税费——

应交增值税”科目），贷记“管理费用”等科目。

（十）增值税即征即退的会计处理

根据政策，计算和计提应返还的增值税，借记“其他应收款——增值税退税”，贷记“营业外收入——政府补助”。

（十一）小微企业免征增值税的会计处理

小微企业在取得销售收入时，应当按照税法的规定计算应交增值税，并确认为应交税费，在达到增值税制度规定的免征增值税条件时，将有关应交增值税转入当期损益。

二、小规模纳税人的会计处理

（一）账户设置

小规模纳税人应纳增值税是按简易办法计算缴纳的，其应税销售额的核算与一般纳税人相同，也是不含增值税销售额。为了核算小规模纳税人应交增值税的发生、缴纳等情况，只需在“应交税费”科目下设置“应交增值税”明细科目。该科目贷方登记应缴纳的增值税，借方登记已缴纳的增值税；期末贷方余额为尚未缴纳的增值税，借方余额为多缴纳的增值税。

（二）小规模纳税人增值税的会计处理

1.　购进货物和接受应税劳务

小规模纳税人购买物资、服务、无形资产或不动产，取得增值税专用发票上注明的增值税应计入相关成本费用或资产，不通过“应交税费——应交增值税”科目核算。

案例 2-23：三江公司 2019 年 3 月 5 日购入生产用 A 材料一批，取得的普通发票中注明货款 35 100 元，款项以银行存款支付，材料已验收入库，该材料按实际成本计价。分录如下：

借：原材料——A 材料	35 100	
贷：银行存款		35 100

2.　销售货物或提供应税劳务

小规模纳税人销售货物或提供应税劳务，按照销售收入和相应的增值税，借记“应收账款”“银行存款”等科目，按应纳的增值税，贷记“应交税费——应交增值税”科目，按照销售收入，贷记“主营业务收入”等科目。

案例 2-24：三江公司 2019 年 3 月 6 日销售甲产品一批，所开出的普通发票中注明的货款为 30 900 元，款项已存入银行。分录如下：

不含税销售额=30 900÷(1+3%)=30 000（元）

应纳税额=30 000×3%=900（元）

借：银行存款	30 900	
贷：主营业务收入		30 000
应交税费——应交增值税		900

3. 缴纳增值税

小规模纳税人无论是预交本月的增值税，还是缴纳上月未交的增值税，都应借记“应交税费——应交增值税”科目，贷记“银行存款”等科目。

案例 2-25：三江公司 2019 年 4 月 8 日以银行存款上交增值税 1 230 元。分录如下：

借：应交税费——应交增值税　　1 230

　　贷：银行存款　　1 230

任务四　熟悉增值税的纳税申报

一、纳税义务发生的时间

《增值税暂行条例》和“营改增通知”明确规定了增值税纳税义务的发生时间。纳税义务发生时间，是纳税人发生应税行为应当承担纳税义务的起始时间。税法明确规定纳税义务发生时间的作用在于：一是正式确认纳税人已经发生属于税法规定的应税行为，应承担纳税义务；二是有利于税务机关实施税务管理，合理规定申报期限和纳税期限，监督纳税人切实履行纳税义务。

销售货物或者应税劳务和应税服务的纳税义务发生时间，可以分为一般规定和具体规定。

（一）一般规定

（1）纳税人销售货物或者应税劳务和应税服务（简称销售货物），其纳税义务发生时间为收讫销售款项或者取得索取销售款项凭据的当天；先开具发票的，为开具发票的当天。

（2）纳税人进口货物，其纳税义务发生时间为报关进口的当天。

（3）增值税扣缴义务发生时间为纳税人增值税纳税义务发生的当天。

（二）具体规定

纳税人收讫销售款项或者取得索取销售款项凭据的当天，按销售结算方式的不同，具体分为：

（1）采取直接收款方式销售货物，不论货物是否发出，均为收到销售款或者取得索取销售款凭据的当天；对于纳税人生产经营活动中采取直接收款方式销售货物，已将货物移送对方并暂估销售收入入账，但既未取得销售款或取得索取销售款凭据也未开具销售发票的，其增值税纳税义务发生时间为取得销售款或取得索取销售款凭据的当天；先开具发票的，为开具发票的当天。

（2）采取托收承付和委托银行收款方式销售货物，为发出货物并办妥托收手续的当天。

（3）采取赊销和分期收款方式销售货物，为书面合同约定的收款日期的当天；无书面合同的或者书面合同没有约定收款日期的，为货物发出的当天。

（4）采取预收货款方式销售货物，为货物发出的当天；生产销售生产工期超过 12 个月的大型机械设备、船舶、飞机等货物，为收到预收款或者书面合同约定的收款日期的当天。

（5）委托其他纳税人代销货物，为收到代销单位的代销清单或者收到全部或者部分货款的当天。未收到代销清单及货款的，为发出代销货物满 180 天的当天。

（6）销售应税劳务，为提供劳务同时收讫销售款或者取得索取销售款的凭据的当天。

（7）纳税人发生视同销售货物行为，为货物移送的当天。

（8）纳税人提供有形动产租赁服务采取预收款方式的，其纳税义务发生时间为收到预收款的当天。

（9）纳税人发生视同提供应税服务行为的，其纳税义务发生时间为应税服务完成的当天。

上述销售货物或应税劳务纳税义务发生时间的确定，明确了企业在计算应纳税额时，对“当期销项税额”时间的限定，是增值税计税和征收管理中重要的规定。目前，一些企业没有按照上述规定的纳税义务发生时间将实现的销售收入及时入账并计算纳税，而是采取延迟入账或不计销售收入等做法，以拖延纳税或逃避纳税，这些做法都是错误的。企业必须按上述规定的时限及时、准确地记录销售额和计算当期销项税额。

二、纳税期限

在明确了增值税纳税义务发生时间后，还需要掌握具体纳税期限，以保证按期缴纳税款。根据《增值税暂行条例》和“营改增通知”的规定，增值税的纳税期限分别为 1 日、3 日、5 日、10 日、15 日、1 个月或者 1 个季度。

纳税人的具体纳税期限，由主管税务机关根据纳税人应纳税额的大小分别核定；不能按照固定期限纳税的，可以按次纳税。以 1 个季度为纳税期限的规定仅适用于小规模纳税人。小规模纳税人的具体纳税期限，由主管税务机关根据其应纳税额的大小分别核定。

纳税人以 1 个月或者 1 个季度为 1 个纳税期的，自期满之日起 15 日内申报纳税；以 1 日、3 日、5 日、10 日或者 15 日为 1 个纳税期的，自期满之日起 5 日内预缴税款，于次月 1 日起 15 日内申报纳税并结清上月应纳税款。

扣缴义务人解缴税款的期限，依照前两款规定执行。

纳税人进口货物，应当自海关填发进口增值税专用缴纳书之日起 15 日内缴纳税款。

纳税人出口货物适用退（免）税规定的，应当向海关办理出口手续，凭出口报关单等有关凭证，在规定的出口退（免）税申报期内，按月向主管税务机关申报办理。具体办法由国务院财政、税务主管部门制定。

出口货物办理退税后发生退货或者退关的，纳税人应当依法补缴已退的税款。

三、纳税地点

增值税一般实行“就地纳税”原则。为了保证纳税人按期申报纳税，根据企业跨地区经营和搞活商品流通的特点及不同情况，税法还具体规定了增值税的纳税地点：

1. 固定业户应当向其机构所在地的主管税务机关申报纳税。总机构和分支机构不在同一县（市）的，应当分别向各自所在地的主管税务机关申报纳税；经国家财政、税务主管部门或者其授权的财政、税务机关批准，可以由总机构汇总向总机构所在地的主管税务机关申报纳税。

2. 固定业户到外县（市）销售货物或者应税劳务，应当向其机构所在地的主管税务机关申请开具外出经营活动税收管理证明，并向其机构所在地的主管税务机关申报纳税；未开具证明的，应当向销售地或者劳务发生地的主管税务机关申报纳税；未向销售地或者劳务发生地的主管税务机关申报纳税的，由其机构所在地的主管税务机关补征税款。

3. 非固定业户销售货物或者应税劳务，应当向销售地或者劳务发生地的主管税务机关申报纳税；未向销售地或者劳务发生地的主管税务机关申报纳税的，由其机构所在地或者居住地的主管税务机关补征税款。

4. 进口货物，应当向报关地海关申报纳税。

5. 扣缴义务人，应当向其机构所在地或者居住地的主管税务机关申报缴纳其扣缴的税款。

四、纳税申报办法

纳税人无论有无销售额，均应按主管税务机关核定的纳税期限填报纳税申报表，并于次月 1 日至 15 日内，向当地税务局申报纳税并结清上月应纳税款。无论是一般纳税人还是小规模纳税人缴纳增值税，均由税务局管理。

（一）增值税一般纳税人纳税申报

1. 提供纳税申报资料

（1）《增值税纳税申报表（适用于增值税一般纳税人）》（表 2-1）、《增值税纳税申报表附列资料附表一、附表二、附表三、附表四》（表 2-2～表 2-4）等。

（2）附报材料。

① 已开具的增值税专用发票和普通发票存根联；

② 符合抵扣条件并且在本期申报抵扣的增值税专用发票抵扣联；

③ 海关进口货物完税凭证、购进农产品取得的普通发票的复印件；

④ 收购凭证的存根联或报查联；

⑤ 扣代缴税款凭证存根联；

⑥ 主管税务机关规定的其他备查资料。

备查资料是否需要在当期报送，由各省级税务局确定。

2. 填报增值税纳税申报表

本报表（表 2-1）适用于增值税一般纳税人申报（包括一般纳税人销售货物按简易征收办法缴纳增值税）

（1）本表“税款所属时间”是指纳税人申报所属的时间，具体填写起止年、月、日。

（2）本表“填表日期”是指纳税人填写本表的具体日期。

（3）本表“纳税人识别号”即为税务登记证号码。

（4）本表“所属行业”栏，按照国民经济行业分类与代码的最细项，仅填写行业代码。

（5）本表“纳税人名称”栏，填写纳税人单位全称，不得简写。

（6）本表“法定代表人姓名”栏，填写纳税人法定代表人的姓名。

（7）本表“注册地址”栏，填写纳税人税务登记证所注明的详细地址。

（8）本表“生产经营地址”栏，填写纳税人营业地的详细地址。

（9）本表“开户银行及账号”栏，填写纳税人开户银行的名称和纳税人在该银行的结算账户号码。

（10）本表“登记注册类型”栏，按税务登记证填写。

（11）本表“电话号码”栏，填写纳税人注册地和经营地的电话号码。

（12）本表“一般项目”栏，是指享受即征即退的货物及劳务以外的货物及劳务。

（13）本表“即征即退项目”是指纳税人按照税法规定享受即征即退的货物及劳务。

（14）本表第 1 项的“（一）按适用税率计税销售额”栏，填写纳税人本期按适用税率缴纳增值税的应税货物和应税劳务的销售额（销售退回的销售额用负数表示）。“一般项目”的“本月数”栏数据与“即征即退项目”的“本月数”栏数据之和，应等于《增值税纳税申报附列资料（一）》第 9 栏的“合计”中的“销售额”数。“本年累计”数据，应为年度内各月数之和。

3. 办理税款缴纳手续

在办理税款缴纳手续前，要完成专用发票的认证、抄税、报税、办理申报工作。

（1）专用发票认证。

增值税专用发票的认证方式可选择手工认证和网上认证。手工认证是单位办税员月底持有专用发票抵扣联，到所属主管税务机关服务大厅“认证窗口”进行认证；网上认证是纳税人月底通过扫描仪，将专用发票抵扣联认证专用软件生成电子数据，将数据文件传递给税务机关完成认证。

（2）抄税。

抄税是在当月的最后一天，通常是在次月 1 号早上开票前，利用防伪税控开票系统进行抄税处理，将本月开具的增值税专用发票的信息读入 IC 卡。

（3）报税。

在报税期内，一般单位在 15 号之前，将 IC 卡拿到税务机关，由税务人员将信息读入税务机关的金税系统。通过抄税，确保所有销项发票进入金税系统。经过报税，确保所有抵扣的进项发票进入金税系统，进行自动比对，确保任何一张抵扣的进项发票都有销项发票与其对应。

（4）办理申报。

申报分为上门申报和网上申报。在申报期内，将申报表及其他相关资料传递给主管税务机关，或将电子信息传送到电子申报系统。

（5）税款缴纳。

税务机关将申报表单据送到开户银行，由银行自动转账处理。

（二）增值税小规模纳税人纳税申报

1. 提供纳税申报资料。

小规模纳税人纳税申报时，应提供资料有：《增值税纳税申报表（适用小规模纳税人）》（表 2-6）、《增值税纳税申报表（小规模纳税人适用）附列资料》、普通发票领用存月报表，企业财务会计报表及其他税务机关要求报送的资料。

2. 填报小规模纳税人纳税申报表。

3. 办理税款缴纳手续。

小规模纳税人办理税款的手续可参照一般纳税人。

注：《增值税纳税申报表（适应小规模纳税人）》的“本月数”均改为“本期数”，第 4、5 栏不再填写，对应的填表说明一并取消。

表 2-1　增值税纳税申报表

（适用于增值税一般纳税人）

根据国家税收法律法规及增值税相关规定制定本表。纳税人不论有无销售额，均应按主管税务机关核定的纳税期限填写本表，并向当地税务机关申报。

税款所属时间：自　年　月　日至　年　月　日

填表日期：　年　月　日　　　　金额单位：元（列至角分）

<table>
<tr><td>纳税人识别号</td><td colspan="5">□□□□□□□□□□□□□□□□□□□□</td><td>所属行业</td><td></td></tr>
<tr><td>纳税人名称</td><td>（公章）</td><td>法定代表人姓名</td><td></td><td>注册地址</td><td></td><td>生产经营地址</td><td></td></tr>
<tr><td>开户银行及账号</td><td colspan="2"></td><td>登记注册类型</td><td colspan="2"></td><td>电话号码</td><td></td></tr>
</table>

<table>
<tr><td colspan="2" rowspan="2">项　目</td><td rowspan="2">栏　次</td><td colspan="2">一般项目</td><td colspan="2">即征即退项目</td></tr>
<tr><td>本月数</td><td>本年累计</td><td>本月数</td><td>本年累计</td></tr>
<tr><td rowspan="10">销售额</td><td>（一）按适用税率计税销售额</td><td>1</td><td></td><td></td><td></td><td></td></tr>
<tr><td>其中：应税货物销售额</td><td>2</td><td></td><td></td><td></td><td></td></tr>
<tr><td>应税劳务销售额</td><td>3</td><td></td><td></td><td></td><td></td></tr>
<tr><td>纳税检查调整的销售额</td><td>4</td><td></td><td></td><td></td><td></td></tr>
<tr><td>（二）按简易办法计税销售额</td><td>5</td><td></td><td></td><td></td><td></td></tr>
<tr><td>其中：纳税检查调整的销售额</td><td>6</td><td></td><td></td><td></td><td></td></tr>
<tr><td>（三）免、抵、退办法出口销售额</td><td>7</td><td></td><td></td><td></td><td></td></tr>
<tr><td>（四）免税销售额</td><td>8</td><td></td><td></td><td></td><td></td></tr>
<tr><td>其中：免税货物销售额</td><td>9</td><td></td><td></td><td></td><td></td></tr>
<tr><td>免税劳务销售额</td><td>10</td><td></td><td></td><td></td><td></td></tr>
<tr><td rowspan="5">税款计算</td><td>销项税额</td><td>11</td><td></td><td></td><td></td><td></td></tr>
<tr><td>进项税额</td><td>12</td><td></td><td></td><td></td><td></td></tr>
<tr><td>上期留抵税额</td><td>13</td><td></td><td></td><td></td><td></td></tr>
<tr><td>进项税额转出</td><td>14</td><td></td><td></td><td></td><td></td></tr>
<tr><td>免、抵、退应退税额</td><td>15</td><td></td><td></td><td></td><td></td></tr>
</table>

（续表）

项目		栏次	一般项目		即征即退项目	
			本月数	本年累计	本月数	本年累计
税款计算	按适用税率计算的纳税检查应补缴税额	16				
	应抵扣税额合计	17=12+13-14-15+16				
	实际抵扣税额	18（如 17<11，则为17，否则为 11）				
	应纳税额	19=11-18				
	期末留抵税额	20=17-18				
	简易计税办法计算的应纳税额	21				
	按简易计税办法计算的纳税检查应补缴税额	22				
	应纳税额减征额	23				
	应纳税额合计	24=19+21-23				
税款缴纳	期初未缴税额（多缴为负数）	25				
	实收出口开具专用缴款书退税额	26				
	本期已缴税额	27=28+29+30+31				
	①分次预缴税额	28				
	②出口开具专用缴款书预缴税额	29				
	③本期缴纳上期应纳税额	30				
	④本期缴纳欠缴税额	31				
	期末未缴税额（多缴为负数）	32=24+25+26-27				
	其中：欠缴税额（≥0）	33=25+26-27				
	本期应补（退）税额	34=24-28-29				
	即征即退实际退税额	35				
	期初未缴查补税额	36				
	本期入库查补税额	37				
	期末未缴查补税额	38=16+22+36-37				
授权声明	如果你已委托代理人申报，请填写下列资料： 为代理一切税务事宜，现授权（ ），地址（ ）为本纳税人的代理申报人，任何与本申报表有关的往来文件，都可寄予此人。 授权人签字：	申报人声明	此纳税申报表是根据《中华人民共和国增值税暂行条例》的规定填报的，我确定它是真实的、可靠的、完整的。 声明人签字：			

主管税务机关（盖章）：　　接收人：　　接收日期：

表 2-2 增值税纳税申报表附列资料（一）

（本期销售情况明细）

税款所属时间：　　年　　月　　日至　　年　　月　　日

纳税人名称：　　　　　　　　　　　　　　　　　　　　　金额单位：元（列至角分）

项目及栏次				开具增值税专用发票		开具其他发票		未开具发票		纳税检查调整		合计			服务、不动产和无形资产扣除项目本期实际扣除金额	扣除后	
				销售额	销项（应纳）税额	销售额	销项（应纳）税额	销售额	销项（应纳）税额	销售额	销项（应纳）税额	销售额	销项（应纳）税额	价税合计		含税（免税）销售额	销项（应纳）税额
				1	2	3	4	5	6	7	8	9=1+3+5+7	10=2+4+6+8	11=9+10	12	13=11−12	14=13÷（100%+税率或征收率）×税率或征收率
一、一般计税方法计税	全部征税项目	13%税率的货物及加工修理修配劳务	1											—	—	—	—
		13%税率的服务、不动产和无形资产	2														
		9%税率的货物及加工修理修配劳务	3											—	—	—	—
		9%税率的服务、不动产和无形资产	4														
		6%税率	5														
	其中：即征即退项目	即征即退货物及加工修理修配劳务	6	—	—	—	—	—	—	—	—			—	—	—	—
		即征即退服务、不动产和无形资产	7	—	—	—	—	—	—	—	—						
二、简易计税方法计税	全部征税项目	6%征收率	8							—	—			—	—	—	—
		5%征收率的货物及加工修理修配劳务	9a							—	—			—	—	—	—

（续表）

项目及栏次				开具增值税专用发票		开具其他发票		未开具发票		纳税检查调整		合计			服务、不动产和无形资产扣除项目本期实际扣除金额	扣除后	
				销售额	销项（应纳）税额	销售额	销项（应纳）税额	销售额	销项（应纳）税额	销售额	销项（应纳）税额	销售额	销项（应纳）税额	价税合计		含税（免税）销售额	销项（应纳）税额
				1	2	3	4	5	6	7	8	9=1+3+5+7	10=2+4+6+8	11=9+10	12	13=11−12	14=13÷（100%+税率或征收率）×税率或征收率
二、简易计税方法计税	全部征税项目	5%征收率的服务、不动产和无形资产	9b							——	——						
		4%征收率	10							——	——			——	——	——	——
		3%征收率的货物及加工修理修配劳务	11							——	——			——	——	——	——
		3%征收率的服务、不动产和无形资产	12							——	——						
		预征率　%	13a							——	——						
		预征率　%	13b							——	——						
		预征率　%	13c							——	——						
	其中：即征即退项目	即征即退货物及加工修理修配劳务	14	——	——	——	——	——	——	——	——			——	——	——	——
		即征即退服务、不动产和无形资产	15	——	——	——	——	——	——	——	——						
三、免抵退税		货物及加工修理修配劳务	16	——	——		——		——	——	——		——	——	——	——	——
		服务、不动产和无形资产	17	——	——		——		——	——	——		——				——
四、免税		货物及加工修理修配劳务	18				——		——	——	——		——	——	——	——	——
		服务、不动产和无形资产	19	——	——		——		——	——	——		——				——

表 2-3　增值税纳税申报表附列资料（二）

（本期进项税额明细）

税款所属时间：　　　年　　月　　日至　　年　　月　　日

纳税人名称：　　　　　　　　　　　　　　　　　　　　　　金额单位：元（列至角分）

一、申报抵扣的进项税额				
项目	栏次	份数	金额	税额
（一）认证相符的增值税专用发票	1=2+3			
其中：本期认证相符且本期申报抵扣	2			
前期认证相符且本期申报抵扣	3			
（二）其他扣税凭证	4=5+6+7+8a			
其中：海关进口增值税专用缴款书	5			
农产品收购发票或者销售发票	6			
代扣代缴税收缴款凭证	7		——	
加计扣除农产品进项税额	8a	——	——	
其他	8b			
（三）本期用于购建不动产的扣税凭证	9			
（四）本期用于抵扣的旅客运输服务扣税凭证	10			
（五）外贸企业进项税额抵扣证明	11	——	——	
当期申报抵扣进项税额合计	12=1+4+11			

二、进项税额转出额		
项目	栏次	税额
本期进项税额转出额	13=14 至 23 之和	
其中：免税项目用	14	
集体福利、个人消费	15	
非正常损失	16	
简易计税方法征税项目用	17	
免抵退税办法不得抵扣的进项税额	18	
纳税检查调减进项税额	19	
红字专用发票信息表注明的进项税额	20	
上期留抵税额抵减欠税	21	
上期留抵税额退税	22	
其他应作进项税额转出的情形	23	

三、待抵扣进项税额				
项目	栏次	份数	金额	税额
（一）认证相符的增值税专用发票	24	——	——	——
期初已认证相符但未申报抵扣	25			
本期认证相符且本期未申报抵扣	26			
期末已认证相符但未申报抵扣	27			
其中：按照税法规定不允许抵扣	28			

（续表）

三、待抵扣进项税额				
项目	栏次	份数	金额	税额
（二）其他扣税凭证	29=30 至 33 之和			
其中：海关进口增值税专用缴款书	30			
农产品收购发票或者销售发票	31			
代扣代缴税收缴款凭证	32		——	
其他	33			
	34			
四、其他				
项目	栏次	份数	金额	税额
本期认证相符的增值税专用发票	35			
代扣代缴税额	36	——	——	

表 2-4　增值税纳税申报表附列资料（三）

（服务、不动产和无形资产扣除项目明细）

税款所属时间：　　年　月　日至　年　月　日

纳税人名称：（公章）　　　　　　　　　　　　金额单位：元（列至角分）

项目及栏次		本期服务、不动产和无形资产价税合计额（免税销售额）	服务、不动产和无形资产扣除项目				
			期初余额	本期发生额	本期应扣除金额	本期实际扣除金额	期末余额
		1	2	3	4=2+3	5(5≤1 且 5≤4)	6=4-5
13%税率的项目	1						
9%税率的项目	2						
6%税率的项目（不含金融商品转让）	3						
6%税率的金融商品转让项目	4						
5%征收率的项目	5						
3%征收率的项目	6						
免抵退税的项目	7						
免税的项目	8						

表 2-5 增值税纳税申报表附列资料（四）

（税额抵减情况表）

税款所属时间：　　年　　月　　日至　　年　　月　　日

纳税人名称：（公章）　　　　　　　　　　　　　　　　金额单位：元（列至角分）

一、税额抵减情况						
序号	抵减项目	期初余额	本期发生额	本期应抵减税额	本期实际抵减税额	期末余额
		1	2	3=1+2	4⩽3	5=3−4
1	增值税税控系统专用设备费及技术维护费					
2	分支机构预征缴纳税款					
3	建筑服务预征缴纳税款					
4	销售不动产预征缴纳税款					
5	出租不动产预征缴纳税款					

二、加计抵减情况							
序号	加计抵减项目	期初余额	本期发生额	本期调减额	本期可抵减额	本期实际抵减额	期末余额
		1	2	3	4=1+2−3	5	6=4−5
6	一般项目加计抵减额计算						
7	即征即退项目加计抵减额计算						
8	合计						

表 2-6 增值税纳税申报表

（小规模纳税人适用）

纳税人识别号：　□□□□□□□□□□□□□□□□□□□□

纳税人名称（公章）：　　　　　　　　　　　　　　　　金额单位：元（列至角分）

税款所属期：　年　月　日至　年　月　日　　　　　　　填表日期：　年　月　日

	项　目	栏　次	本期数		本年累计	
			应税货物及劳务	应税服务	应税货物及劳务	应税服务
一、计税依据	（一）应征增值税不含税销售额	1				
	税务机关代开的增值税专用发票不含税销售额	2				
	税控器具开具的普通发票不含税销售额	3				
	（二）销售使用过的应税固定资产不含税销售额	4（4⩾5）		——		——
	其中：税控器具开具的普通发票不含税销售额	5		——		——

（续表）

	项　　目	栏　　次	本期数		本年累计	
			应税货物及劳务	应税服务	应税货物及劳务	应税服务
一、计税依据	（三）免税销售额	6=7+8+9				
	其中：小微企业免税销售额	7				
	未达起征点销售额	8				
	其他免税销售额	9				
	（四）出口免税销售额	10（10≥11）				
	其中：税控器具开具的普通发票销售额	11				
二、税款计算	本期应纳税额	12				
	本期应纳税额减征额	13				
	本期免税额	14				
	其中：小微企业免税额	15				
	未达起征点免税额	16				
	应纳税额合计	17=12−13				
	本期预缴税额	18			——	——
	本期应补（退）税额	19=17-18			——	——

纳税人或代理人声明： 本纳税申报表是根据国家税收法律法规及相关规定填报的，我确定它是真实的、可靠的、完整的。	如纳税人填报，由纳税人填写以下各栏： 办税人员：　　财务负责人： 法定代表人：　　联系电话：
	如委托代理人填报，由代理人填写以下各栏： 代理人名称（公章）：　　经办人： 联系电话：

主管税务机关：　　　　接收人：　　　　接收日期：

知识拓展

1. 财政部、税务总局、海关总署《关于深化增值税改革有关政策的公告》（2019 年第 39 号）

为贯彻落实党中央、国务院决策部署，推进增值税实质性减税，现将 2019 年增值税改革有关事项公告如下：

一、增值税一般纳税人（以下称纳税人）发生增值税应税销售行为或者进口货物，原适用 16%税率的，税率调整为 13%；原适用 10%税率的，税率调整为 9%。

二、纳税人购进农产品，原适用 10%扣除率的，扣除率调整为 9%。纳税人购进用于生产或者委托加工 13%税率货物的农产品，按照 10%的扣除率计算进项税额。

三、原适用 16%税率且出口退税率为 16%的出口货物劳务，出口退税率调整为 13%；原适用 10%税率且出口退税率为 10%的出口货物、跨境应税行为，出口退税率调整为 9%。

2019 年 6 月 30 日前（含 2019 年 4 月 1 日前），纳税人出口前款所涉货物劳务、发生前款所涉跨境应税行为，适用增值税免退税办法的，购进时已按调整前税率征收增值税的，执行调整前的出口退税率，购进时已按调整后税率征收增值税的，执行调整后的出口退税率；适用增值税免抵退税办法的，执行调整前的出口退税率，在计算免抵退税时，适用税率低于出口退税率的，适用税率与出口退税率之差视为零参与免抵退税计算。

出口退税率的执行时间及出口货物劳务、发生跨境应税行为的时间，按照以下规定执行：报关出口的货物劳务（保税区及经保税区出口除外），以海关出口报关单上注明的出口日期为准；非报关出口的货物劳务、跨境应税行为，以出口发票或普通发票的开具时间为准；保税区及经保税区出口的货物，以货物离境时海关出具的出境货物备案清单上注明的出口日期为准。

四、适用13%税率的境外旅客购物离境退税物品，退税率为11%；适用9%税率的境外旅客购物离境退税物品，退税率为8%。

2019年6月30日前，按调整前税率征收增值税的，执行调整前的退税率；按调整后税率征收增值税的，执行调整后的退税率。

退税率的执行时间，以退税物品增值税普通发票的开具日期为准。

五、自2019年4月1日起，《营业税改征增值税试点有关事项的规定》（财税〔2016〕36号印发）第一条第（四）项第1点、第二条第（一）项第1点停止执行，纳税人取得不动产或者不动产在建工程的进项税额不再分2年抵扣。此前按照上述规定尚未抵扣完毕的待抵扣进项税额，可自2019年4月税款所属期起从销项税额中抵扣。

六、纳税人购进国内旅客运输服务，其进项税额允许从销项税额中抵扣。

（一）纳税人未取得增值税专用发票的，暂按照以下规定确定进项税额：

1. 取得增值税电子普通发票的，为发票上注明的税额；

2. 取得注明旅客身份信息的航空运输电子客票行程单的，为按照下列公式计算进项税额：

航空旅客运输进项税额=（票价+燃油附加费）÷(1+9%)×9%

3. 取得注明旅客身份信息的铁路车票的，为按照下列公式计算的进项税额：

铁路旅客运输进项税额=票面金额÷(1+9%)×9%

4. 取得注明旅客身份信息的公路、水路等其他客票的，按照下列公式计算进项税额：

公路、水路等其他旅客运输进项税额=票面金额÷(1+3%)×3%

（二）《营业税改征增值税试点实施办法》（财税〔2016〕36号印发）第二十七条第（六）项和《营业税改征增值税试点有关事项的规定》（财税〔2016〕36号印发）第二条第（一）项第5点中“购进的旅客运输服务、贷款服务、餐饮服务、居民日常服务和娱乐服务”修改为“购进的贷款服务、餐饮服务、居民日常服务和娱乐服务”。

七、自2019年4月1日至2021年12月31日，允许生产、生活性服务业纳税人按照当期可抵扣进项税额加计10%，抵减应纳税额（以下称加计抵减政策）。

（一）本公告所称生产、生活性服务业纳税人，是指提供邮政服务、电信服务、现代服务、生活服务（以下称四项服务）取得的销售额占全部销售额的比重超过50%的纳税人。四项服务的具体范围按照《销售服务、无形资产、不动产注释》（财税〔2016〕36号印发）执行。

2019 年 3 月 31 日前设立的纳税人，自 2018 年 4 月至 2019 年 3 月期间的销售额（经营期不满 12 个月的，按照实际经营期的销售额）符合上述规定条件的，自 2019 年 4 月 1 日起适用加计抵减政策。

2019 年 4 月 1 日后设立的纳税人，自设立之日起 3 个月的销售额符合上述规定条件的，自登记为一般纳税人之日起适用加计抵减政策。

纳税人确定适用加计抵减政策后，当年内不再调整，以后年度是否适用，根据上年度销售额计算确定。

纳税人可计提但未计提的加计抵减额，可在确定适用加计抵减政策当期一并计提。

（二）纳税人应按照当期可抵扣进项税额的 10%计提当期加计抵减额。按照现行规定不得从销项税额中抵扣的进项税额，不得计提加计抵减额；已计提加计抵减额的进项税额，按规定作进项税额转出的，应在进项税额转出当期，相应调减加计抵减额。计算公式如下：

当期计提加计抵减额=当期可抵扣进项税额×10%

当期可抵减加计抵减额=上期末加计抵减额余额+当期计提加计抵减额-当期调减加计抵减额

（三）纳税人应按照现行规定计算一般计税方法下的应纳税额（以下称抵减前的应纳税额）后，区分以下情形加计抵减：

1. 抵减前的应纳税额等于零的，当期可抵减加计抵减额全部结转下期抵减；

2. 抵减前的应纳税额大于零，且大于当期可抵减加计抵减额的，当期可抵减加计抵减额全额从抵减前的应纳税额中抵减；

3. 抵减前的应纳税额大于零，且小于或等于当期可抵减加计抵减额的，以当期可抵减加计抵减额抵减应纳税额至零。未抵减完的当期可抵减加计抵减额，结转下期继续抵减。

（四）纳税人出口货物劳务、发生跨境应税行为不适用加计抵减政策，其对应的进项税额不得计提加计抵减额。

纳税人兼营出口货物劳务、发生跨境应税行为且无法划分不得计提加计抵减额的进项税额，按照以下公式计算：

不得计提加计抵减额的进项税额=当期无法划分的全部进项税额×当期出口货物劳务和发生跨境应税行为的销售额÷当期全部销售额

（五）纳税人应单独核算加计抵减额的计提、抵减、调减、结余等变动情况。骗取适用加计抵减政策或虚增加计抵减额的，按照《中华人民共和国税收征收管理法》等有关规定处理。

（六）加计抵减政策执行到期后，纳税人不再计提加计抵减额，结余的加计抵减额停止抵减。

八、自 2019 年 4 月 1 日起，试行增值税期末留抵税额退税制度。

（一）同时符合以下条件的纳税人，可以向主管税务机关申请退还增量留抵税额：

1. 自 2019 年 4 月税款所属期起，连续 6 个月（按季纳税的，连续两个季度）增量留抵税额均大于零，且第六个月增量留抵税额不低于 50 万元；

2. 纳税信用等级为 A 级或者 B 级；

3. 申请退税前 36 个月未发生骗取留抵退税、出口退税或虚开增值税专用发票情形的；

4. 申请退税前 36 个月未因偷税被税务机关处罚两次及以上的；

5. 自2019年4月1日起未享受即征即退、先征后返（退）政策的。

（二）本公告所称增量留抵税额，是指与2019年3月底相比新增加的期末留抵税额。

（三）纳税人当期允许退还的增量留抵税额，按照以下公式计算：

允许退还的增量留抵税额=增量留抵税额×进项构成比例×60%

进项构成比例，为2019年4月至申请退税前一税款所属期内已抵扣的增值税专用发票（含税控机动车销售统一发票）、海关进口增值税专用缴款书、解缴税款完税凭证注明的增值税额占同期全部已抵扣进项税额的比重。

（四）纳税人应在增值税纳税申报期内，向主管税务机关申请退还留抵税额。

（五）纳税人出口货物劳务、发生跨境应税行为，适用免抵退税办法的，办理免抵退税后，仍符合本公告规定条件的，可以申请退还留抵税额；适用免退税办法的，相关进项税额不得用于退还留抵税额。

（六）纳税人取得退还的留抵税额后，应相应调减当期留抵税额。按照本条规定再次满足退税条件的，可以继续向主管税务机关申请退还留抵税额，但本条第（一）项第1点规定的连续期间，不得重复计算。

（七）以虚增进项、虚假申报或其他欺骗手段，骗取留抵退税款的，由税务机关追缴其骗取的退税款，并按照《中华人民共和国税收征收管理法》等有关规定处理。

（八）退还的增量留抵税额中央、地方分担机制另行通知。

九、本公告自2019年4月1日起执行。

特此公告。

财政部　税务总局　海关总署

2019年3月20日

2.《增值税一般纳税人资格认定管理办法》

详细内容见：

国家税务总局网站　http://www.chingtax.gov.cn

任务案例实施

案例解析：

财政部、税务总局、海关总署公告2019年第39号公告第五条规定，纳税人取得不动产或不动产在建工程尚未抵扣完毕的待抵扣进项税额，可自2019年4月税款所属期起从销项税额中抵扣。某公司2018年9月购入写字楼，按照规定尚未抵扣完毕的待抵扣进项税额，该公司既可以在2019年4月税款所属期一次性抵扣，也可以在2019年4月之后的任意税款所属期进行抵扣。

项目小结:

增值税是流转税中最重要的税种，涉及法规复杂多变，是税法中难点、重点较多的一部分。以下知识点需要重点掌握：增值税的基本要素、应纳税额的计算。注意一般纳税人与小规模纳税人的划分、进项税额的判断、视同销售行为与进项税额转出的比较、混合销售行为与兼营非增值税应税劳务行为的区分，熟悉增值税会计处理以及纳税申报的流程。

知识测试与能力训练

强化训练 2-1 同步考试真题

一、单项选择题

1. 下列各项中，应按照“销售服务——建筑服务”税目计缴增值税的是（ ）。（2017年初级）

A. 平整土地　　B. 出售住宅

C. 出租办公楼　　D. 转让土地使用权

2. 根据增值税法律制度的规定，下列行为中，应视同销售货物行为征收增值税的是（ ）。（2015 年初级）

A. 购进货物用于个人消费　　B. 购进货物用于免税项目

C. 购进货物用于无偿赠送其他单位　　D. 购进货物用于集体福利

3. 甲厂为增值税一般纳税人，2019 年 5 月销售食品取得不含增值税价款 113 万元，另收取包装物押金 2.26 万元，已知增值税税率为 13%。根据增值税法律制度的规定，甲厂当月销售食品应缴纳增值税的下列计算中，正确的是（ ）。（2019 年初级改）

A. (113+2.26)÷(1+13%)×13% = 13.26（万元）

B. 113÷(1+13%)×13% = 13（万元）

C. 113×13% =14.69（万元）

D. [113+2.26÷(1+13%)]×13% = 14.95（万元）

4. 2014 年 5 月 8 日，甲公司与乙公司签订了买卖电脑的合同，双方约定总价款为 80 万元。6 月 3 日，甲公司就 80 万元货款全额开具了增值税专用发票；6 月 10 日，甲公司收到乙公司第一笔货款 45 万元；6 月 25 日，甲公司收到乙公司第二笔货款 35 万元。根据增值税法律制度的规定，甲公司增值税纳税义务发生时间为（ ）。（2014 年初级）

A. 5 月 8 日　　B. 6 月 3 日　　C. 6 月 10 日　　D. 6 月 25 日

5. 根据增值税法律制度的规定，下列关于增值税专用发票记账联用途的表述中，正确的是（ ）。（2016 年机考）

A. 作为购买方核算采购成本的记账凭证

B. 作为销售方核算销售收入和增值税销项税额的记账凭证

C. 作为购买方报送主管税务机关认证和留存备查的扣税凭证

D. 作为购买方核算增值税进项税额的记账凭证

二、多项选择题

1. 根据增值税法律制度的规定，纳税人销售货物向购买方收取的下列款项中，属于价外费用的有（　　）。（2017 年机考）

A. 延期付款利息　　B. 赔偿金

C. 手续费　　D. 包装物租金

2. 甲厂为增值税一般纳税人，2019 年 10 月将 500 件衬衣销售给乙商场，含税单价为 113 元；由于乙商场购进的数量较多，甲厂决定给予 7 折优惠，开票时将销售额和折扣额在同一张发票上的“金额”栏分别注明，已知增值税税率为 13%。根据增值税法律制度的规定，甲厂该笔业务的增值税销项税额的下列计算中，不正确的是（　　）。（2019 年机考改）

A. 500×113×13% = 7 345（元）

B. 500×113÷(1+13%)×13% = 6 500（元）

C. 500×113×70%×13% =5 141.5（元）

D. 500×113×70% ÷(1+13%)×13%= 4 550（元）

3. 根据增值税法律制度的规定，下列各项中，购进货物的进项税额准予从销项税额中抵扣的有（　　）。（2015 年机考）

A. 将购进的货物无偿赠送给客户

B. 将购进的货物作为投资提供给联营单位

C. 将购进的货物用于本单位职工福利

D. 将购进的货物分配给股东

三、判断题

1. 增值税专用发票只限于增值税小规模纳税人领购使用。（　　）（2014 会计从业）

2. 单位或者个体工商户聘用的员工为本单位或者雇主提供加工、修理修配劳务，不征收增值税。（　　）（2014 年初级）

3. 纳税人采用以旧换新方式销售的金银首饰，应按实际收取的不含增值税的全部价款征收增值税。（　　）（2014 年机考）

4. 纳税人外购货物因管理不善丢失的，该外购货物的增值税进项税额不得从销项税额中抵扣。（　　）（2013 初级）

强化训练 2-2　同步模拟训练题

一、单项选择题

1. 根据税法规定，纳税人提供植物养护服务，按照（　　）缴纳增值税。

A. 其他现代服务　　B. 其他生活服务

C. 居民日常服务　　D. 物流辅助服务

2. 下列行为属于视同销售货物，应征收增值税的是（　　）。

A. 某商场为某服装厂代销服装

B. 某批发部门将外购的部分饮料用于个人消费

C. 某企业将外购的水泥用于职工宿舍楼的建设

D. 某企业将外购的床单用于职工福利

3. 一般纳税人发生的下列应税行为中，不可以选择适用简易计税方法计税的是（　　）。

A. 以清包工方式提供的建筑服务　　B. 为甲供工程提供的建筑服务

C. 销售 2016 年 4 月 30 日前取得的不动产　　D. 提供的餐饮服务

4. 境外某广告公司与境内 A 企业签订合同，约定 2017 年 12 月为 A 企业提供广告服务，合同价款 60 万美元，1 美元=6.2 元人民币。该境外广告公司在境内未设立经营机构且没有代理人，则 A 企业应当扣缴境外公司应缴纳的增值税税额（　　）万元。

A. 20.79　　B. 21.06　　C. 34.56　　D. 35.68

5. 下列行为中不得开具增值税专用发票的是（　　）。

A. 商业企业零售食品

B. 商业企业对外批发销售劳保用品

C. 商业企业将外购货物用于对外捐赠

D. 军需工厂销售军用产品给某商业企业

6. 某副食品商店为增值税小规模纳税人，2017 年 8 月销售副食品取得含税销售额 66 950 元，销售自己使用过的固定资产取得含税销售额 17 098 元。该商店应缴纳的增值税为（　　）元。

A. 2 282　　B. 2 291.96　　C. 2 448　　D. 2 477.88

7. 甲公司为增值税一般纳税人，2019 年 5 月从国外进口一批音响，海关核定的关税完税价格为 113 万元，缴纳关税 11.3 万元。已知增值税税率为 13%，甲公司该笔业务应缴纳增值税税额的下列计算中，正确的是（　　）。

A. $113\times13\%=14.69$（万元）

B. $(113+11.3)\times13\%=16.16$（万元）

C. $113\div(1+13\%)\times13\%=13$（万元）

D. $(113+11.3)\div(1+13\%)\times13\%=14.3$（万元）

8. 甲厂为增值税一般纳税人，2019 年 9 月销售化学制品取得含增值税价款 226 万元，当月发生的可抵扣的进项税额 5.1 万元，上月末留抵的进项税额 3.6 万元。已知增值税税率为 13%，甲厂当月应缴纳增值税税额为（　　）。

A. $226\div(1+13\%)\times13\%-3.6=22.4$（万元）

B. $226\div(1+13\%)\times13\%-5.1=20.9$（万元）

C. $226\times13\%-5.1=24.28$（万元）

D. $226\div(1+13\%)\times13\%-5.1-3.6=17.3$（万元）

9. 某软件开发企业为增值税一般纳税人，2019 年 6 月销售自行开发的软件产品，取得不含税销售收入 200 万元，本月购进材料用于软件产品的开发，取得增值税专用发票，注明税额 13 万元。则该软件开发企业即征即退的增值税为（　　）万元。

A. 6　　B. 13　　C. 7　　D. 2

10. 一般纳税人提供劳务派遣服务，可以按照简易计税方法依（　　）的征收率计算缴纳增值税。

A. 2%　　B. 3%　　C. 4%　　D. 5%

11. 根据《增值税暂行条例》的规定，采取预收货款方式销售货物，增值税纳税义务的发生时间是（　　）。

A. 销售方收到第一笔货款的当天　　B. 销售方收到剩余货款的当天

C. 销售方发出货物的当天　　D. 购买方收到货物的当天

12. 下列各项中，不符合有关增值税纳税地点规定的是（　　）。

A. 进口货物，应当向报关地海关申报纳税

B. 非固定业户销售货物或者提供应税劳务，应当向销售地或劳务发生地主管税务机关申报纳税

C. 非固定业户销售货物的，一律向其机构所在地申报税款

D. 固定业户到外县（市）销售货物未向销售地主管税务机关申报纳税的，由其机构所在地主管税务机关补征税款

二、多项选择题

1. 我国现行的增值税的特点有（　　）。

A. 实行价外税　　B. 实行比例税率

C. 划分一般纳税人和小规模纳税人　　D. 实行税款抵扣制度

E. 逐环节征税，逐环节扣税，下一环节购买者为全部税款的承担者

2. 下列行为中，属于视同销售货物应征增值税的有（　　）。

A. 委托他人代销货物　　B. 销售代销货物

C. 将自产的货物分给职工作为福利　　D. 将外购的货物用于非增值税应税项目

E. 将外购的货物分给职工作为福利

3. 某企业为增值税一般纳税人，发生的下列各项视同销售行为中，应当计算增值税销项税额的有（　　）。

A. 将购买的货物用于非增值税应税项目　　B. 将购买的货物投资给外单位

C. 将购买的货物无偿赠送他人　　D. 将购买的货物用于集体福利

E. 将购买的货物发出委托外单位加工

4. 某百货商场为一般纳税人，于 2019 年 12 月购进一批货物，取得增值税专用发票，含税进价为 1 350 万元，当月认证通过。当月将其中一部分货物分别销售给某宾馆和某个体零售户（小规模纳税人），取得含税销售收入 1 250 万元和 250 万元。个体零售户当月再将购入的货物销售给消费者，取得含税销售收入 310 万元。下列表述中正确的有（　　）。

A. 百货商场本月应缴纳增值税 17.26 万元

B. 百货商场可以抵扣的进项税额 155.31 万元

C. 个体零售户本月应缴纳增值税 9.03 万元

D. 个体零售户适用 3%的征收率

5. 下列业务中，一般纳税人不允许开具增值税专用发票的有（　　）。

A. 向个人提供修理、修配服务　　B. 销售免税货物

C. 向一般纳税人销售货物　　D. 向一般纳税人销售房屋

E. 向消费者个人销售货物

6. 下列关于纳税人以特殊方式销售货物的税务处理的叙述中，正确的有（　　）。

A. 纳税人用以物易物方式销售货物，双方都必须作购销处理

B. 纳税人用以旧换新方式销售货物（金银首饰除外），按新货物的同期销售价格确定销售额

C. 纳税人以折扣方式销售货物，若将折扣额另开增值税专用发票，可从销售额中减除折扣额

D. 纳税人以还本方式销售货物，不得从销售额中减除还本支出

E. 纳税人将外购的货物无偿赠送他人，不计算增值税销项税额

7. 对纳税人为销售货物而出租出借包装物收取的押金，其增值税错误的计税方法有（　　）。

A. 单独记账核算的，一律不并入销售额征税，对逾期收取的包装物押金，均并入销售额征税

B. 酒类包装物押金，一律并入销售额计税，其他货物押金，单独记账核算的，不并入销售额征税

C. 无论会计如何核算，均应并入销售额计算缴纳增值税

D. 对销售除啤酒、黄酒外的其他酒类产品收取的包装物押金，均应并入当期销售额征税，其他货物押金，单独记账且未逾期者，不计算缴纳增值税

8. 下列各项中，可以作为一般纳税人增值税进项税额抵扣凭证的有（　　）。

A. 从销售方取得的含增值税税额的普通发票

B. 从销售方取得的增值税专用发票

C. 从海关取得的进口增值税专用缴款书

D. 购进农产品开具的农产品收购发票

E. 接受境外单位或者个人提供的应税服务，从税务机关或者代理人取得的解缴税款的税收缴款凭证

9. 某生产企业下列项目中，可以抵扣进项税额的有（　　）。

A. 外购大型生产设备

B. 购进生产设备修理用零备件

C. 购进职工食堂改造用建筑材料

D. 外购生产用水、电、气

10. 下列关于销售额确定的说法中，正确的有（　　）。

A. 航空运输企业的销售额，不包括代收的机场建设费和代售其他航空运输企业客票而代收转付的价款

B. 一般纳税人提供客运场站服务，以其取得的全部价款和价外费用，扣除支付给承运方运费后的余额为销售额

C. 纳税人提供知识产权代理服务，以其取得的全部价款和价外费用，扣除向委托方收取并代为支付的政府性基金或者行政事业性收费后的余额为销售额

D. 融资性售后回租业务，以收取的全部价款和价外费用，扣除支付的借款利息、发行债券利息、保险费、安装费和车辆购置税后的余额为销售额

11. 根据现行增值税的规定，下列项目中，其进项税额不得从销项税额中抵扣的有（　　）。

A. 因自然灾害毁损的库存外购商品
B. 因管理不善被盗的产成品所耗用的外购原材料
C. 职工宿舍楼耗用的外购原材料
D. 生产免税产品接受的劳务

12. “应交税费——应交增值税”科目贷方设置（　　）等专栏进行明细核算。

A. 销项税额　　B. 出口退税　　C. 进项税额转出
D. 已交税金　　E. 转出多交增值税

13. 下列关于增值税纳税义务发生时间的表述中，正确的是（　　）。

A. 采取直接收款方式销售货物的，为货物发出的当天
B. 采取托收承付和委托银行收款方式销售货物，为发出货物并办妥托收手续的当天
C. 将委托加工收回的货物无偿赠送他人的，为货物移送的当天
D. 委托他人代销货物的，为受托方售出货物的当天
E. 进口货物，为报关进口的当天

三、判断题

1. 增值税实行价内税。（　　）
2. 只要没有增值税专用发票，就不得抵扣增值税进项税额。（　　）
3. 将自产的货物作为投资，提供给其他单位和个体经营者，不属于视同销售的范围，不纳入增值税的征收范围。（　　）
4. 增值税纳税人销售额未达到起征点的，免征增值税；达到起征点的，全额计算缴纳增值税。（　　）
5. 一般纳税人购进固定资产的进项税额允许从销项税额中抵扣。（　　）
6. 一项销售行为如果既涉及货物又涉及服务，为混合销售。从事货物的生产、批发或者零售的单位和个体工商户的混合销售行为，按照销售服务缴纳增值税；其他单位和个体工商户的混合销售行为，按照销售货物缴纳增值税。（　　）
7. 金银首饰的以旧换新业务，按销售方实际收到的全部价款征收增值税。（　　）
8. 一般纳税人上缴上月增值税税款，应借记“应交税费——应交增值税（已交税金）”科目，贷记“银行存款”科目。（　　）
9. 纳税人采用以旧换新方式销售货物的，可以按扣除旧货物的回收价格后的净额作为计税销售额。（　　）
10. 纳税人进口货物的，应当自海关填发税款缴纳凭证之日起 15 日内缴纳税款。（　　）

四、业务训练题

1. 某商场以“买一赠一”方式销售货物。本期销售 A 商品 50 台，每台售价（含税）23 400 元，同时赠送 B 商品 50 件（B 商品不含税单价为 1 200 元），B 商品实际成本为 700 元/件。A、B 商品适用税率均为 13%。计算该商场此项业务应申报的销项税额并做出相应的会计处理。

2. 某企业（增值税一般纳税人）2019 年 9 月从某农场收购小麦 100 吨，用于生产销售 13%税率的产品，取得农场开具的普通发票上注明金额 20 万元，计算该业务可抵扣的

增值税进项税额并做出相关会计处理。

3. 某工业企业为一般纳税人，适用增值税税率 16%。2018 年 10 月 5 日购进货物取得增值税专用发票，注明金额 450 000 元，增值税税额 76 500 元，支付给运输单位的运输费用（不含税）22 500 元，取得运输业增值税专用发票，增值税税额 2 475 元，款项均以转账支票支付。本月将已验收入库货物的 80%零售，取得含税销售额 585 000 元，存入银行；20%用于本企业集体福利。本月取得的发票已经通过认证。计算该企业当月应缴纳增值税税额并做出会计处理。

4. 一般纳税人销售自行开发软件，享受增值税即征即退政策。本月销售软件 500 万元，销售一般货物 100 万元，进项税额 52 万元（其中 28 万元属于即征即退软件产品对应，其余 24 万元办公及费用进项无法分割），计算即征即退税额并做出会计处理。

5. 【不定项选择】甲公司为增值税一般纳税人，主要从事建筑、装修材料的生产和销售业务。2019 年 10 月有关经济业务如下：

（1）购进生产用原材料取得增值税专用发票注明税额 13 万元，另支付运输费取得的增值税专用发票注明税额 0.33 万元。

（2）购进办公设备取得的增值税专用发票注明税额 3.4 万元。

（3）仓库因保管不善丢失一批上月购进的零配件，该批零配件账面成本 10.53 万元，其中含运输费成本 0.23 万元，购进零配件和支付运输费的进项税额均已于上月抵扣。

（4）销售装修材料取得含税价款 234 万元，另收取包装费 2.34 万元。

（5）销售一台自己使用过的机器设备取得含税销售额 20.6 万元，该设备于 2008 年 2 月购入。甲公司属于 2008 年 12 月 11 日以前未纳入扩大增值税抵扣范围试点的纳税人。

已知：货物增值税税率为 13%，提供交通运输业服务增值税税率为 9%，销售自己使用过的机器设备按简易办法依照 3%征收率减按 2%征收增值税；上期留抵增值税额为 5.6 万元；取得的增值税专用发票已通过税务机关认证。

要求：

根据上述资料，不考虑其他因素，分析回答下列小题。

（1）甲公司的下列进项税额，准予从销项税额中抵扣的是（ ）。

A. 上期留抵增值税额 5.6 万元　　B. 购进办公设备的进项税额 3.4 万元

C. 购进生产用原材料的进项税额 13 万元　　D. 支付运输费的进项税额 0.33 万元

（2）甲公司当月销售机器设备应缴纳增值税税额的下列计算列式中，正确的是（ ）。

A. 20.6÷(1+3%)×3%×50%=0.3（万元）　　B. 20.6÷(1+3%)×2%=0.4（万元）

C. 20.6×3%×50%=0.309（万元）　　D. 20.6×2%=0.412（万元）

（3）甲公司当月丢失零配件增值税进项税额转出的下列计算列式中，正确的是（ ）。

A. (10.53−0.23)×13%+0.23×9%=1.36（万元）

B. 10.53÷(1+13%)×13%+0.23×9%=1.23（万元）

C. 10.53÷(1+13%)×13%=1.21（万元）

D. (10.53−0.23)×13%=1.34（万元）

（4）甲公司当月销售装修材料增值税销项税额的下列计算列式中，正确的是（ ）。

A. 234×13%=30.42（万元）

B. (234+2.34)÷(1+13%)×13%=27.19（万元）

C. 234÷(1+13%)×13%=26.92（万元）

D. [234+2.34÷(1+13%)]×13%=30.69（万元）

6. 【不定项选择】甲制药厂为增值税一般纳税人，主要生产和销售降压药、降糖药及免税药。2019 年 10 月有关经济业务如下：

（1）购进降压药原料，取得的增值税专用发票上注明的税额为 85 万元；支付其运输费取得的增值税专用发票上注明的税额为 1.32 万元。

（2）购进免税药原料，取得的增值税专用发票上注明的税额为 51 万元；支付其运输费取得的增值税专用发票上注明的税额为 0.88 万元。

（3）销售降压药 600 箱，取得含增值税价款 702 万元，没收逾期未退还包装箱押金 23.4 万元。

（4）将 10 箱自产的新型降压药赠送给某医院临床使用，成本 4.68 万元/箱，无同类药品销售价格。

（5）销售降糖药 500 箱，其中 450 箱不含增值税单价为 1.5 万元，50 箱不含增值税单价为 1.6 万元。

已知：降压药、降糖药增值税税率为 13%，成本利润率为 10%。取得的增值税专用发票已通过税务机关认证。

根据上述资料，分析回答下列问题。

（1）甲制药厂下列增值税进项税额中，准予抵扣的是（　　）。

A. 购进免税药原料运输费的进项税额 0.88 万元

B. 购进降压药原料运输费的进项税额 1.32 万元

C. 购进降压药原料的进项税额 85 万元

D. 购进免税药原料的进项税额 51 万元

（2）甲制药厂当月销售降压药增值税销项税额的下列计算中，正确的是（　　）。

A. (702+23.4)×13%=94.3（万元）

B. (702+23.4)÷(1+13%)×13%=83.45（万元）

C. 702×13%=91.26（万元）

D. [702+23.4÷(1+13%)]×13%=93.95（万元）

（3）甲制药厂当月赠送新型降压药增值税销项税额的下列计算中，正确的是（　　）。

A. 10×4.68÷(1+13%)×13%=5.38（万元）

B. 10×4.68×(1+10%)÷(1+13%)×13%=5.92（万元）

C. 10×4.68×(1+10%)×13%=6.69（万元）

D. 10×4.68×13%=6.08（万元）

（4）甲制药厂当月销售降糖药增值税销项税额的下列计算中，正确的是（　　）。

A. (1.5×450+50×1.6)×13%=98.15（万元）

B. (1.5×450+50×1.6)÷(1+13%)×13%=86.86（万元）

C. 1.5×500×13%=97.5（万元）

D. 1.6×500×13%=104（万元）

7. 【不定项选择】甲食品厂为增值税一般纳税人，主要从事食品的生产和销售业务，2019 年 12 月有关经济业务如下：

（1）购进生产用原材料取得增值税专用发票注明税额 26 000 元；购进办公设备取得的增值税专用发票注明税额为 8 500 元；支付包装设计费取得的增值税专用发票注明税额为 1 200 元；购进用于集体福利的食用油取得的增值税专用发票注明税额为 2 600 元。

（2）销售袋装食品取得含税价款 702 000 元，另收取合同违约金 58 500 元。

（3）采取分期收款方式销售饮料，含税总价款 117 000 元，合同约定分三个月收取货款，本月应收取含税价款 46 800 元。

（4）赠送给儿童福利院瓶装乳制品，该批乳制品生产成本 2 340 元，同类乳制品含税价款 3 510 元。

已知：增值税税率为 13%，取得的增值税专用发票已通过税务机关认证。

根据上述资料，不考虑其他因素，分析回答下列小题。

（1）甲食品厂当月发生的进项税额中，准予从销项税额中抵扣的是（　　）。

A. 购进办公设备的进项税额 8 500 元

B. 购进用于集体福利的食用油的进项税额 2 600 元

C. 购进生产用原材料的进项税额 26 000 元

D. 支付包装设计费的进项税额 1 200 元

（2）甲食品厂当月销售袋装食品增值税销项税额的下列计算列式中，正确的是（　　）。

A. 702 000÷(1+13%)×13%=80 761.06（元）

B. (702 000+58 500)×13%=98 865（元）

C. (702 000+58 500)÷(1+13%)×13%=87 491.15（元）

D. [702 000+58 500÷(1+13%)]×13%=97 990.09（元）

（3）甲食品厂当月销售饮料增值税销项税额的下列计算列式中，正确的是（　　）。

A. 46 800×13%=6 084（元）

B. 46 800÷(1+13%)×13%=5 384.07（元）

C. 117 000÷(1+13%)×13%=13 460.18（元）

D. 117 000×13%=15 210（元）

（4）甲食品厂当月赠送瓶装乳制品增值税销项税额的下列计算列式中，正确的是（　　）。

A. 2 340÷(1+13%)×13%=269.2（元）

B. 3 510÷(1+13%)×13%=403.81（元）

C. 2 340×13%=304.2（元）

D. 3 510×13%=456.3（元）

强化训练 2-3　同步复习思考题

1. 简述增值税的概念及特征。
2. 简述混合销售行为与兼营行为的区别。
3. 简述增值税的纳税人、征税范围、税率。
4. 简述增值税专用发票的使用、管理。
5. 如何根据增值税起征点进行合理纳税筹划？

项目三　消费税会计

知识与能力目标

1. 了解消费税的基本要素；
2. 掌握消费税的计算；
3. 掌握消费税的会计处理；
4. 熟悉消费税的纳税申报。

任务案例

案例： 某厂家生产某型号小汽车不含增值税平均售价为12万元/辆，最高售价15万元/辆，单位成本10万元/辆，已知此型号小汽车的消费税税率为5%。税务机关2019年7月对该厂的纳税情况进行税务检查，发现下列事项：

1. 管理部门领用小汽车1辆作为交通工具，此项业务会计上未做销售处理，也未计算税额。

2. 该公司以自产的小汽车2辆与丙公司对换计算机20台，丙企业以银行存款支付。此项业务该企业会计未做销售处理，也未计算税额。

任务思考： 该企业上述各项业务是否违反税法规定，应如何做出正确处理？

任务一　了解消费税的基本要素

一、消费税概述

（一）消费税的概念

消费税是指对消费品和特定的消费行为按流转额征收的一种商品税。消费税可分为一般消费税和特别消费税，前者主要是指对所有消费品包括生活必需品和日用品普遍课税，后者主要是指对特定消费品或特定消费行为等课税。消费税的征收具有较强的选择性，是国家贯彻消费政策、引导消费结构从而引导产业结构的重要手段，因而在保证国家财政收入，体现国家经济政策等方面具有十分重要的意义。

我国现行消费税是对在我国境内从事生产、委托加工和进口应税消费品的单位和个人就其应税消费品征收的一种税。

（二）消费税的特点

1. 征收范围具有选择性

我国仅选择部分消费品征收消费税，而不是对所有消费品都征收消费税。我国消费税目前共设置14个税目，征收的具体品目采用正列举，征税界限清晰，征税范围有限。只有消费税税目税率表上列举的应税消费品才征收消费税，没有列举的则不征收消费税。

2. 征税环节具有单一性（卷烟除外）

消费税的最终负担人是消费者，但是，为了加强税源控制，防止税款流失，消费税的纳税环节主要确定在产制环节或进口环节。也就是说，应税消费品在生产环节或进口环节征税之后，除个别消费品的纳税环节为零售环节外，再继续转销该消费品不再征收消费税。但无论在哪个环节征税，都实行单环节征收，以零售环节为纳税环节的应税消费品，在零售环节以前的诸环节都不征收消费税。这样，既可以减少纳税人的数量，降低税款征收费用和税源流失的风险，又可以防止重复征税。

3. 平均税率水平比较高且税负差异大

消费税属于国家运用税收杠杆对某些消费品进行特殊调节的税种。为了有效体现国家政策，消费税的平均税率水平一般定得比较高，并且不同征税项目的税负差异较大，对需要限制或控制消费的消费品，通常税负较重。我国现行消费税是同增值税相互配合而设置的。这种办法在对某些需要特殊调节的消费品征收增值税的同时，再征收一道消费税，从而形成了一种交叉调节的间接税体系。

4. 计税方法具有灵活性

现行消费税的计税方法，有从价定率、从量定额、复合计征三种方法。既可以采用对消费品制定单位税额，依消费品的数量实行从量定额的征收方法，也可以采用对消费品制定比例税率，依消费品的价格实行从价定率的征收方法。目前，对烟和酒两类消费品既采用从价征收，又同时采用从量征收。

5. 税负具有转嫁性

消费税是对消费应税消费品的课税，因此，税负归宿应为消费者。但为了简化征收管理，我国消费税直接以应税消费品的生产经营者为纳税人，于产制销售环节、进口环节或零售环节缴纳税款，并成为商品价格的一个组成部分向购买者收取，消费者为税负的最终负担者。

二、消费税的纳税人

在中华人民共和国境内生产、委托加工和进口《中华人民共和国消费税暂行条例》（以下简称《消费税暂行条例》）规定的消费品的单位和个人，以及国务院确定的销售《消费税暂行条例》规定的消费品的其他单位和个人，为消费税的纳税人，应当依照《消费税暂行条例》缴纳消费税。

单位，是指企业、行政单位、事业单位、军事单位、社会团体及其他单位。

个人，是指个体工商户及其他个人。

在中华人民共和国境内，是指生产、委托加工和进口属于应当缴纳消费税的消费品的起运地或者所在地在境内。

三、征税范围

（一）生产应税消费品

生产应税消费品的销售是消费税征收的主要环节，因消费税具有单一环节征税的特点，在生产销售环节征税以后，货物在流通环节无论再转销多少次，都不用再缴纳消费税。生产应税消费品除了直接对外销售应征收消费税外，纳税人将生产的应税消费品换取生产资料、消费资料、投资入股、偿还债务，以及用于继续生产应税消费品以外的其他方面都应缴纳消费税。

（二）委托加工应税消费品

委托加工应税消费品是指由委托方提供原料和主要材料，受托方只收取加工费并代垫部分辅助材料加工的应税消费品。对于由受托方提供原材料或其他情形的，一律不能视同加工应税消费品。委托加工的应税消费品收回后，再继续用于生产应税消费品销售的，其加工环节缴纳的消费税款可以扣除。

（三）进口应税消费品

单位和个人进口货物属于消费税征税范围的，在进口环节缴纳消费税。为了减少征税成本，进口环节缴纳的消费税由海关代征。

（四）零售应税消费品

1. 商业零售金银首饰

经国务院批准，自 1995 年 1 月 1 日起，金银首饰消费税由生产销售环节征收改为零售环节征收。改在零售环节征收消费税的金银首饰仅限于金基、银基合金首饰以及金、银和金基、银基合金的镶嵌首饰。自 2002 年 1 月 1 日起，对钻石及钻石饰品消费税由生产环节、进口环节后移至零售环节。自 2003 年 5 月 1 日起，铂金首饰消费税改为零售环节征收。适用税率为 5%，其计税依据是不含增值税的销售额。

金银首饰连同包装物销售的，无论包装物是否单独计价，也无论会计上如何核算，均应并入金银首饰的销售额，计征消费税。

2. 零售超豪华小汽车

自 2016 年 12 月 1 日起，对超豪华小汽车，在生产、进口环节按现行税率征收消费税的基础上，在零售环节加征消费税，将超豪华小汽车销售给消费者的单位和个人为超豪华小汽车零售环节纳税人。

（五）批发销售卷烟

卷烟除了在生产销售环节征收消费税外，还在批发环节加征一次。自 2015 年 5 月 10 日起，将卷烟批发环节从价税税率由 5%提高至 11%，并按 0.005 元/支加征从量税。这是我国继 2009 年 5 月之后时隔 6 年再度调整烟草消费税。此次提税迎合了当前国际上普遍对烟产品课以重税的大趋势。

四、税目

按照《消费税暂行条例》的规定，2006 年 3 月调整后，确定征收消费税的只有烟、酒、化妆品等 15 个税目，有的税目还进一步划分了若干子目。消费税属于价内税，并实行单一环节征收，一般在应税消费品的生产、委托加工和进口环节缴纳，在以后的批发、零售等环节中，由于价款中已包含消费税，因此不必再缴纳消费税。

（一）烟

凡是以烟叶为原料加工生产的产品，不论使用何种辅料，均属于本税目的征收范围。包括卷烟（进口卷烟、白包卷烟、手工卷烟和未经国务院批准纳入计划的企业及个人生产的卷烟）、雪茄烟和烟丝。

卷烟，包括甲类卷烟和乙类卷烟。甲类卷烟是指每标准条（200 支）调拨价格在 70 元（不含增值税）以上（含 70 元）的卷烟；乙类卷烟是指每标准条（200 支）调拨价格在 70 元（不含增值税）以下的卷烟；

（二）酒

酒是酒精度在 1 度以上的各种酒类饮料，包括白酒、黄酒、啤酒和其他酒。

啤酒每吨出厂价（含包装物及包装物押金）在 3 000 元（不含增值税）以上（含 3 000 元）的是甲类啤酒，每吨出厂价（含包装物及包装物押金）在 3 000 元（不含增值税）以下的是乙类啤酒。对饮食业、商业、娱乐业举办的啤酒屋（啤酒坊）利用啤酒生产设备生产的啤酒，应当征收消费税。果啤属于啤酒，按啤酒征收消费税。

配制酒（露酒）是指以发酵酒、蒸馏酒或食用酒精为酒基，加入可食用或药食两用的辅料或食品添加剂，进行调配、混合或再加工制成的并改变了其原酒基风格的饮料酒。具体规定如下：

1. 以蒸馏酒或食用酒精为酒基，具有国家相关部门批准的国食健字或卫食健字文号，并且酒精度低于 38 度（含）的配制酒，按消费税税目税率表“其他酒”10%适用税率征收消费税。

2. 以发酵酒为酒基，酒精度低于 20 度（含）的配制酒，按消费税税目税率表“其他酒”10%适用税率征收消费税。

3. 其他配制酒，按消费税税目税率表“白酒”适用税率征收消费税。

葡萄酒消费税适用“酒”税目下设的“其他酒”子目。葡萄酒是指以葡萄为原料，经破碎（压榨）、发酵而成的酒精度在 1 度（含）以上的葡萄原酒和成品酒（不含以葡萄为原料的蒸馏酒）。

对以黄酒为酒基生产的配制或炮制酒，按其他酒征收消费税。调味料酒不征收消费税。

（三）高档化妆品

本税目征收范围包括高档美容、修饰类化妆品、高档护肤类化妆品和成套化妆品。

高档美容、修饰类化妆品和高档护肤类化妆品，是指生产（进口）环节销售（完税）价格（不含增值税）在 10 元/毫升（克）或 15 元/片（张）及以上的美容、修饰类化妆品和护肤类化妆品。

美容、修饰类化妆品是指香水、香水精、散粉、口红、指甲油、胭红、眉笔、唇笔、眼影、睫毛膏等以及成套化妆品。

舞台、戏剧、影视演员化妆用的上妆油、卸妆油、油彩不属于本税目的征收范围。

高档护肤类化妆品征收范围另行制定。

（四）贵重首饰及珠宝玉石

本税目征收范围包括：以金、银、白金、宝石、珍珠、钻石、翡翠、珊瑚、玛瑙等高贵稀有物质以及其他金属、人造宝石等制作的各种纯金银首饰及镶嵌首饰和经采掘、打磨、加工的各种珠宝玉石。对出国人员免税商店销售的金银首饰征收消费税。

（五）鞭炮、焰火

本税目征收范围包括各种鞭炮、焰火。体育上用的发令纸、鞭炮药引线，不按本税目征收。

（六）成品油

本税目包括汽油、柴油、石脑油、溶剂油、航空煤油、润滑油、燃料油 7 个子目。航空煤油暂缓征收消费税。

1. 汽油

汽油是指用原油或其他原料加工生产的辛烷值不小于 66 的可用作汽油发动机燃料的各种轻质油。取消车用含铅汽油消费税，汽油税目不再划分二级子目，统一按照无铅汽油征收消费税。以汽油、汽油组分调和生产的甲醇汽油、乙醇汽油也属于本税目征收范围。

2. 柴油

柴油是指用原油或其他原料加工生产的凝点或倾点在-50℃～30℃的可用作柴油发动机燃料的各种轻质油和以柴油组分为主、经调和精制可用作柴油发动机燃料的非标油。

以柴油、柴油组分调和生产的生物柴油也属于本税目征收范围。

3. 石脑油

石脑油又称化工轻油，是以原油或其他原料加工生产的用于化工原料的轻质油。

石脑油的征收范围包括除汽油、柴油、航空煤油、溶剂油以外的各种轻质油。非标汽油、重整生成油、拔头油、戊烷原料油、轻裂解料（减压柴油 VGO 和常压柴油 AGO）、重裂解料、加氢裂化尾油、芳烃抽余油均属轻质油，属于石脑油征收范围。

4. 溶剂油

溶剂油是用原油或其他原料加工生产的用于涂料、油漆、食用油、印刷油墨、皮革、农药、橡胶、化妆品生产和机械清洗、胶粘行业的轻质油。

橡胶填充油、溶剂油原料，属于溶剂油征收范围。

5. 航空煤油

航空煤油也称喷气燃料，是用原油或其他原料加工生产的用于喷气发动机和喷气推进系统燃料的各种轻质油。

6. 润滑油

润滑油是用原油或其他原料加工生产的用于内燃机、机械加工过程的润滑产品。润滑油分为矿物性润滑油、植物性润滑油、动物性润滑油和化工原料合成润滑油。

润滑油的征收范围包括矿物性润滑油、矿物性润滑油基础油、植物性润滑油、动物性润滑油和化工原料合成润滑油。以植物性、动物性和矿物性基础油（或矿物性润滑油）混合掺配而成的“混合性”润滑油，不论矿物性基础油（或矿物性润滑油）所占比例高低，均属润滑油的征收范围。

7. 燃料油

燃料油也称重油、渣油，是用原油或其他原料加工生产，主要用作电厂发电、锅炉燃料、加热炉燃料、冶金和其他工业炉燃料。蜡油、船用重油、常压重油、减压重油、180CTS燃料油、7号燃料油、糠醛油、工业燃料、4～6号燃料油等油品的主要用途是作为燃料燃烧，属于燃料油征收范围。

（七）摩托车

包括轻便摩托车和摩托车两种。对最大设计车速不超过 50 千米/小时，发动机汽缸总工作容量不超过 50 毫升的三轮摩托车不征收消费税。气缸容量 250 毫升（不含）以下的小排量摩托车不征收消费税。

（八）小汽车

小汽车是指由动力驱动，具有 4 个或 4 个以上车轮的非轨道承载的车辆。

本税目征收范围包括含驾驶员座位在内最多不超过 9 个座位（含）的，在设计和技术特性上用于载运乘客和货物的各类乘用车；含驾驶员座位在内的座位数在 10～23 座（含）的，在设计和技术特性上用于载运乘客和货物的各类中轻型商用客车；每辆零售价格 130 万元（不含增值税）及以上的乘用车和中轻型商用客车。

用排气量小于 1.5 升（含）的乘用车底盘（车架）改装、改制的车辆属于乘用车征收范围。用排气量大于 1.5 升的乘用车底盘（车架）或用中轻型商用客车底盘（车架）改装、改制的车辆属于中轻型商用客车征收范围。

含驾驶员人数（额定载客）为区间值的（如 8～10 人、17～26 人）小汽车，按其区间值下限人数确定征收范围。

电动汽车不属于本税目征收范围。车身长度大于 7 米（含），并且座位在 10～23 座（含）以下的商用客车，不属于中轻型商用客车征税范围，不征收消费税。沙滩车、雪地车、卡丁车、高尔夫车不属于消费税征收范围，不征收消费税。

（九）高尔夫球及球具

高尔夫球及球具是指从事高尔夫球运动所需的各种专用装备，包括高尔夫球、高尔夫球杆及高尔夫球包（袋）等。

高尔夫球是指重量不超过 45.93 克、直径不超过 42.67 毫米的高尔夫球运动比赛、练习用球；高尔夫球杆是指被设计用来打高尔夫球的工具，由杆头、杆身和握把三部分组成；高尔夫球包（袋）是指专用于盛装高尔夫球及球杆的包（袋）。

本税目征收范围包括高尔夫球、高尔夫球杆、高尔夫球包（袋）。高尔夫球杆的杆头、杆身和握把属于本税目的征收范围。

（十）高档手表

高档手表是指销售价格（不含增值税）每只在 1 万元（含）以上的各类手表。

本税目征收范围包括符合以上标准的各类手表。

（十一）游艇

游艇是指长度大于 8 米小于 90 米，船体由玻璃钢、钢、铝合金、塑料等多种材料制作，可以在水上移动的水上浮载体。按照动力划分，游艇分为无动力艇、帆艇和机动艇。

本税目征收范围包括艇身长度大于 8 米（含）小于 90 米（含），内置发动机，可以在水上移动，一般为私人或团体购置，主要用于水上运动和休闲娱乐等非营利活动的各类机动艇。

（十二）木制一次性筷子

木制一次性筷子又称卫生筷子，是指以木材为原料经过锯段、浸泡、旋切、刨切、烘干、筛选、打磨、倒角、包装等环节加工而成的各类供一次性使用的筷子。

本税目征收范围包括各种规格的木制一次性筷子。未经打磨、倒角的木制一次性筷子都属于本税目征税范围。

（十三）实木地板

实木地板是指以木材为原料，经锯割、干燥、刨光、截断、开榫、涂漆等工序加工而成的块状或条状的地面装饰材料。实木地板按生产工艺不同，可分为独板（块）实木地板、实木指接地板、实木复合地板三类；按表面处理状态不同，可分为未涂饰地板（白坯板、素板）和漆饰地板两类。

本税目征收范围包括各类规格的实木地板、实木指接地板、实木复合地板及用于装饰墙壁、天棚的侧端面为榫、槽的实木装饰板。未经涂饰的素板也属于本税目征税范围。

（十四）电池

电池是一种将化学、光能等直接转换为电能的装置，一般由电极、电解质、容器、极端，通常还有隔离层组成的基本功能单元，以及用一个或多个基本功能单元装配成的电池组。本税目征收范围包括原电池、蓄电池、燃料电池、太阳能电池和其他电池。

自 2015 年 2 月 1 日起对电池（铅蓄电池除外）征收消费税；对无汞原电池、金属氢化物镍蓄电池（又称“氢镍蓄电池”或镍氢蓄电池）、锂原电池、锂离子蓄电池、太阳能电池、燃料电池、全钒液流电池免征消费税。自 2016 年 1 月 1 日起，对铅蓄电池按 4%税率征收消费税。

（十五）涂料

涂料是指涂于物体表面能形成具有保护、装饰或特殊性能的固态涂膜的一类液体或固体材料之总称。自 2015 年 2 月 1 日起对涂料征收消费税，施工状态下挥发性有机物含量低于 420 克/升（含）的涂料免征消费税。

五、税率

消费税采用比例税率和定额税率两种形式，以适应不同应税消费品的实际情况。

消费税根据不同的税目或子目确定相应的税率或单位税额。大部分应税消费品适用比例税率。例如，高档化妆品税率为 15%，实木地板税率为 5%等；黄酒、啤酒、成品油分别按单位重量或单位体积确定单位税额；卷烟、白酒采用比例税率和定额税率双重征收形式。

消费税税目、税率见表 3-1。

表 3-1　消费税税目、税率

税　　目	税率（额）
一、烟	
1. 卷烟	
（1）甲类卷烟（生产或进口环节）	56%+0.003 元/支
（2）乙类卷烟（生产或进口环节）	36%+0.003 元/支
（3）批发环节	11%+0.005 元/支
2. 雪茄烟	36%
3. 烟丝	30%
二、酒	
1. 白酒	20%+0.5 元/500 克（或者 500 毫升）
2. 黄酒	240 元/吨
3. 啤酒	
（1）甲类啤酒	250 元/吨
（2）乙类啤酒	220 元/吨
4. 其他酒	10%
三、高档化妆品	15%
四、贵重首饰及珠宝玉石	
1. 金银首饰、铂金首饰和钻石及钻石饰品	5%
2. 其他贵重首饰和珠宝玉石	10%
五、鞭炮、焰火	15%
六、成品油	
1. 汽油	1.52 元/升
2. 柴油	1.2 元/升
3. 航空煤油	1.2 元/升
4. 石脑油	1.52 元/升
5. 溶剂油	1.52 元/升
6. 润滑油	1.52 元/升
7. 燃料油	1.2 元/升
七、摩托车	
1. 气缸容量（排气量，下同）为 250 毫升的	3%
2. 气缸容量为 250 毫升以上的	10%

（续表）

税　　目	税率（额）
八、小汽车	
1. 乘用车	
（1）气缸容量在 1.0 升（含 1.0 升）以下的	1%
（2）气缸容量在 1.0 升以上至 1.5 升（含 1.5 升）的	3%
（3）气缸容量在 1.5 升以上至 2.0 升（含 2.0 升）的	5%
（4）气缸容量在 2.0 升以上至 2.5 升（含 2.5 升）的	9%
（5）气缸容量在 2.5 升以上至 3.0 升（含 3.0 升）的	12%
（6）气缸容量在 3.0 升以上至 4.0 升（含 4.0 升）的	25%
（7）气缸容量在 4.0 升以上的	40%
2. 中轻型商用客车	5%
3. 超豪华小汽车（零售环节）	10%
九、高尔夫球及球具	10%
十、高档手表	20%
十一、游艇	10%
十二、木制一次性筷子	5%
十三、实木地板	5%
十四、电池	4%
十五、涂料	4%

任务二　掌握消费税的计算

一、消费税的计税依据

按照现行消费税法的基本规定，消费税应纳税额的计算主要分为从价计征、从量计征和从价从量复合计征三种方法。

（一）从价计征的计税依据

实行从价计征的应税消费品，计税依据为应税消费品的不含税销售额。

1. 销售额的确定

销售额为纳税人销售应税消费品向购买方收取的全部价款和价外费用。价外费用，是指价外向购买方收取的手续费、补贴、基金、集资费、返还利润、奖励费、违约金、滞纳金、延期付款利息、赔偿金、代收款项、代垫款项、包装费、包装物租金、储备费、优质费、运输装卸费以及其他各种性质的价外收费。但下列项目不包括在内：

（1）同时符合以下条件的代垫运输费用：承运部门的运输费用发票开具给购买方的；纳税人将该项发票转交给购买方的。

（2）同时符合以下条件代为收取的政府性基金或者行政事业性收费：由国务院或者财

政部批准设立的政府性基金，由国务院或者省级人民政府及其财政、价格主管部门批准设立的行政事业性收费；收取时开具省级以上财政部门印制的财政票据；所收款项全额上缴财政。

2. 含增值税销售额的换算

应税消费品的销售额，不包括应向购货方收取的增值税税款。如果纳税人应税消费品的销售额中未扣除增值税税款，或者因不得开具增值税专用发票而发生价款和增值税税款合并收取的，在计算消费税时，应将含增值税的销售额换算为不含增值税税款的销售额。其换算公式为：

应税消费品的销售额=含增值税的销售额÷(1+增值税税率或征收率)

（二）从量计征的计税依据

啤酒、黄酒及成品油等实行从量计征的消费品，计税依据主要是应税消费品的销售数量。

1. 销售数量的确定

销售数量是指纳税人生产、加工和进口应税消费品的数量。具体规定为：

（1）销售应税消费品的，为应税消费品的销售数量；

（2）自产自用应税消费品的，为应税消费品的移送使用数量；

（3）委托加工应税消费品的，为纳税人收回的应税消费品数量；

（4）进口应税消费品的，为海关核定的应税消费品进口征税数量。

2. 计量单位的换算标准

《消费税暂行条例》规定，黄酒、啤酒是以吨为税额单位，成品油是以升为税额单位。但是，在实际销售过程中，一些纳税人会把吨或升这两个计量单位混用，为了规范不同产品的计量单位，以准确计算应纳税额，吨与升计量单位的换算标准如表 3-2 所示：

表 3-2　计量单位换算表

序　　号	名　　称	计量单位的换算标准
1	黄酒	1 吨=962 升
2	啤酒	1 吨=988 升
3	汽油	1 吨=1 388 升
4	柴油	1 吨=1 176 升
5	航空煤油	1 吨=1 246 升
6	石脑油	1 吨=1 385 升
7	溶剂油	1 吨=1 282 升
8	润滑油	1 吨=1 126 升
9	燃料油	1 吨=1 015 升

（三）从价从量复合计征的计税依据

根据消费税法的规定，对卷烟和白酒采用复合计征办法，其计税依据是纳税人销售应税消费品的数量和销售额。

销售额为纳税人生产销售卷烟、白酒向购买方收取的全部价款和价外费用。销售数量为纳税人生产销售、进口、委托加工、自产自用卷烟、白酒的实际销售数量、海关核定的进口征税数量、委托方收回数量和移送使用数量。

（四）计税依据的特殊规定

1. 纳税人应纳消费品的计税价格明显偏低并无正当理由的，由主管税务机关核定计税价格。

2. 纳税人通过自设非独立核算门市部销售的自产应税消费品，应当按照门市部对外销售额或者销售数量征收消费税。

3. 纳税人用于换取生产资料和消费资料、投资入股和抵偿债务等方面的应税消费品，应当以纳税人同类应税消费品的最高销售价格作为计税依据计算消费税。

4. 白酒生产企业向商业销售单位收取的“品牌使用费”是随着应税白酒的销售而向对方收取的，属于应税白酒销售价款的组成部分。因此，不论企业采取何种方式或以何种名义收取价款，均应并入白酒的销售额中缴纳消费税。

5. 实行从价计征办法征收消费税的应税消费品连同包装物销售的，无论包装物是否单独计价以及在会计上如何核算，均应并入应税消费品的销售额中缴纳消费税。

如果包装物不作价随同产品销售，而是收取押金，此项押金则不应并入应税消费品的销售额中征税。但对因逾期未收回的包装物不再退还的或者已收取的时间超过 12 个月的押金，应并入应税消费品的销售额，按照应税消费品的适用税率缴纳消费税。

对既作价随同应税消费品销售，又另外收取押金的包装物的押金，凡纳税人在规定的期限内没有退还的，均应并入应税消费品的销售额，按照应税消费品的适用税率缴纳消费税。对啤酒、黄酒以外的其他酒类产品收取的包装物押金，无论是否逾期以及在会计上如何核算，均应并入销售额征收消费税。

6. 纳税人采用以旧换新方式销售的金银首饰，应按实际收取的不含增值税的全部价款确定计税依据征收消费税。金银首饰与其他产品组成成套消费品销售的，应按销售额全额征收消费税。

7. 纳税人兼营不同税率应税消费品，应当分别核算不同税率应税消费品的销售额、销售数量。未分别核算的，或者将不同税率的应税消费品组成成套消费品销售的，从高适用税率。

二、消费税应纳税额的计算

（一）生产销售环节应纳消费税的计算

纳税人在生产销售环节应缴纳的消费税，包括直接对外销售应税消费品应缴纳的消费税和自产自用应税消费品应缴纳的消费税。

1. 直接对外销售应纳消费税的计算

（1）从价定率计算应纳消费税。

实行从价定率办法计算消费税的基本公式为：

应纳税额=销售额×比例税率

案例 3-1：某化妆品厂为增值税一般纳税人。2019 年 7 月 10 日销售化妆品给某商场

（一般纳税人），开具增值税专用发票，取得不含增值税销售额40万元。7月15日向某单位销售化妆品一批，开具普通发票，取得含增值税销售额4.52万元。化妆品消费税税率为15%，计算化妆品厂上述业务应纳消费税税额。

【解析】应税销售额=40+4.52÷(1+13%)=44（万元）

应纳消费税税额=44×15%=6.6（万元）

（2）从量定额计算应纳消费税。

实行从量定额办法计算消费税的基本公式为：

应纳税额=销售数量×定额税率

从量定额办法计算应纳消费税所涉会计科目和记账方法与从价定率计算应纳消费税会计处理相同。

案例3-2：某啤酒厂2019年3月12日销售给光明公司啤酒50吨，出厂价格为2 000元/吨，货已发出并办妥托收手续，货款尚未收回，计算应纳消费税税额。

【解析】应纳税额=应税数量×定额税率=50×220=1.1（万元）

（3）复合计税计算应纳消费税。

国家对卷烟、白酒实行从价定率和从量定额相结合的复合计税办法，应纳税额计算公式为：

应纳税额=销售数量×定额税率+销售额×比例税率

案例3-3：某酒厂为增值税一般纳税人，2019年3月8日发生一笔业务：采取委托银行收款方式销售粮食白酒4 000千克，开具增值税专用发票，销售额10万元，货已发出并办妥托收手续，货款尚未收到。计算该酒厂应纳消费税税额。

【解析】应纳消费税税额=4 000×2×0.5+100 000×20% =2.4（万元）

2. 自产自用应纳消费税的计算

所谓自产自用，就是纳税人生产应税消费品后，不是用于直接对外销售，而是用于自己连续生产应税消费品或用于其他方面。

（1）纳税人自产自用的应税消费品，用于连续生产应税消费品的，不纳税。所谓“纳税人自产自用的应税消费品，用于连续生产应税消费品的”，是指作为生产最终应税消费品的直接材料并构成最终产品实体的应税消费品。例如，卷烟厂生产出烟丝，再用生产出的烟丝连续生产卷烟，虽然烟丝是应税消费品，但用于连续生产卷烟的烟丝就不缴纳消费税，只对生产的卷烟征收消费税。当然，如果生产出的烟丝直接用于销售的，则烟丝还是要缴纳消费税的。税法规定对自产自用的应税消费品，用于连续生产应税消费品的不征税，体现了不重复课税的原则。

（2）纳税人自产自用的应税消费品，除用于连续生产应税消费品外，凡用于其他方面的，于移送使用时纳税。用于其他方面的是指纳税人用于生产非应税消费品、在建工程、管理部门、非生产机构、提供劳务，以及用于馈赠、赞助、集资、广告、样品、职工福利、奖励等方面。

（3）纳税人自产自用的应税消费品，凡用于其他方面，应当纳税的，按照纳税人生产的同类消费品的销售价格计算纳税。同类消费品的销售价格是指纳税人当月销售的同类消费品的销售价格，如果当月同类消费品各期销售价格高低不同，应按销售数量加权平均计算。但销售的应税消费品有下列情况之一的，不得列入加权平均计算：

① 销售价格明显偏低又无正当理由的；

② 无销售价格的。

如果当月无销售或者当月未完结，应按照同类消费品上月或者最近月份的销售价格计算纳税。

没有同类消费品销售价格的，按照组成计税价格计算纳税。组成计税价格的计算公式如表 3-3 所示：

表 3-3 自产自用组成计税价格的计算公式

计税方法	组成计税价格
从价计税	(成本+利润)÷(1−比例税率)
复合计税	(成本+利润+自产自用数量×定额税率)÷(1−比例税率)

上述公式中所说的“成本”，是指应税消费品的产品生产成本。所说的“利润”，是指根据应税消费品的全国平均成本利润率计算的利润。

（4）自产自用应纳消费税的计算公式。

① 实行从价定率办法计算消费税的公式为：

应纳税额=组成计税价格×比例税率

② 实行从量定额办法计算消费税的公式为：

应纳税额=自产自用数量×定额税率

③ 实行复合计税办法计算消费税的公式为：

应纳税额=自产自用数量×定额税率+组成计税价格×比例税率

案例 3-4：某酒厂将一批自产的葡萄酒作为职工福利，该葡萄酒无同类产品市场销售价格，生产成本为 6 000 元，成本利润率为 5%，消费税税率为 10%。计算该批葡萄酒应纳的消费税税额：

【解析】组成计税价格=成本×(1+成本利润率)÷(1−比例税率)

=6 000 × (1+5%)÷(1−10%)

=7 000（元）

应纳消费税税额=7 000×10%=700（元）

课堂思考

如果自产自用的应税消费品当月有不同的销售价格，将自产自用的应税消费品用于其他方面的，消费税视同销售的规定与增值税的视同销售规定是否相同？

（二）委托加工环节应税消费品应纳税额的计算

企业、单位或个人由于设备、技术、人力等方面的局限，常常要委托其他单位代为加工应税消费品，然后，将加工好的应税消费品收回直接销售或自己使用。对于确定属于委托方提供原料和主要材料，受托方只收取加工费并代垫部分辅助材料加工的应税消费品，由受托方在向委托方交货时代收代缴消费税。如果受托方对委托加工应税消费品未代收代缴或少代收代缴消费税，就要依照《税收征管法》的规定，承担补税和罚款的法律责任。但纳税人委托个体经营者加工应税消费品，一律于委托方收回后在委托方所在地缴纳消费税。

委托加工的应税消费品，按照受托方的同类消费品的销售价格计算纳税；没有同类消费品销售价格的，按照组成计税价格计算纳税。组成计税价格的计算公式如表 3-4 所示：

表 3-4　委托加工环节组成计税价格的计算公式

计税方法	组成计税价格
从价计税	(材料成本+加工费)÷(1−比例税率)
复合计税	(材料成本+加工费+委托加工数量×定额税率)÷(1−比例税率)

公式中的“材料成本”是指委托方所提供加工材料的实际成本。委托加工应税消费品的纳税人，必须在委托加工合同上如实注明（或以其他方式提供）材料成本，凡未提供材料成本的，受托方所在地主管税务机关有权核定其材料成本。

公式中的“加工费”，是指受托方加工应税消费品向委托方所收取的全部费用（包括代垫辅助材料的实际成本，不包括增值税税金）。

（1）实行从价定率办法计算消费税的公式为：

应纳税额=组成计税价格×比例税率

（2）实行从量定额办法计算消费税的公式为：

应纳税额=委托加工数量×定额税率

（3）实行复合计税办法计算消费税的公式为：

应纳税额=委托加工数量×定额税率+组成计税价格×比例税率

案例 3-5：某鞭炮企业 2019 年 8 月受托为某单位加工一批鞭炮，委托单位提供的原材料金额为 30 万元，收取委托单位不含增值税的加工费 4 万元，鞭炮企业当地无加工鞭炮的同类产品市场价格。计算鞭炮企业应代收代缴的消费税。

【解析】鞭炮的适用税率为 15%。

组成计税价格=(30+4)÷(1−15%)=40（万元）。

应代收代缴消费税=40×15%=6（万元）。

（三）进口环节应税消费品应纳税额的计算

纳税人进口应税消费品，按照组成计税价格和规定的税率计算应纳税额。组成计算价格的计算公式如表 3-5 所示：

表 3-5　进口环节组成计税价格的计算公式

计税方法	组成计税价格
从价计税	(关税完税价格+关税)÷(1−比例税率)
复合计税	(关税完税价格+关税+进口应税消费品的数量×定额税率)÷(1−比例税率)

（1）实行从价定率办法计算消费税的公式为：

应纳税额=组成计税价格×比例税率

（2）实行从量定额办法计算消费税的公式为：

应纳税额=进口数量×定额税率

（3）实行复合计税办法计算消费税的公式为：

应纳税额=进口数量×定额税率+组成计税价格×比例税率

案例 3-6：某商贸公司，2019 年 3 月从国外进口一批应税消费品，已知该批应税消费品的关税完税价格为 90 万元，按规定应缴纳关税 18 万元。假定进口的应税消费品的消费税税率为 10%。请计算该批消费品进口环节应缴纳的消费税税额。

【解析】组成计税价格 = (关税完税价格+关税)÷(1−比例税率)

= (90+18)÷(1−10%)=120（万元）

应缴纳消费税税额=组成计税价格×比例税率

=120×10%=12（万元）

（四）已纳消费税的扣除

为了避免重复征税，现行消费税规定，将外购应税消费品和委托加工收回的应税消费品继续生产应税消费品销售的，可以将外购应税消费品和委托加工收回应税消费品已缴纳的消费税给予扣除。

1. 外购应税消费品已纳税款的扣除

由于某些应税消费品是用外购已缴纳消费税的应税消费品连续生产出来的，在对这些连续生产出来的应税消费品计算征税时，税法规定应按当期生产领用数量计算准予扣除外购的应税消费品已缴纳的消费税税款。扣除范围包括以下几点：

（1）外购已税烟丝生产的卷烟；

（2）外购已税高档化妆品生产的高档化妆品；

（3）外购已税珠宝玉石生产的贵重首饰及珠宝玉石；

（4）外购已税鞭炮焰火生产的鞭炮焰火；

（5）外购已税杆头、杆身和握把为原料生产的高尔夫球杆；

（6）外购已税木制一次性筷子为原料生产的木制一次性筷子；

（7）外购已税实木地板为原料生产的实木地板；

（8）外购汽油、柴油、石脑油、燃料油、润滑油用于连续生产应税成品油；

（9）外购已税摩托车连续生产摩托车（如用外购两轮摩托车改装三轮摩托车）；

（10）根据《葡萄酒消费税管理办法（试行）》的规定，自 2015 年 5 月 1 日起，从葡萄酒生产企业购进、进口葡萄酒连续生产应税葡萄酒的，准予从葡萄酒消费税应纳税额中扣除所耗用应税葡萄酒已缴纳的消费税税款。

上述当期准予扣除外购应税消费品已缴纳消费税税款的计算公式为：

当期准予扣除的外购应税消费品已纳税款=当期准予扣除的外购应税消费品买价×外购应税消费品适用税率

当期准予扣除的外购应税消费品买价=期初库存的外购应税消费品的买价+当期购进的应税消费品的买价−期末库存的外购应税消费品的买价

外购应税消费品的买价是指购货发票上注明的销售额（不包括增值税税款）。

如本期消费税应纳税额不足抵扣的，余额留待下期继续抵扣。

案例 3-7：某卷烟生产企业，某月初库存外购应税烟丝金额 20 万元，当月又外购应税烟丝金额 50 万元（不含增值税），月末库存烟丝金额 10 万元，其余被当月生产卷烟领用。请计算卷烟生产企业当月准许扣除的外购烟丝已缴纳的消费税税额。

【解析】烟丝适用的消费税税率为 30%。

当期准许扣除的外购烟丝买价=20+50−10=60（万元）。

当月准许扣除的外购烟丝已缴纳的消费税税额=60×30%=18（万元）。

需要说明的是，纳税人用外购的已税珠宝、玉石原料生产的改在零售环节征收消费税的金银首饰（镶嵌首饰），在计税时一律不得扣除外购珠宝、玉石原料的已纳税款。

对自己不生产应税消费品，而只是购进后再销售应税消费品的工业企业，其销售的化妆品、鞭炮、焰火和珠宝、玉石，凡不能构成最终消费品直接进入消费品市场，而需进一步生产加工的，应当征收消费税，同时允许扣除上述外购应税消费品的已纳税款。

允许扣除已纳税款的应税消费品，只限于从工业企业购进的应税消费品和进口环节已缴纳消费税的应税消费品，对从境内商业企业购进应税消费品的已纳税款一律不得扣除。

2. 委托加工收回的应税消费品已纳税款的扣除

委托加工的应税消费品因为已由受托方代收代缴消费税，因此委托方收回货物后用于连续生产应税消费品的，其已纳税款准予按照规定从连续生产的应税消费品应纳消费税税额中抵扣。

对委托加工收回应税消费品已纳的消费税，可按当期生产领用数量从当期应纳消费税税额中扣除，其扣税规定与外购已税消费品连续生产应税消费品的扣税范围、扣税方法、扣税环节相同。当期准予扣除委托加工收回的应税消费品已纳消费税税款的计算公式是：

当期准予扣除的委托加工应税消费品已纳税款=期初库存的委托加工应税消费品已纳税款+当期收回的委托加工应税消费品已纳税款−期末库存的委托加工应税消费品已纳税款

案例 3-8：隆中日用化工厂生产高档化妆品，为增值税一般纳税人。2019 年 8 月 5 日委托某工厂加工一批应税化妆品，提供原材料价值 5 万元，委托方开具的增值税专用发票上注明加工费 0.6 万元。将该批加工产品已收回后（受托方没有同类化妆品的销售价格），领用 70%投入生产，进一步加工并分装出厂取得不含税销售额 10 万元，计算该批化妆品应缴纳的消费税。

【解析】

（1）委托加工收回应税化妆品时支付给受托方的消费税为：

(5+0.6)÷(1−30%)×30%=2.4（万元）

（2）分装后销售应纳消费税=10 万×30%=3（万元）

（3）当月实际应纳消费税=30−2.4×70%=1.32（万元）

注意：已改在零售环节征收消费税的金银首饰、钻石及钻石饰品，在计税时一律不得扣除委托加工时已缴纳的消费税税款。

（五）消费税征税环节的特殊规定

1. 卷烟批发环节征收消费税的规定

为了适当增加财政收入，完善烟产品消费税制度，国家自 2009 年 5 月 1 日起，在卷烟批发环节加征一道从价税。自 2015 年 5 月 10 日起，卷烟批发环节消费税率又有调整。

（1）纳税义务人：在中华人民共和国境内从事卷烟批发业务的单位和个人。

（2）征收范围：纳税人批发销售的所有牌号规格的卷烟。

（3）计税依据：纳税人批发卷烟的销售额（不含增值税）、销售数量。

纳税人应将卷烟销售额与其他商品销售额分开核算，未分开核算的，一并征收消费税。

纳税人兼营卷烟批发和零售业务的，应当分别核算批发和零售环节的销售额、销售数量；未分别核算批发和零售环节销售额、销售数量的，按照全部销售额、销售数量计征批发环节消费税。

纳税人销售给纳税人以外的单位和个人的卷烟于销售时纳税，纳税人之间销售的卷烟不缴纳消费税。

（4）适用税率：从价税率 11%，从量税率 0.005 元/支。

（5）纳税义务发生时间：纳税人收讫销售款或者取得索取销售款凭据的当天。

（6）纳税地点：卷烟批发企业的机构所在地，总机构与分支机构不在同一地区的，由总机构申报纳税。

（7）卷烟消费税在生产和批发两个环节征收后，批发企业在计算纳税时不得扣除已含的生产环节的消费税税款。

2. 超豪华小汽车零售环节征收消费税的规定

为了引导合理消费，促进节能减排，经国务院批准，对超豪华小汽车加征消费税。

（1）纳税义务人：将超豪华小汽车销售给消费者的单位和个人为超豪华小汽车零售环节纳税义务人。

（2）纳税环节及税率：对超豪华小汽车在生产（进口）环节按现行税率征收消费税基础上，在零售环节加征消费税，税率为 10%。

（3）应纳税额的计算：

应纳税额=零售环节销售额（不含增值税）×零售环节税率

国内汽车生产企业直接销售给消费者的超豪华小汽车，消费税税率按照生产环节税率和零售环节税率加总计算。其应纳税额计算公式：

应纳税额=销售额（不含增值税）×（生产环节税率+零售环节税率）

任务三　掌握消费税的会计处理

一、账户设置

企业对消费税的核算，主要是通过“应交税费——应交消费税”科目进行。该科目专门用来核算企业应交消费税的发生和缴纳情况，贷方登记应交消费税税额，借方登记已交消费税税额和待抵扣的消费税税额，期末贷方余额反映尚未缴纳的消费税税额，期末借方余额反映企业多缴或待抵扣的消费税税额。

缴纳消费税的企业，除设置“应交税费——应交消费税”科目外，还需要设置“税金及附加”科目，核算应由销售产品、提供劳务等负担的营业税金及附加。期末，应将“税金及附加”科目余额转入“本年利润”科目，结转后，该科目无余额。

二、应税消费品消费税的会计处理

（一）生产销售应税消费品

案例 3-9：某日化厂销售化妆品一批，不含税售价 100 000 元，消费税税率为 15%，款项已存银行。会计处理如下：

应纳消费税=100 000×15%=15 000（元）

借：银行存款　　113 000

　　贷：主营业务收入　　100 000

　　　　应交税费——应交增值税（销项税额）　　13 000

同时：

借：税金及附加　　15 000

　　贷：应交税费——应交消费税　　15 000

（二）自产自用应税消费品

自产自用的应税消费品，用于连续生产应税消费品的，不纳税；用于其他方面的，于移送使用时缴纳消费税。

案例 3-10：某日化厂对外捐赠新研制的化妆品一批，成本为 100 000 元，成本利润率为 5%，消费税税率为 15%。会计处理如下：

应纳消费税=100 000×(1+5%)÷(1−15%)×15%=18 529.41（元）

增值税销项税额=100 000×(1+5%)÷(1−15%)×13%=16 058.82（元）

借：营业外支出　　134 588.23

　　贷：库存商品　　100 000

　　　　应交税费——应交增值税（销项税额）　　16 058.82

　　　　　　　　——应交消费税　　18 529.41

案例 3-11：某日化厂将新研制的化妆品一批作为福利发放给职工，成本为 100 000 元，成本利润率为 5%，消费税税率为 15%。会计处理如下：

应纳消费税=100 000×(1+5%)÷(1−15%)×15%=18 529.41（元）

增值税销项税额=100 000×(1+5%)÷(1−15%)×13%=16 058.82（元）

借：应付职工薪酬　　139 588.23

　　贷：主营业务收入　　123 529.41

　　应交税费——应交增值税（销项税额）　　16 058.82

同时：

借：主营业务成本　　100 000
　　贷：库存商品　　100 000
借：税金及附加　　18 529.41
　　贷：应交税费——应交消费税　　18 529.41

（三）**应税消费品包装物押金**

出租、出借一般消费品包装物收取的押金，借记“银行存款”科目，贷记“其他应付款”科目，待包装物逾期收不回来而将押金没收时，借记“其他应付款”科目，贷记“其他业务收入”“营业外收入”科目；同时按应缴纳的消费税，借记“税金及附加”科目“其他应付款”科目，贷记“应交税费——应交消费税”科目。出租、出借酒类消费品（非啤酒、黄酒）包装物收取的押金，借记“银行存款”科目，贷记“其他应付款”科目；同时按应缴纳的消费税，借记“税金及附加”“其他应付款”科目，贷记“应交税费——应交消费税”科目。待包装物逾期收不回来而将押金没收时，借记“其他应付款”科目，贷记“其他业务收入”“营业外收入”科目。

案例 3-12：某葡萄酒厂向丙商场销售葡萄酒 5 吨，不含税销售单价为 10 000 元，随同葡萄酒销售出借包装物一批，押金为 339 元，消费税税率为 10%，款项已收并存入银行。会计处理如下：

应纳消费税=[5×10 000+339÷(1+13%)] ×10%=5 030（元）

借：银行存款　　56 500
　　贷：主营业务收入　　50 000
　　　　应交税费——应交增值税（销项税额）　　6 500

同时：

借：银行存款　　339
　　贷：其他应付款　　300
　　　　应交税费——应交增值税（销项税额）　　39
借：税金及附加　　5 030
　　贷：应交税费——应交消费税　　5 030

押金逾期没收时：

借：其他应付款　　300
　　贷：其他业务收入　　300

押金到期退回时：

借：其他应付款　　300
　　销售费用　　39
　　贷：银行存款　　339

（四）**委托加工应税消费品**

案例 3-13：新华化妆品厂 4 月 5 日从甲化妆品厂购入化妆品一批，取得的增值税专用发票上注明金额为 1 000 000 元，税额为 130 000 元，款项均已支付，化妆品已验收入库，但未规定用途。7 月 1 日，将本年 4 月 5 日购入的该化妆品的 60%拨出委托江南日化厂加工新研制的高级化妆品一批。江南日化厂加工该批化妆品时，代垫辅料 40 000 元，收取不含税加工费100 000元。假定新华化妆品厂收回化妆品后直接对外销售，消费税税率为15%。会计处理如下：

购入化妆品时：

借：原材料　　1 000 000

　　应交税费——应交增值税（进项税额）　　130 000

　　贷：银行存款　　1 130 000

拨出化妆品时：

可扣除消费税=1 000 000×60%×15%=900 000（元）

借：委托加工物资　　510 000

　　应交税费——应交消费税　　90 000

　　贷：原材料　　600 000

支付加工费、增值税时：

应纳增值税=(100 000+40 000)×13%=18 200（元）

借：委托加工物资　　140 000

　　应交税费——应交增值税（进项税额）　　18 200

　　贷：银行存款　　158 200

支付代收代缴的消费税时：

应纳消费税=(510 000+100 000+40 000)÷(1−15%)×15%=114 705.88（元）

借：委托加工物资　　114 705.88

　　贷：银行存款　　114 705.88

收回入库后：

借：库存商品　　764 705.88

　　贷：委托加工物资　　764 705.88

（五）进口应税消费品

进口应税消费品缴纳的消费税，一般计入进口应税消费品成本，借记“原材料”科目；在先提货后缴纳消费税或用于连续生产应税消费品按规定可以扣除消费税的情况下，借记“应交税费——应交消费税”科目，贷记“银行存款”等科目。

案例 3-14：某外贸公司从国外进口两轮摩托车 10 辆，每辆摩托车的关税完税价格为 5 000 元，关税税率为 20%，消费税税率为 10%，款项均已支付，摩托车已验收入库。会计处理如下：

应纳关税=10×5 000×20%=10 000（元）

应纳消费税=(10×5 000+10 000)÷(1−10%)×10%=6 666.67（元）

应纳增值税=(10×5 000+10 000+6 666.67)×13%=8 666.67（元）

借：库存商品　　66 666.67

　　应交税费——应交增值税（进项税额）　　8 666.67

　　贷：银行存款　　75 333.34

（六）零售金银首饰

案例 3-15：某商场（增值税一般纳税人）销售金项链 300 克，零售价为 226 元/克，款项已收存入银行，消费税税率为5%。会计处理如下：

应纳消费税=300×226÷(1+13%)×5%=3 000（元）

应纳增值税=300×226÷(1+13%)×13%=7 800（元）

借：银行存款　　67 800

　　贷：主营业务收入　　60 000

　　　　应交税费——应交增值税（销项税额）　　7 800

同时：

借：税金及附加　　3 000

　　贷：应交税费——应交消费税　　3 000

（七）批发卷烟

案例3-16：大发烟草专卖公司（增值税一般纳税人）批发销售给三江百货公司A牌卷烟200标准箱，不含税售价为50 000元/箱，款项已收存入银行，消费税税率为11%加0.005元/支。会计处理如下：

应纳消费税=200×50 000×11%+200×250=1 150 000（元）

应纳增值税=200×50 000×13%=1 300 000（元）

借：银行存款　　11 300 000

　　贷：主营业务收入　　10 000 000

　　　　应交税费——应交增值税（销项税额）　　1 300 000

同时：

借：税金及附加　　1 150 000

　　　　贷：应交税费——应交消费税　　1 150 000

任务四　熟悉消费税的纳税申报

一、纳税义务发生时间

纳税人生产的应税消费品于销售时纳税，进口消费品应当于应税消费品报关进口环节纳税，但金银首饰、钻石及钻石饰品在零售环节纳税。消费税纳税义务发生的时间，以货款结算方式或行为发生时间分别确定。

（1）纳税人销售的应税消费品，其纳税义务的发生时间为：

① 纳税人采取赊销和分期收款结算方式的，其纳税义务的发生时间，为书面合同约定的收款日期的当天，书面合同没有约定收款日期或者无书面合同的，为发出应税消费品的当天。

② 纳税人采取预收货款结算方式的，其纳税义务的发生时间，为发出应税消费品的当天。

③ 纳税人采取托收承付和委托银行收款方式销售的应税消费品，其纳税义务的发生时间，为发出应税消费品并办妥托收手续的当天。

④ 纳税人采取其他结算方式的，其纳税义务的发生时间，为收讫销售款或者索取销售款的凭据的当天。

（2）纳税人自产自用的应税消费品，其纳税义务的发生时间，为移送使用的当天。

（3）纳税人委托加工的应税消费品，其纳税义务的发生时间，为纳税人提货的当天。

（4）纳税人进口的应税消费品，其纳税义务的发生时间，为报关进口的当天。

二、纳税期限

按照《消费税暂行条例》规定，消费税的纳税期限分别为 1 日、3 日、5 日、10 日、15 日、1 个月或者 1 个季度；纳税人的具体纳税期限，由主管税务机关根据纳税人应纳税额的大小分别核定；不能按照固定期限纳税的，可以按次纳税。

纳税人以 1 个月或者 1 个季度为一期纳税的，自期满之日起 15 日内申报纳税；以 1 日、3 日、5 日、10 日或者 15 日为一期纳税的，自期满之日起 5 日内预缴税款，于次月 1 日起至 15 日内申报纳税并结清上月应纳税款。

纳税人进口应税消费品，应当自海关填发海关进口消费税专用缴款书之日起 15 日内缴纳税款。

如果纳税人不能按照规定的纳税期限依法纳税，将按《税收征管法》的有关规定处理。

三、纳税地点

消费税具体纳税地点有：

（1）纳税人销售的应税消费品，以及自产自用的应税消费品，除国家另有规定外，应当向纳税人机构所在地或者居住地的主管税务机关申报纳税。

（2）委托加工的应税消费品，除受托方为个人外，由受托方向机构所在地或者居住地的主管税务机关解缴消费税税款。受托方为个人的，由委托方向其机构所在地主管税务机关申报纳税。

（3）进口的应税消费品，由进口人或者其代理人向报关地海关申报纳税。

（4）纳税人到外县（市）销售或者委托外县（市）代销自产应税消费品的，于应税消费品销售后，向机构所在地或者居住地主管税务机关申报纳税。

纳税人的总机构与分支机构不在同一县（市），但在同一省（自治区、直辖市）范围内，经财政、税务机关批准，可以由总机构汇总向总机构所在地的主管税务机关申报缴纳消费税。

（5）纳税人销售的应税消费品，如因质量等原因发生退货的，经机构所在地或居住地主管税务机关审核批准后，可退还已缴纳的消费税税款。

四、纳税申报

消费税纳税人应按有关规定及时办理纳税申报，并应如实填写《消费税纳税申报表》（见表 3-6）。

表 3-6　消费税纳税申报表

金额单位：元（列至角分）

纳税人识别号：□□□□□□□□□□□□□□□□□□□□□　　　　填表日期：　年　月　日

应税消费品名称	适用税目	应税销售额（数量）	适应税率（单位税额）	当期准予扣除外购应税消费品买价（数量）				外购应税消费品适应税率（单位税率）
				合计	期初库存外购应税消费品买价（数量）	当期购进外购应税消费品买价（数量）	期末库存外购应税消费品买价（数量）	
1	2	3	4	5=6+7-8	6	7	8	9
合计								

应纳消费税		当期准予扣除外购应税消费品已纳税款	当期准予扣除委托加工应税消费品已纳税款			
本期	累计		合计	期初库存委托加工应税消费品已纳税款	当期收回委托加工应税消费品已纳税款	期末库存委托加工应税消费品已纳税款
15=3×4-10 或 3×4-11 或 3×4-10-11	16	10=5×9	11=12+13-14	12	13	14

已纳消费税		本期应补（退）税金额			
本期	累计	合计	上期结算税金额	补交本年欠税	补交以前年度欠税
17	18	19=15-17+20+21+22	20	21	22

截至上年底累计欠税额	本年度新增欠税额	
	本　期	累　计
23	24	25

如纳税人填报，由纳税人填写以下各栏		如委托代理人填报，由代理人填写以下各栏				备注
会计主管（签章）	纳税人（公章）	代理人名称		代理人（公章）		
		代理人地址				
		经办人		电话		

以下由税务机关填写			
收到申报表日期		接收人	

填表说明：

（1）表中第 2 栏“适用税目”必须按照《消费税暂行条例》规定的税目填写。

（2）本表一式三联，第一联由纳税人留存，第二联由主管税务机关留存，第三联由税务机关作为税收会计原始凭证。

知识拓展

日本的消费税

从1970年代末，消费税是日本政治上最受关注的议题。1978年时任日本首相的大平正芳首次提出“消费税”的构想。不过由于自民党选举失利，所以不得不取消。1986年，中曾根康弘首相将其改称为“卖上税”，再次提出这个构想，但是并不成功。1988年，竹下登首相实现“消费税”构想，并于翌年施行。

导入消费税的同时，废止“物品税”。物品税的税率靠物品种类，并不是所有的物品被课税的。但是“消费税”除了土地交易和房地出租以外，对所有的物品和服务课统一税率。

1989年4月1日：施行消费税法，税率3%。

1997年4月1日：增率5%。（原本的“消费税”增率4%。加上新设的“地方消费税”1%。）

日本财务相麻生太郎（下称麻生）2013年9月20日在莫斯科召开的二十国集团（G20）财长与央行行长会议记者会上表明，希望在今年（2013年）10月左右做出消费税增税决定。

他说：“我希望以明年（2014年）4月为目标，到今年（2013年）10月底前给出答案，希望可以按计划进行上调。”

麻生指出：“与今年2月上届G20召开时相比，日本的经济状况基本没有恶化的部分。国内生产总值增长率明显切实上升。”他还表示，“经济状况好转”这一实施增税的前提条件正在逐步走向成熟。

麻生强调，安倍政府的经济政策在此次会议上“得到了国际社会的理解”。对于将于9月举行的G20首脑会议，麻生表示：“日本将着手制定值得信赖的中期财政计划，不辜负国际社会的期待。”

共同出席记者会的日本央行行长黑田东彦表示，讨论结束大规模量化宽松政策的“出口战略”还为时过早。

2014年4月1日：上调消费税，税率8%。

据日本共同社报道，日本首相安倍晋三于2014年11月18日晚召开记者会，宣布于11月21日解散众院的决定，同时还宣布推迟上调消费税率，改在18个月以后再施行。

任务案例实施

案例解析:

1. 纳税人自产自用的应税消费品，凡用于其他方面，应当纳税的，按照纳税人生产的同类消费品的销售价格计算纳税。同类消费品的销售价格是指纳税人当月销售的同类消费品的平均销售价格。自用小汽车的计税依据=12×1=12（万元）。

2. 纳税人用于换取生产资料和消费资料、投资入股和抵偿债务等方面的应税消费品，应当以纳税人同类应税消费品的最高销售价格作为计税依据计算消费税。换取原材料的计税依据=15×2=30（万元）。

项目小结:

消费税是指对消费品和特定的消费行为按流转额征收的一种商品税。消费税的特点为征收范围具有选择性，征税环节具有单一性，计税方法具有灵活性，平均税率水平比较高且税负差异大和税负具有转嫁性。凡在中华人民共和国境内生产、委托加工和进口应税消费品的单位和个人，以及国务院确定的销售应税消费品的其他单位和个人，均为消费税的纳税人。消费税征收范围共分为 15 个税目，税率采用比例税率和定额税率两种形式，计税依据主要采用从价计征、从量计征以及从价和从量复合计征三种计税办法。

知识测试与能力训练

强化训练 3-1　同步考试真题

一、单项选择题

1. 根据消费税法律规定，下列各项中，属于消费税应税消费品的是（　　）。

A. 高档西服　　B. 汽油
C. 电冰箱　　D. 电视机

2. 根据消费税法律规定，下列各项中，不属于消费税纳税人的是（　　）。

A. 化妆品进口商　　B. 鞭炮批发商
C. 钻石零售商　　D. 卷烟生产商

二、多项选择题

1. 根据消费税法律规定，下列各项中，属于消费税征收范围的有（　　）。

A. 实木地板　　B. 调味料酒
C. 电动汽车　　D. 成套化妆品

2. 根据消费税法律制度的规定，下列各项中，应并入白酒的销售额计征消费税的有（　　）。

A. 优质费　　B. 逾期付款违约金
C. 包装物的押金　　D. 品牌使用费

三、判断题

1. 纳税人将自产应税消费品用于连续生产应税消费品的，应缴纳消费税。（　　）

2. 纳税人通过自设非独立核算门市部销售的自产应税消费品，应当按照门市部对外销售额或者销售数量征收消费税。（　　）

强化训练 3-2 同步模拟训练题

一、单项选择题

1. 下列各项中应征收消费税的是（　　）。

A. 生产环节的电视　　B. 批发环节的白酒

C. 批发环节的卷烟　　D. 零售环节的化妆品

2. 依据消费税的有关规定，下列消费品中属于消费税征税范围的是（　　）。

A. 高尔夫球包　　B. 竹制一次性筷子

C. 护肤护发品　　D. 电动汽车

3. 下列项目中，应征收消费税的是（　　）。

A. 进口金银首饰　　B. 商店零售白酒

C. 生产销售果啤　　D. 生产销售电动汽车

4. 某外贸进出口公司当月从日本进口 140 辆小轿车，每辆车的关税完税价格为 8 万元，已知小轿车关税税率为 110%，消费税税率为 5%。进口这些小轿车应缴纳（　　）万元消费税。

A. 61.6　　B. 123.79　　C. 56　　D. 80

5. 某化妆品厂为增值税一般纳税人，某年 1 月发生以下业务：8 日销售化妆品 400 箱，每箱不含税价 600 元；15 日销售同类化妆品 500 箱，每箱不含税价 650 元。当月以 200 箱同类化妆品与某公司换取精油。该厂当月应纳消费税（　　）元。

A. 169 500　　B. 205 500　　C. 207 000　　D. 208 500

6. 下列应税消费品应纳消费税的有（　　）。

A. 委托加工的应税消费品（受托方已代收代缴消费税），委托方收回后用于直接销售的

B. 自产自用的应税消费品，用于连续生产应税消费品的

C. 委托非个体经营者加工的应税消费品（受托方已代收代缴消费税），委托方收回后用于连续加工生产应税消费品的

D. 自产自用消费品，用于在建工程的

7. 下列各项中应当计算征收消费税的是（　　）。

A. 无醇啤酒　　B. 调味料酒　　C. 卡丁车　　D. 高尔夫车

8. 某烟花厂受托加工一批烟花，委托方提供原材料成本 30 000 元，该厂收取加工费 10 000 元，代垫辅助材料款 5 000 元，没有同类烟花销售价格。该厂应代收代缴消费税（　　）元。（以上款项均不含增值税）

A. 6 000　　B. 6 750　　C. 7 941.18　　D. 20 250

9. 某筷子生产企业为增值税一般纳税人。某年 5 月取得不含增值税销售额如下：销售烫花木制筷子 15 万元；销售竹制筷子 18 万元；销售木制一次性筷子 12 万元。另外，没收逾期未退还的木制一次性筷子包装物押金 0.23 万元，该押金于上年 2 月收取。该企业当月应纳消费税（　　）万元。

A. 0.609 9　　B. 0.611 5　　C. 1.359 8　　D. 2.261 5

10. 依据消费税的有关规定，下列消费品中实行从量定额与从价定率相结合征税办法的是（　　）。

A. 啤酒　　B. 粮食白酒　　C. 酒精　　D. 葡萄酒

二、多项选择题

1. 依据消费税的有关规定，下列消费品中属于化妆品税目的有（　　）。

A. 香水、香精　　B. 高档护肤类化妆品　　C. 指甲油、眼影

D. 演员化妆用的上妆油　　E. 香皂、洗发水

2. 按照《消费税暂行条例》的规定，下列情形之一的应税消费品，以纳税人同类应税消费品的最高销售价格作为计税依据计算消费税的有（　　）。

A. 用于抵债的应税消费品　　B. 用于馈赠的应税消费品

C. 用于换取生产资料的应税消费品　　D. 对外投资入股的应税消费品

3. 下列各项业务，应同时征收增值税和消费税的有（　　）。

A. 地板厂销售自产实木地板　　B. 汽车厂销售自产电动汽车

C. 百货商场销售高档手表　　D. 进出口公司进口高尔夫球及球具

E. 轮胎厂销售自产农用拖拉机专用轮胎

4. 消费税是对我国境内从事生产、委托加工应税消费品的单位和个人，就其（　　）在特定环节征收的一种税。

A. 销售额　　B. 所得额　　C. 生产额

D. 销售数量　　E. 组成计税价格

5. 我国消费税分别采用（　　）的计征方法。

A. 从价定率　　B. 从量定额

C. 从价定额　　D. 从量定额和从价定率相结合

6. 实行从量定额与从价定率相结合征税办法的产品有（　　）。

A. 卷烟　　B. 啤酒　　C. 白酒　　D. 雪茄烟

7. 关于应税消费品销售额的确定，下列表述正确的有（　　）。

A. 应税消费品的销售额包括向购买方收取的增值税税款

B. 随同应税消费品出售的包装物，无论是否单独计价以及在会计上如何核算，均应并入销售额中征收消费税

C. 自产自用的应税消费品，按照本企业同类产品的销售价格确定销售额

D. 随同应税消费品出售的包装物，其适用的消费税税率和应税消费品的消费税税率相同

8. 受托加工应税消费品的单位，其代收代缴消费税的计税依据中包括的项目有（　　）。

A. 加工材料成本　　B. 加工费　　C. 辅助材料成本

D. 增值税　　E. 消费税

9. 依据消费税的规定，下列应税消费品中，准予扣除外购已纳消费税的有（　　）。

A. 以已税汽油为原料生产的高级汽油

B. 以已税珠宝玉石为原料生产的钻石首饰

C. 以进口葡萄酒连续生产葡萄酒

D. 以已税润滑油为原料生产的润滑油

E. 以已税杆头、杆身和握把为原料生产的高尔夫球杆

10. 以下关于消费税的纳税地点表述正确的有（　　）。

A. 委托加工的应税消费品，除受托方为个人外，由受托方向机构所在地主管税务机关解缴其代收代缴的消费税

B. 纳税人销售的应税消费品，以及自产自用的应税消费品，除另有规定外，应当向纳税人机构所在地或居住地的主管税务机关申报纳税

C. 进口的应税消费品，由进口人或代理人向核算地海关申报纳税

D. 委托个人加工的应税消费品，由委托方向其机构所在地或者居住地主管税务机关申报纳税

三、判断题

1. 消费税对所有消费品都要征收。（　　）

2. 消费税一般只在应税消费品的出厂销售和进口环节计征，在以后的批发、零售等环节不再课征，征收环节具有单一性。（　　）

3. 消费税为价内税，编制会计分录时应借记“税金及附加”科目，因此税负不具有转嫁性。（　　）

4. 消费税是一种流转税，因此货物每流转一次，均应计算缴纳消费税。（　　）

5. 委托加工的应税消费品，直接出售时（受托方已代收代缴消费税），不再征收消费税。（　　）

6. 纳税人用于换取生产资料和消费资料、投资入股、抵债等方面的应税消费品，应当以纳税人同类消费品的平均销售价格作为计税依据。（　　）

7. 对饮食业、娱乐业利用啤酒生产设备生产的啤酒，也应当征收消费税。（　　）

8. 征收消费税的卷烟每标准条征收 15 元的定额税。（　　）

9. 委托加工的应税消费品由受托方（个人除外）于委托方提货时代收代缴消费税。（　　）

10. 目前体育上用的发令纸、鞭炮引线，不征收消费税。（　　）

四、业务训练题

1. 某酒厂某年 3 月销售粮食白酒 12 000 斤，售价为 5 元/斤，随同销售的包装物价格 6 200 元；本月销售礼品盒 6 000 套，售价为 300 元/套，每套包括粮食白酒 2 斤、单价 80 元，干红酒 2 斤、单价 70 元，计算该酒厂 3 月应纳消费税税额并作出相应的会计处理。

2. 某化妆品厂委托外单位加工一批化妆品，按加工合同要求，拨付原材料费 10 万元，支付加工费 3 万元、支付受托方垫付辅助材料款 1 万元，受托方无同类新产品。加工完毕收回后用于继续生产化妆品。加工税费以转账支票付讫。要求作出相应的会计处理。

3. 某公司从境外进口一批化妆品，经海关核定，关税的完税价格为 7 万元，进口关税税率为 20%，消费税税率为 15%，增值税税率为 13%。计算该批化妆品应纳的消费税和增值税，并作出相关会计处理。

4. 某化妆品生产企业为一般纳税人，某年 9 月发生如下业务：

（1）本月销售化妆品300套，每套价格为98元，另将10套无偿赠送给客户。

（2）化妆品生产企业提供材料成本为2万元的香水精，委托甲加工厂（增值税一般纳税人）加工香水，取得甲开具的增值税专用发票，发票上注明加工费0.68万元。本月收回后，销售100瓶，每瓶不含税价格为400元，10瓶作为样品赠送给了顾客。

（3）购进化妆品生产材料，增值税专用发票上注明的金额为1.8万元，另支付运费0.2万元，取得了货运增值税专用发票。

（4）本月特别生产了 25 支高档眉笔，赠送经常与企业有往来关系的客户，特制眉笔的成本为每支56元。

假定本月取得的相关票据符合税法的规定并在本月认证抵扣。化妆品的消费税税率为15%。

要求：根据上述资料，回答下列问题。

（1）计算9月化妆品企业应缴纳的增值税；

（2）计算甲加工厂代收代缴的消费税；

（3）计算化妆品生产企业9月应缴纳的消费税。

5. 某酒厂某年4月购进酒精（酒精所用原料为粮食），取得防伪税控系统开具的增值税专用发票，注明价款50万元、增值税6.5万元，生产领用其中的70%用于生产A酒；本月销售白酒20吨，取得不含税销售额40万元，并收取包装物押金4.52万元。计算该酒厂4月应缴纳消费税税额。

6.【不定项选择】甲公司为增值税一般纳税人，主要从事高档化妆品生产和销售业务。2019年11月有关经营情况如下：

（1）进口一批高档香水精，海关审定的货价210万元，运抵我国关境内输入地点起卸前的包装费11万元、运输费20万元、保险费4万元。

（2）接受乙公司委托加工一批高档口红，不含增值税加工费 35 万元，乙公司提供原材料成本84万元，该批高档口红无同类产品销售价格。

（3）销售高档香水，取得不含增值税价款702万元，另收取包装费5.85万元。

已知：高档化妆品消费税税率为15%，关税税率为10%，增值税税率为13%。

要求：根据上述资料，不考虑其他因素，分析回答下列小题。

（1）甲公司进口高档香水精的下列各项支出中，应计入进口货物关税完税价格的是（　　）。

A. 包装费11万元　　B. 保险费4万元

C. 运输费20万元　　D. 货价210万元

（2）甲公司进口高档香水精应缴纳消费税税额的下列计算列式中，正确的是（　　）。

A. $(210+20)\times(1+10\%)\times15\%$

B. $(210+11+4)\times(1+10\%)\times15\%$

C. $(210+11+20+4)\times(1+10\%)\div(1-15\%)\times15\%$

D. $(11+20+4)\times(1+10\%)\div(1-15\%)\times15\%$

（3）关于甲公司受托加工高档口红应代收代缴消费税税额，下列计算列式中，正确的是（　　）。

A. $(84+35)\times15\%$　　B. $(84+35)\div(1-15\%)\times15\%$

C. [84÷(1−15%)+35]×15%　　D. [84+35÷(1−15%)]×15%

（4）关于甲公司销售高档香水应缴纳消费税税额，下列计算列式中，正确的是（　　）。

A. 702÷(1+13%)×15%　　B. [702+5.85÷(1+13%)]×15%

C. (702+5.85)×15%　　D. 702×15%

强化训练 3-3　同步复习思考题

1. 试述消费税的概念和特点。
2. 试述消费税与增值税的区别和联系。
3. 在什么情况下，应纳消费税按组成计税价格计征？
4. 消费税的账务处理与增值税有何不同？
5. 消费税的纳税义务发生时间如何确定。

项目四　企业所得税

知识与能力目标

1. 了解企业所得税的基本要素；
2. 掌握企业所得税的计算；
3. 掌握企业所得税的会计处理；
4. 熟悉企业所得税的纳税申报。

任务案例

案例：某公司当年支出合理的工资、薪金总额 1 000 万元，按规定标准为职工缴纳基本社会保险费 150 万元，为受雇的全体员工支付补充养老保险费 80 万元、补充医疗保险费 120 万元，为公司高管缴纳商业保险费 30 万元。

任务思考：请问该公司当年可税前扣除的保险费是多少？

任务一　了解企业所得税的基本要素

一、企业所得税概念

（一）企业所得税的概念

企业所得税，又称公司所得税或法人所得税，是对我国境内的企业和经营单位的生产经营所得和其他所得征收的一种税。企业所得税最早产生于 18 世纪末的英国，19 世纪以后各国相继执行企业所得税，目前已经成为许多国家的主体税种，在我国现行税法体系中也具有极为重要地位，是国家参与企业所得分配的重要手段。

我国现行企业所得税法是以 2007 年 3 月 16 日第十届全国人大第五次全体会议审议通过并于 2008 年 1 月 1 日起施行的《中华人民共和国企业所得税法》（以下简称《企业所得税法》），以及国务院 2007 年 12 月 28 日通过的《中华人民共和国企业所得税法实施条例》（以下简称《企业所得税法实施条例》）为法律依据。随后国家财政、税务主管部门又制定了一系列部门规章和规范性文件。这些法律法规、部门规章及规范性文件构成了我国的企业所得税法律制度。

（二）企业所得税的特点

企业所得税与其他税种相比具有以下特点。

1. 计税依据为应纳税所得额

企业所得税的计税依据，是纳税人的收入总额扣除各项成本、费用、税金、损失等支出后的净所得额，它既不等于企业实现的会计利润额，也不是企业的增值额，更非销售额或营业额。因此，企业所得税是一种不同于商品劳务税的税种。

2. 应纳税所得额的计算较为复杂

企业所得税以净所得额为计税依据，因此，应纳税所得额的计算需涉及一定时期的成本、费用的归集与分摊。企业所得税法明确了收入总额、扣除项目金额的确定以及资产的税务处理等内容，是应纳税额的计算相对独立于企业的会计核算，体现了税法的强制性与统一性。

3. 应纳税所得税以量能负担为原则

企业所得税以纳税人的生产、经营所得和其他所得为计税依据，贯彻了量能负担的原则，即所得多、负担能力大的，多纳税；所得少、负担能力小的，少纳税；无所得、没有负担能力的，不纳税。这种将所得税负担和纳税人所得多少联系起来征税的办法，体现了税收公平的基本原则。

4. 实行按年计征、分期预缴的征收管理办法

通过利润所得来综合反映企业的经营业绩，通常是按年度计算、衡量的。所以，企业所得税以全年的应纳税所得额作为计税依据。分月或分季预缴，年终汇算清缴，与会计年度及核算期限一致，有利于税收的征收管理和企业核算期限的一致性。

二、企业所得税纳税人

企业所得税的纳税人，是指在中国境内的企业和其他取得收入的组织（个人独资企业、合伙企业适用个人所得税），企业所得税的纳税人分为居民企业和非居民企业。不同的企业在向中国政府缴纳所得税时，纳税义务不同。

（一）居民企业

居民企业是指依法在中国境内成立，或者依照外国（地区）法律成立但实际管理机构在中国境内的企业。居民企业承担全面纳税义务，就来源于中国境内、境外的全部所得纳税。具体包括两类：

1. 依法在中国境内成立的企业，包括依照中国法律、行政法规在中国境内成立的企业、事业单位、社会团体以及取得收入的其他组织。

2. 依照外国（地区）法律成立的企业但实际管理机构在中国境内的企业和其他取得收入的组织。实际管理机构是指对企业的生产经营、人员、财务、财产等实施实质性全面管

理和控制的机构。对于实际管理机构的判断，应当遵循实质重于形式的原则。

（二）非居民企业

非居民企业是指依照外国（地区）法律成立且实际管理机构不在中国境内，但在中国境内设立机构、场所的，或者在中国境内未设立机构、场所，但有来源于中国境内所得的企业。

非居民企业承担有限纳税义务，应当就其来源于中国境内的所得缴纳企业所得税。

三、企业所得税征税对象

企业所得税的征税对象是纳税人（包括居民企业和非居民企业）所取得的生产经营所得和其他所得。包括居民企业来源于境内和境外的各项所得，以及非居民企业来源于境内的应税所得。

（一）居民企业的征税对象

居民企业应当就其来源于中国境内、境外的所得缴纳企业所得税。包括销售货物所得、提供劳务所得、转让财产所得、股息红利等权益性投资所得、利息所得、租金所得、特许权适用费所得、接受捐赠所得和其他所得。

（二）非居民企业的征税对象

非居民企业在中国境内设立机构、场所的，应当就其所设机构、场所的来源于中国境内的所得，以及发生在中国境外但与其所设机构、场所有实际联系的所得，缴纳企业所得税。

非居民企业在中国境内未设立机构、场所的，或者虽设立机构、场所但取得的所得与其所设机构、场所没有实际联系的，应当就其来源于中国境内的所得缴纳企业所得税。实际联系，是指非居民企业在中国境内设立的机构、场所拥有的据以取得所得的股权、债权，以及拥有、管理、控制据以取得所得的财产等。

来源于中国境内、境外的所得，按照以下原则确定：

（1）销售货物所得，按照交易活动发生地确定。

（2）提供劳务所得，按照劳务发生地确定。

（3）转让财产所得。不动产转让所得按照不动产所在地确定；动产转让所得按照转让动产的企业或者机构、场所所在地确定；权益性投资资产转让所得按照被投资企业所在地确定。

（4）股息、红利等权益性投资所得，按照分配所得的企业所在地确定。

（5）利息所得、租金所得、特许权使用费所得，按照负担、支付所得的企业或者机构、场所所在地确定，或者按照负担、支付所得的个人的住所地确定。

（6）其他所得，由国务院财政、税务主管部门确定。

四、企业所得税税率

企业所得税实行比例税率，现行规定是：

（一）**基本税率为25%**

适用于居民企业以及在中国境内设有机构、场所且取得的所得与机构、场所有实际联系的非居民企业。

（二）**低税率为20%**

适用于在中国境内未设立机构、场所的，或者虽设立机构、场所但取得的所得与其所设机构、场所没有实际联系的非居民企业。但实际征税时，该所得减按 10%的税率征收。

五、企业所得税的税收优惠

税收优惠，是国家根据国民经济和社会发展的需要，运用税收政策对特殊经营活动或者特定纳税人给予减轻或免除税收负担的一种鼓励措施。税收优惠方式主要包括免税收入、免征减征优惠、低税率优惠、加计扣除、创业投资企业优惠、减计收入、抵免应纳税额、加速折旧、民族自治地方企业优惠。

企业同时从事适用不同企业所得税待遇的项目的，其优惠项目应当单独计算所得，并合理分摊企业的期间费用；没有单独计算的，不得享受企业所得税优惠。

（一）**免税收入**

1. 国债利息收入，即企业持有国务院财政部门发行的国债取得利息收入。

2. 符合条件的居民企业之间的股息、红利等权益性投资收益，即居民企业直接投资于其他居民企业取得的投资收益，不包括连续持有居民企业公开发行并上市流通的股票不足 12 个月取得的投资收益。

3. 在中国境内设立机构、场所的非居民企业从居民企业取得与该机构、场所有实际联系的股息、红利等权益性投资收益。

4. 符合条件的非营利组织的收入。

（二）**企业所得税免征、减征优惠**

企业从事下列项目的所得，可以免征、减征企业所得税：

1. 从事农、林、牧、渔业项目的所得，包括免征和减征两部分，其中减半征收的项目有：

① 花卉、茶及其他饮料作物和香料作物的种植；

② 海水养殖、内陆养殖。

2. 从事国家重点扶持的《公共基础设施项目企业所得税优惠目录》规定的港口码头、机场、铁路、公路、城市公共交通、电力、水利等项目投资经营的所得，自项目取得第一笔生产经营收入所属纳税年度起，第 1 年至第 3 年免征企业所得税，第 4 年至第 6 年减半征收企业所得税。企业承包经营、承包建设和内部自建自用上述项目，不得享受上述企业所得税优惠。

3. 从事符合条件的环境保护、节能节水项目的所得，自项目取得第一笔生产经营收入所属纳税年度起，第 1 年至第 3 年免征企业所得税，第 4 年至第 6 年减半征收企业所得税。享受该减免税优惠的项目，在减免税期限内转让的，受让方自受让之日起，可以在剩余期限内享受规定的减免税优惠；减免税期限届满后转让的，受让方不得就该项目重复享受减免税优惠。

4. 符合条件的技术转让所得，指居民企业转让技术的年所得不超过 500 万元的部分，免征企业所得税；超过 500 万元的部分，减半征收企业所得税。

（三）低税率优惠

1. 符合条件的小型微利企业减按 20%的税率征收企业所得税。小型微利企业，是指从事国家非限制和禁止行业，并符合下列条件的企业：

（1）工业企业，年度应纳税所得额不超过 30 万元，从业人数不超过 100 人，资产总额不超过 3 000 万元；

（2）其他企业，年度应纳税所得额不超过 30 万元，从业人数不超过 80 人，资产总额不超过 1 000 万元。

2. 国家需要重点扶持的高新技术企业，减按 15%的税率征收企业所得税。

（四）企业所得税加计扣除

企业的下列支出，可以在计算应纳税所得额时加计扣除：

1. 企业为开发新技术、新产品、新工艺发生的研究开发费用，未形成无形资产计入当期损益的，在按照规定据实扣除的基础上，按照研究开发费用的 75%加计扣除；形成无形资产的，按照无形资产成本的 175%摊销。

2. 企业安置残疾人员的，在按照支付给残疾职工工资据实扣除的基础上，按照支付给残疾职工工资的 100%加计扣除。残疾人员的范围适用《中华人民共和国残疾人保障法》的有关规定。

（五）创业投资企业优惠

创业投资企业采取股权投资方式投资于未上市的中小高新技术企业 2 年以上的，可以按照其投资额的 70%在股权持有满 2 年的当年抵扣该创业投资企业的应纳税所得额；当年不足抵扣的，可以在以后纳税年度结转抵扣。

（六）减计收入

企业以《资源综合利用企业所得税优惠目录》规定的资源作为主要原材料，生产国家非限制和禁止并符合国家和行业相关标准的产品取得的收入，减按 90%计入收入总额。

（七）抵免应纳税额

企业购置并实际使用《环境保护专用设备企业所得税优惠目录》《节能节水专用设备企业所得税优惠目录》和《安全生产专用设备企业所得税优惠目录》规定的环境保护、节能节水、安全生产等专用设备的，该专用设备的投资额的 10%可以从企业当年的应纳税额中抵免；当年不足抵免的，可以在以后 5 个纳税年度结转抵免。

（八）加速折旧

下列固定资产可以采取缩短折旧年限或者采取加速折旧的方法：

1. 由于技术进步，产品更新换代较快的固定资产；

2. 常年处于强震动、高腐蚀状态的固定资产。

采取缩短折旧年限方法的，最低折旧年限不得低于税法规定折旧年限的 60%；采取加速折旧方法的，可以采取双倍余额递减法或者年数总和法。

（九）民族自治地方企业优惠

民资自治地方的自治机关对本民族自治地方的企业应缴纳的企业所得税中属于地方共享的部分，可以决定减征或者免征。自治州、自治县决定减免或者减征的，须报省、自治区、直辖市人民政府批准。但对民族自治地方内国家限制和禁止行业的企业，不得减征或者免征企业所得税。

任务二　掌握企业所得税的计算

企业所得税的应纳税所得额，即企业每一纳税年度的收入总额，减去不征税收入、免税收入、各项扣除以及允许弥补的以前年度亏损后的余额。基本公式为：

应纳税所得额=收入总额-不征税收入-免税收入-各项扣除-允许弥补的以前年度亏损

纳税人在计算应纳税所得额时，按照税法规定计算出的应纳税所得额与企业依据会计准则、会计制度计算的会计利润，往往是不一致的，应当按照税法的规定进行必要的调整。因此：

应纳税所得额=会计利润±纳税调整项目

一、收入总额

企业以货币形式和非货币形式从各种来源取得的收入，为收入总额。包括：销售货物收入，提供劳务收入，转让财产收入，股息、红利等权益性投资收益，利息收入，租金收入，特许权使用费收入，接受捐赠收入以及其他收入。

企业取得货币形式的收入包括现金、存款、应收账款、应收票据、准备持有至到期投资的债券投资以及债务的豁免等。企业取得的非货币形式的收入包括固定资产、生物资产、无形资产、股权投资、存货、不准备持有至到期的债券投资、劳务以及有关权益等。企业以非货币性形式取得的收入，应当按照公允价值确定收入额。

（一）一般收入总额的确认

1. 销售货物收入，是指企业销售商品、产品、原材料、包装物、低值易耗品以及其他存货取得的收入。

2. 提供劳务收入，是指企业从事建筑安装、交通运输、仓储、邮政、信息传输、计算机服务、住宿、金融、商务服务、科学研究、技术服务、地质勘查、水利管理、环境管理、公共设施管理、居民服务、教育、卫生、社会保障、社会福利、文化、体育、娱乐和其他劳务服务活动取得的收入。

3. 转让财产所得，是指企业转让固定资产、生物资产、无形资产、股权、债权等财产取得的收入。

4. 股息、红利等权益性投资收益，是指企业因权益性投资从被投资方取得的收入。股息、红利等权益性投资收益，除国务院财政、税务主管部门另有规定外，按照被投资方做出利润分配决定的日期确定收入的实现。

5. 利息收入，是指企业将资金提供给他人使用但不构成权益性投资，或者因他人占用本企业资金取得的收入，包括存款利息、贷款利息、债券利息、欠款利息等收入。利息收入按照合同约定的债务人应付利息的日期确认收入的实现。

6. 租金收入，是指企业提供固定资产、包装物或者其他有形资产的使用权取得的收入。租金收入按照合同约定的承租人应付租金的日期确认收入的实现。

7. 特许权使用费收入，是指企业提供专利权、非专利技术、商标权、著作权以及其他特许权的使用权取得的收入。特许权使用费收入按照合同约定的特许权使用人应付特许权使用费的日期确认收入的实现。

8. 接受捐赠收入，是指企业接受的来自其他企业、组织或者个人无偿给予的货币性、非货币性资产。接受捐赠收入按照实际收到捐赠资产的日期确认收入的实现。

9. 其他收入，是指企业取得的除以上收入外的其他收入，包括企业资产溢余收入、逾期未退包装物押金收入、确实无法偿付的应付款项、已作为坏账损失处理后又收回的应收款项、债务重组收入、补贴收入、违约金收入、汇兑收益等。

（二）特殊收入的确认

1. 以分期收款方式销售货物的，按照合同约定的收款日期确认收入的实现。

2. 企业受托加工制造大型机械设备、船舶、飞机，以及从事建筑、安装、装配工程业务或者提供其他劳务等，持续时间超过12个月的，按照纳税年度内完工进度或者完成的工作量确认收入的实现。

3. 采取产品分成方式取得收入的，按照企业分得产品的日期确认收入的实现，其收入额按照产品的公允价值确定。

4. 企业发生非货币性资产交换，以及将货物、财产、劳务用于捐赠、偿债、赞助、集资、广告、样品、职工福利或者利润分配等用途的，应当视同销售货物、转让财产或者提供劳务，但国务院财政、税务主管部门另有规定的除外。

二、不征税收入和免税收入

国家为了扶持和鼓励某些特定的项目，对企业取得的某些收入予以不征税或免税的特殊政策，以促进经济的协调发展。

（一）不征税收入

1. 财政拨款，是指各级人民政府对纳入预算管理的事业单位、社会团体等组织拨付的财政资金，但国务院财政、税务主管部门另有规定的除外。

2. 行政事业性收费，是指依照法律法规等有关规定，按照国务院规定程序批准，在实施公共管理，以及在向公民、法人或者其他组织提供特定公共服务过程中，向特定对象收入并纳入财政管理的费用。

3. 政府性基金，是指企业依照法律、行政法规等有关规定，代政府收取的具有专项用途的财政资金。

4. 国务院规定的其他不征税收入，是指企业取得的，由国务院财政、税务主管部门规定专项用途并经国务院批准的财政性资金。

（二）免税收入

1. 国债利息收入，即企业持有国务院财政部门发行的国债所取得的利息收入。

2. 符合条件的居民企业之间的股息、红利等权益性投资收益，即居民企业直接投资其他居民企业取得的投资收益，不包括连续持有居民企业公开发行并上市流通的股票不足 12 个月取得的投资收益。

3. 在中国境内设立机构、场所的非居民企业从居民企业取得与该机构、场所有实际联系的股息、红利等权益性投资收益。

4. 符合条件的非营利组织的收入，具体包括接受其他单位或者个人捐赠的收入以及财政拨款以外的其他政府补助收入，但不包括因政府购买服务而取得的收入。

5. 对企业取得的 2009 年及以后年度发行的地方政府债券利息所得，免征企业所得税。

三、税前允许扣除项目及其标准

在计算应纳税所得额时允许从收入额中扣除的项目，是指企业实际发生的与取得收入有关的、合理的支出，包括成本、费用、税金、损失和其他支出。

（一）工资、薪金支出

企业发生的合理的工资、薪金支出准予据实扣除。工资、薪金支出是企业每一纳税年度支付给本企业任职或与其有雇佣关系的员工的所有现金或非现金形式的劳动报酬，包括基本工资、薪金、津贴、补贴、年终加薪、加班工资，以及与任职或者受雇有关的其他支出。

（二）职工福利费、工会经费、职工教育经费

企业发生的职工福利费、工会经费、职工教育经费按标准扣除，未超过标准的按实际数扣除，超过标准的只能按标准扣除。

1. 企业发生的职工福利费，不超过工资、薪金总额 14%的部分准予扣除。

2. 企业拨缴的工会经费，不超过工资、薪金总额 2%的部分准予扣除。

3. 除国务院财政、税务主管部门另有规定外，企业发生的职工教育经费支出，不超过工资、薪金总额 8%的部分，准予扣除；超过部分，准予结转以后纳税年度扣除。

（三）社会保险费

1. 企业依照国务院有关主管部门或者省级人民政府规定的范围和标准为职工缴纳的基本养老保险、基本医疗保险、失业保险费、工伤保险费、生育保险费等基本社会保险和住房公积金，准予扣除。

2. 企业为投资者或者职工支付的补充养老保险费、补充医疗保险费，分别在不超过职工工资总额 5%标准内的部分，在计算应纳税所得额时准予扣除；超过的部分，不予扣除。

3. 企业参加财产保险，按照规定缴纳的保险费，准予扣除。

除企业依照国家有关规定为特殊工种支付的人身安全保险费和国务院财政、税务主管部门规定可以扣除的其他商业保险费外，企业为投资者或者职工支付的商业保险费，不得扣除。

（四）利息费用

企业在生产、经营活动中发生的利息费用，按下列规定扣除：

1. 非金融企业向金融企业借款的利息支出、金融企业的各项存款利息支出和同业拆借利息支出、企业经批准发行债券的利息支出可据实扣除。

2. 非金融企业向非金融企业借款的利息支出，不超过按照金融企业同期同类贷款利率计算的数额的部分可据实扣除，超过部分不许扣除。

3. 企业向内部职工或其他人员借款的利息支出，其借款情况同时符合规定条件的，其利息支出在不超过金融企业同期贷款利率计算的数额的部分，准予扣除。

案例 4-1：某居民企业 2017 年度会计利润总额为 40 万元。记入“财务费用”科目的有：向银行借入资金 200 万元，借用期限 6 个月，支付借款利息 5 万元，银行的贷款利率为年利率 5%，经过批准向本企业职工借入生产用资金 60 万元，借款期限为 10 个月，支付借款利息 4 万元。假定没有其他纳税调整事项。

2017 年可税前扣除职工借款利息$=60\times5\%\times\frac{10}{12}=2.5$（万元）

2017 年应纳所得税$=[40+(4-2.5)]\times25\%=10.375$（万元）

（五）借款费用

1. 企业在生产经营活动中发生的合理的不需要资本化的借款费用，准予扣除。

2. 企业为购置、建造固定资产、无形资产和经过 12 个月以上的建造才能达到预定可销售状态的存货发生借款的，在有关资产购置、建造期间发生的合理的借款费用，应予以资本化，作为资本性支出计入有关资产的成本；有关资产交付使用后发生的借款利息，可在发生当期扣除。

（六）汇兑损失

企业在货币交易中，以及纳税年度终了时将人民币以外的货币性资产、负债按照期末即期人民币汇率中间价折算为人民币时产生的汇兑损失，除已经计入有关资产成本以及与向所有者进行利润分配相关的部分外，准予扣除。

（七）业务招待费

1. 企业发生的与生产经营活动有关的业务招待费支出，按照发生额的 60%扣除，但最高不得超过当年销售（营业）收入的 5‰，超过部分不得在以后年度结转扣除。

2. 企业在筹建期间，发生的与筹办活动有关的业务招待费支出，可按实际发生额的 60%计入企业筹办费，并按有关规定在税前扣除。

3. 对从事股权投资业务的企业（包括集团公司总部、创业投资企业等），其从被投资企业所分配的股息、红利以及股权转让收入，可以按规定的比例计算业务招待费扣除限额。

案例 4-2：甲公司 2017 年度销售（营业）收入 2 000 万元，当年实际发生的招待费支出假设以下两种情况：

（1）如果当年记入“管理费用——业务招待费”科目 40 万元，招待费的扣除标准$=40\times60\%=24$（万元）；由于销售收入的扣除标准 10 万元（2 000×5‰）小于招待费的扣除标准 24 万元，所以税前可扣除 10 万元。

（2）如果当年记入“管理费用——业务招待费”科目 15 万元，招待费的扣除标准=15×60%=9（万元）；由于销售收入的扣除标准 10 万元（2 000×5‰）大于招待费的扣除标准 9 万元，所以税前可扣除 9 万元。

（八）广告费和业务宣传费

1. 企业发生的符合条件的广告费和业务宣传费支出，除国务院财政、税务主管部门另有规定外，不超过当年销售（营业）收入 15%的部分，准予扣除；超过部分，准予结转以后纳税年度扣除。

2. 对化妆品制造或销售、医药制造和饮料制造（不含酒类制造）企业发生的广告费和业务宣传费支出，不超过当年销售（营业）收入 30%的部分，准予扣除；超过部分，准予在以后纳税年度结转扣除。

3. 企业在筹建期间发生的广告费和业务宣传费，可按实际发生额计入企业筹办费，并按有关规定在税前扣除。

4. 烟草企业的烟草广告费和业务宣传费支出，一律不得在计算应纳税所得额时扣除。

（九）环境保护专项资金

企业依照法律、行政法规有关规定提取的用于环境保护、生态恢复等方面的专项资金，准予扣除。上述专项资金提取后改变用途的，不得扣除。

（十）租赁费

1. 企业以经营租赁方式租入固定资产发生的租赁费支出，按照租赁期限均匀扣除。

2. 企业以融资租赁方式租入固定资产发生的租赁费支出，按照规定构成融资租入固定资产价值的部分应当提取折旧费用，分期扣除。

（十一）劳动保护费

企业发生的合理的劳动保护支出，准予扣除。

（十二）捐赠支出

1. 公益性捐赠支出，不超过年度利润总额 12%的部分，准予扣除；超过年度利润总额 12%的部分，准予以后三年内在计算应纳税所得额时结转扣除。其中，公益性捐赠是指企业通过公益性社会团体或者县级（含县级）以上人民政府及其部门，用于《中华人民共和国公益事业捐赠法》规定的公益事业的捐赠。年度利润总额是指企业依照国家统一会计准则的规定计算的年度会计利润。

企业在对公益性捐赠支出计算扣除时，应先扣除以前年度结转的捐赠支出，再扣除当年发生的捐赠支出。

2. 非公益性捐赠，包括纳税人向受赠人的直接捐赠不允许扣除。

（十三）有关资产的费用

1. 企业转让各类固定资产发生的费用，准予扣除。

2. 企业按税法规定计算的固定资产折旧费、无形资产和递延资产的摊销费，准予扣除。

（十四）总机构分摊的费用

非居民企业在中国境内设立的机构、场所，就其中国境外总机构发生的与该机构、场所生产经营有关的费用，能够提供总机构出具的费用汇集范围、定额、分配依据和方法等证明文件，并合理分摊的，准予扣除。

（十五）资产损失

1. 企业当期发生的固定资产和流动资产盘亏、损毁净损失，由其提供清查盘存资料经主管税务机关审核后，准予扣除。

2. 企业因存货盘亏、损毁、报废等原因不得从销项税额抵扣的进项税额，应视同企业财产损失，准予与存货损失一起在所得税前按规定扣除。

（十六）其他项目

准予扣除的其他项目包括会员费、合理的会议费、差旅费、违约金、诉讼费用等。

主要扣除标准的项目如表4–1 所示：

表4-1　主要扣除标准项目表

项　　目	准予扣除标准	超标准处理
职工福利费	不超过工资、薪金总额14%的部分	不得扣除
工会经费	不超过工资、薪金总额2%的部分	不得扣除
职工教育经费	不超过工资、薪金总额8%的部分	当年不得扣除，超过部分准予结转以后纳税年度扣除
利息费用	不超过按照金融企业同期同类贷款利率计算的利息	不得扣除
业务招待费	按照发生的60%扣除，但最高不得超过当年销售（营业）收入的5‰	不得扣除
广告费和业务宣传费	不超过当年销售（营业）收入15%的部分	当年不得扣除，超过部分准予结转以后纳税年度扣除
公益性捐赠支出	不超过年度利润总额12%的部分	当年不得扣除，超过部分准予结转以后三年内扣除

四、不得扣除的项目

在计算应纳税所得额时，下列支出不得扣除：

1. 向投资者支付的股息、红利等权益性投资收益款项。

2. 企业所得税税款。

3. 税收滞纳金，是指纳税人违反税收法规，被税务机关处以的滞纳金。

4. 罚金、罚款和被没收财物的损失，是指纳税人违反国家有关法律、法规规定，被有关部门处以的罚款，以及被司法机关处以的罚金和被没收财物。

5. 超过标准的捐赠支出。

6. 赞助支出，是指企业发生的与生产经营活动无关的各种非广告性质支出。

7. 未经核定的准备金支出，是指不符合国务院财政、税务主管部门规定的各项资产减值准备、风险准备等准备金支出。

8. 企业之间支付的管理费、企业内营业机构之间支付的租金和特许权使用费，以及非银行企业内营业机构之间支付的利息，不得扣除。

9. 与取得收入无关的其他支出。

五、亏损弥补

1.亏损是指企业按照《企业所得税法》及其暂行条例的规定，将每一纳税年度的收入总额减除不征税收入、免税收入和各项扣除后小于0的数额。税法规定，企业某一纳税年度发生的亏损可以用下一年度的所得弥补，下一年度的所得不足以弥补的，可以逐年延续弥补，但最长不得超过5年。而且，企业在汇总计算缴纳企业所得税时，其境外营业机构的亏损不得抵减境内营业机构的盈利。

案例 4-3：某企业于2012年成立，2012—2018年的盈亏情况（未弥补亏损前）如表4-2所示，该企业适用的企业所得税税率为25%。

表 4-2 2012—2018 年盈亏情况表

单位：万元

年　度	2012 年	2013 年	2014 年	2015 年	2016 年	2017 年	2018 年
盈　亏	−120	−50	10	30	30	40	70

企业2012年的亏损至2017年（第5年）依然没有弥补完，应停止弥补。2013年的亏损可以弥补至2018年。由于2014—2017年的所得已全部弥补2012年的亏损，所以只有2018年的所得可以弥补2013年的亏损，且50万元均可弥补，因此企业2018年应纳税所得额=70-50=20（万元）

2. 自2018年1月1日起，当年具备高新技术企业或科技型中小企业资格（以下统称资格）的企业，其具备资格年度之前5个年度发生的尚未弥补完的亏损，准予结转以后年度弥补，最长结转年限由5年延长至10年。

3. 企业筹办期间不计算为亏损年度，企业自开始生产经营的年度，为开始计算企业损益的年度。企业从事生产经营之前进行筹办活动期间发生筹办费用支出，不得计算为当期的亏损，企业可以在开始经营之日的当年一次性扣除，也可以按照新税法有关长期待摊费用的处理规定处理，但一经选定，不得改变。

六、应纳税额的计算

（一）居民企业应纳税额的计算

居民企业应纳税额等于应纳税所得额乘以适用税率，基本计算公式为：

应纳税额=应纳税所得额×适用税率-减免税额-抵免税额

根据计算公式可以看出，应纳税额主要取决于应纳税所得额和适用税率两个因素。在实际计算过程中，应纳税所得额的计算一般有直接计算法和间接计算法两种方法。

1. 直接计算法

在直接计算法下，企业每一纳税年度的收入总额减除不征税收入、免税收入、各项扣除以及允许弥补的以前年度亏损后的余额为应纳税所得额。计算公式与前述相同，即为：

应纳税所得额=收入总额-不征税收入-免税收入-各项扣除-允许弥补的以前年度亏损

2. 间接计算法

在间接计算法下，是在会计利润总额的基础上加或减按税法规定调整的项目金额后，即为应纳税所得额。计算公式为：

应纳税所得额=会计利润总额±纳税调整项目金额

纳税调整项目金额包括两个内容，一是企业的财务会计处理和税收规定不一致的应予调整的金额；二是企业按税法规定准予扣除的税收金额。

案例 4-4：某企业为居民企业，2018 年发生经营业务如下：①取得销售收入 4 000 万元；②销售成本 2 600 万元；③发生销售费用 770 万元（其中广告费 650 万元）；管理费用 480 万元（其中业务招待费 25 万元，新技术开发费用 40 万元）；财务费用 60 万元；④销售税金 160 万元（含增值税 120 万元）；⑤营业外收入 80 万元、营业外支出 50 万元（含通过公益性社会团体向贫困山区捐赠 30 万元、支付税收滞纳金 6 万元）；⑥计入成本、费用中的实发工资总额 200 万元、拨缴职工工会经费 5 万元、发生职工福利费 31 万元和职工教育经费 25 万元。

要求：计算该企业 2018 年度实际应缴的企业所得税。

（1）会计利润总额=4 000+80−2 600−770−480−60−40−50=80（万元）

（2）广告费和业务宣传费调增所得税=650−4 000×15%=50（万元）

（3）因 4 000×5‰=20（万元）>25×60%=15（万元），因此扣除上限为 15 万元。

业务招待费调增所得额=25−25×60%=10（万元）

（4）新技术开发费用应调减所得额=40×75%=30（万元）

（5）捐赠支出应调增所得额=30−800×12%=20.4（万元）

（6）工会经费应调增所得税=5−200×2%=1（万元）

（7）职工福利费调增所得税=31−200×14%=3（万元）

（8）职工教育经费调增所得税=25−200×8%=9（万元）

（9）应纳税所得额=80+50+10−30+20.4+6+1+3+9=149.4（万元）

（7）2018 年度应缴企业所得税=149.4×25%=37.35（万元）

（二）境外所得抵免税额的计算

1. 基本政策

企业取得的下列所得已在境外缴纳的所得税税额，可以从其当期应纳税额中抵免，抵免限额为该项所得依照税法规定计算的应纳税额；超过抵免限额的部分，可以在以后 5 个年度内，用每年度抵免当年应抵免税额后的余额进行抵补：

（1）居民企业来源于中国境外的应税所得。

（2）非居民企业在中国境内设立机构、场所，取得发生在中国境外但与该机构、场所没有实际联系的应税所得。

（3）居民企业从直接或者间接控制的外国企业分得的来源于中国境外的股息、红利等权益性投资收益，外国企业在境外实际缴纳的所得税税额中属于该项所得负担的部分，可以作为该居民企业的可抵免所得税税额，在企业所得税法规定的抵免限额内抵免。

企业按照税法规定抵免企业所得税税额时，应当提供中国境外税务机关出具的税款所属年度的有关纳税凭证。

2. 抵免限额的计算

抵免限额，是指企业来源于中国境外的所得，依照企业所得税法和企业所得税实施条例的规定计算的应纳税额。除国务院财政、税务主管部门另有规定外，该抵免限额应当分国（地区）不分项计算，计算公式如下：

抵免限额=中国境内、境外所得依照企业所得税法和企业所得税实施条例的规定计算的应纳税总额×来源于某国（地区）的应纳税所得额÷中国境内、境外应纳税所得总额

（1）公式中的应纳税所得额是税前利润，若从国外分回的是税后利润，需换算为税前利润，换算方法如下：

应纳税所得额=(分回利润+国外已纳税款）

或=分回利润÷(1-某外国所得税税率）

（2）公式中计算应纳税总额时的税率均为25%法定税率，抵免限额的计算是分国不分项。抵免限额=来源于某国（地区）的应纳税所得额×25%。如果抵免限额小于实纳税额，扣除抵免限额；如果抵免限额大于实纳税额，则将国外的已纳税额全部扣除。

案例 4-5：某企业应纳税所得额为 100 万元，适用 25%的企业所得税税率。另外，该企业分别在 A、B 两国已设有分支机构（我国与 A、B 两国签订避免双重征税协定），在 A、B 两国分支机构的所得额分别为 50 万元和 30 万元，A、B 两国的税率分别为 30%和 20%。计算该企业当年在中国应缴纳企业所得税税额。

境内、境外所得按税法计算的应纳税总额=(100+50+30)×25%=45（万元）

A 国已纳税款=50×30%=15（万元）

A 国抵免限额=45×[50÷(100+50+30)]=12.5（万元）

A 国已纳税款 15 万元＞允许抵免限额 12.5 万元，因此只能扣除 12.5 万元，超出的 2.5 万元当年不允许扣除。

B 国已纳税款=30×20%=6（万元）

B 国抵免限额=45×[30÷(100+50+30)]=7.5（万元）

B 国已纳税款 6 万元＜允许抵免限额 7.5 万元，因此 B 国已纳税款可以全额扣除。

该企业当年在中国应缴纳企业所得税税额=45-12.5-6=26.5（万元）

（三）居民企业核定征收应纳税额的计算

1. 居民企业核定征收的范围

居民企业纳税人具有下列情形之一的，核定征收企业所得税：

（1）依照法律、行政法规的规定可以不设置账簿的；

（2）依照法律、行政法规的规定应当设置但未设置账簿的；

（3）擅自销毁账簿或者拒不提供纳税资料的；

（4）虽设置账簿，但账目混乱或者成本资料、收入凭证、费用凭证残缺不全，难以查账的；

（5）发生纳税义务，未按规定期限申报，税务机关责令限期申报，逾期不申报的；

（6）申报计税依据明显偏低，又无正当理由的。

特殊行业、特殊类型的纳税人和一定规模以上的纳税人不适用上述办法。

2. 核定征收的办法

税务机关根据纳税人的实际情况，对核定征收企业所得税的纳税人，核定应税所得率或者核定应纳所得税额。

（1）具有下列情形之一的，核定其应税所得率：

① 能正确核算（查实）收入总额，但不能正确核算（查实）成本费用总额的；

② 能正确核算（查实）成本费用总额，但不能正确核算（查实）收入总额的；

③ 通过合理方法，能计算和推定纳税人收入总额或成本费用总额的。

纳税人不属于以上情形的，核定其应纳所得税额。

（2）税务机关采用下列方法核定征收企业所得税：

① 参照当地同类行业或者类似行业中经营规模和收入水平相近的纳税人的税负水平核定；

② 按照应税收入额或成本费用支出额定率核定；

③ 按照耗用的原材料、燃料、动力等推算或测算核定；

④ 按照其他合理方法核定。

采用上述所列一种方法不足以正确核定应纳税所得额或应纳税额的，可以同时采用两种以上的方法核定。采用两种以上方法测算的应纳税额不一致时，可按测算的应纳税额从高核定。

采用应税所得率方式核定征收企业所得税的，应纳所得税额计算公式如下：

应纳所得税额=应纳税所得额×适用税率

应纳税所得额=应税收入额×应税所得率

或：

应纳税所得额=成本(费用)支出额/(1−应税所得率)×应税所得率

实行应税所得率方式核定征收企业所得税的纳税人，经营多业的，无论其经营项目是否单独核算，均由税务机关根据其主营项目确定适用的应税所得率。

案例 4-6：某小型企业 2017 年向其主管税务机关申报收入 150 万元，成本、费用及销售税金共计 180 万元，全年亏损 20 万元。经审核成本、费用真实，收入无法核准。当地税务机关确定的应纳税所得率为 20%。

应纳税额=180÷(1−20%)×20%×25%=11.25（万元）

（四）非居民企业应纳税额的计算

按照国际上的通行做法，我国目前与其他国家签订的税收协定中也遵循了国际惯例。对于在中国境内未设立机构、场所的，或者虽设立机构、场所的但取得所得与其所设立机构、场所没有实际联系的非居民企业的所得，按照下列方法计算应纳税所得额。

1. 股息、红利等权益性投资收益和利息、租金、特许权使用费所得。以收入全额为应纳税所得额，收入全额是指非居民企业向支付人收入的全部价款和价外费用，一般不扣除任何成本费用。

2. 转让财产所得。以收入全额减去财产净值后的余额为应纳税所得额，其中财产净值是指财产的计税基础减除已经按照规定扣除的折旧、摊销、准备金等后的净额。

3. 其他所得。非居民企业还可能因向中国境内的企业或个人提供咨询而从中国境内取得咨询费收入，因向中国境内企业或个人提供境外保险而从中国境内取得保险费收入等，这些收入也按收入全额征收企业所得税。

非居民企业应纳税额的计算公式为：

应纳税额=应纳税所得额×适用税率-抵免税额

任务三 掌握企业所得税的会计处理

一、账户设置

进行所得税会计核算时，需要设置“应交税费——应交企业所得税”“递延所得税资产”“递延所得税负债”“所得税费用”等科目。

（一）“应交税费——应交所得税”科目

用来核算企业应缴未缴的所得税税款。借方登记预缴数或补缴数，贷方登记应缴数。账户贷方余额表示应缴未缴数，借方余额表示多缴数。

（二）“递延所得税资产”科目

1. 资产负债表日，企业确认的递延所得税资产，借记本科目，贷记“所得税费用——递延所得税费用”科目。资产负债表日递延所得税资产的应有余额大于其账面余额的，应按其差额确认，借记本科目，贷记“所得税费用——递延所得税费用”等科目；资产负债表日递延所得税资产的应有余额小于其账面余额的差额做相反的会计分录。

企业合并中取得资产、负债的入账价值与其计税基础不同形成可抵扣暂时性差异的，应于购买日确认递延所得税资产，借记本科目，贷记“商誉”等科目。

与直接计入所有者权益的交易或事项相关的递延所得税资产，借记本科目，贷记“资本公积——其他资本公积”科目。

2. 资产负债表日，预计未来期间很可能无法获得足够的应纳税所得额用以抵扣可抵扣暂时性差异的，按原已确认的递延所得税资产中应减记的金额，借记“所得税费用——递延所得税费用”“资本公积——其他资本公积”等科目，贷记本科目。

（三）“递延所得税负债”科目

递延所得税资产和递延所得税负债是和暂时性差异相对应的，可抵扣暂时性差异是将来可用来抵税的部分，是应该收回的资产，所以对应递延所得税资产；递延所得税负债是由应纳税暂时性差异产生的，对于影响利润的暂时性差异，确认的递延所得税负债应该调整“所得税费用”科目。例如，会计折旧小于税法折旧，导致资产的账面价值大于计税基础，如果产品已经对外销售了，就会影响利润，所以递延所得税负债应该调整当期的所得税费用。

1. 资产负债表日，企业确认的递延所得税负债，借记“所得税费用——递延所得税费用”科目，贷记本科目。资产负债表日递延所得税负债的应有余额大于其账面余额的，应按其差额确认，借记“所得税费用——递延所得税费用”科目，贷记本科目；资产负债表日递延所得税负债的应有余额小于其账面余额的做相反的会计分录。

与直接计入所有者权益的交易或事项相关的递延所得税负债，借记“资本公积——其他资本公积”科目，贷记本科目。

2. 企业合并中取得资产、负债的入账价值与其计税基础不同形成应纳税暂时性差异的，应于购买日确认递延所得税负债，同时调整商誉，借记“商誉”等科目，贷记本科目。

（四）“所得税费用”科目

“所得税费用”科目用来核算企业根据《企业会计准则》确认的应从当期利润总额中扣除的所得税费用。该科目可按“当期所得税费用”“递延所得税费用”明细科目进行核算，借方登记计算出的所得税费用，贷方登记期末转入“本年利润”科目的所得税费用，结转后该科目无余额。

二、企业所得税的会计处理

（一）递延所得税负债的确认及会计处理

企业应将当期和以前期间应缴未缴的所得税确认为负债。当企业资产账面价值大于其计税基础或者负债的账面价值小于其计税基础，从而产生应纳税暂时性差异的，企业应将其确认为负债，作为递延所得税负债加以处理。

（二）递延所得税资产的确认及会计处理

企业将已支付的所得税超过应支付的部分确认为资产。当企业资产的账面价值小于其计税基础或者负债的账面价值大于其计税基础，从而产生可抵扣的暂时性差异时，企业应将其确认为资产，作为递延所得税资产加以处理。

（三）所得税费用的确认及会计处理

在资产负债表债务法下，利润表中的“所得税费用”包括当期所得税和递延所得税两个部分。企业因确认递延所得税资产和递延所得税负债产生的递延所得税，一般应记入“所得税费用”，但有两种情况除外：

1. 某项交易或事项按照会计准则规定应计入所有者权益的，由该交易或事项产生的递延所得税资产或递延所得税负债及其变化也应计入所有者权益，对利润表中的所得税费用不产生影响；

2. 企业合并中取得的资产、负债，与之相关的递延所得税的确认影响合并中产生的商誉或计入当期损益的金额，也不影响所得税费用。

案例 4-7：某公司 2018 年度会计利润总额为 1 500 万元，该公司适用的所得税税率为 25%。递延所得税资产的期初余额为 25 万元，递延所得税负债的期初余额为 50 万元。在本年度发生的交易事项中，会计处理与税收处理存在差异的有 5 项：

（1）本年度 1 月开始计提折旧的一项固定资产，成本为 600 万元，使用年限 5 年，净残值为 0。会计上按双倍余额递减法计提折旧，税法规定按直线法计提折旧。税法规定的使用年限及净残值与会计规定相同。

（2）期末存货的账面余额为 3 000 万元，对持有的存货计提了 50 万元的存货跌价准备，未经核定。

（3）取得作为交易性金融资产核算的股票投资成本为 500 万元，12 月 31 日公允价值为 900 万元。

（4）向关联企业捐赠现金 100 万元。

（5）违反有关规定应支付罚款 20 万元。

要求：做出所得税会计的账务处理。

解析：2014 年资产负债表日

（1）固定资产的账面价值=600−600×2÷5=360（万元）

固定资产的计税基础=600−600÷5=480（万元）

固定资产形成的可抵扣暂时性差异=480−360=120（万元）

（2）存货的账面价值=3 000−50=2 950（万元）

存货的计税基础=3 000（万元）

存货形成的可抵扣暂时性差异=3 000−2 950=50（万元）

（3）交易性金融资产的账面价值=900（万元）

交易性金融资产的计税基础=500（万元）

交易性金融资产形成的应纳税暂时性差异=900−500=400（万元）

（4）向关联企业捐赠现金和违反规定应支付的罚款，税法规定不允许税前扣除，因此不存在暂时性差异。

（5）确认当期递延所得税资产和递延所得税负债。

期末递延所得税资产=可抵扣暂时性差异×所得税税率

= (120+50)×25%=42.5（万元）

本期递延所得税资产调整额=递延所得税资产期末余额−递延所得税资产期初余额

=42.5−25=17.5（万元）

期末递延所得税负债=应纳税暂时性差异×所得税税率

=400×25%=100（万元）

本期递延所得税负债调整额=递延所得税负债期末余额−递延所得税负债期初余额

=100−50=50（万元）

递延所得税=50−17.5=32.5（万元）

（6）计算 2018 年应缴所得税。税法规定，以公允价值计量且其变动计入当期损益的金融资产持有期间市价变动不计入应纳税所得额，企业向关联方的捐赠、罚款、未经核定的准备金支出不允许税前扣除。

应纳税所得额=1 500+120+50−400+100+20=1 390（万元）

本期应缴所得税=1 390×25%=347.5（万元）

（7）利润表中应确认的所得税费用=347.5+32.5=380（万元）

确认所得税费用的账务处理如下：

借：所得税费用	3 800 000	
递延所得税资产	175 000	
贷：应交税费——应交企业所得税		475 000
递延所得税负债		500 000

任务四　熟悉企业所得税的纳税申报

一、纳税期限

1. 企业所得税按年计征，按月或按季预缴，年终汇算清缴，多退少补。

2. 企业所得税的纳税年度，自公历1月1日起至12月31日止。企业在一个纳税年度的中间开业，或者由于合并、关闭等原因终止经营活动，使该纳税年度的实际经营期不足12个月的，应当以其实际经营期为1个纳税年度。

3. 按月或按季预缴税款的，应当自月份或者季度终了之日起15日内，向税务机关报送预缴企业所得税纳税申报表，预缴税款。企业应当自年度终了之日起5个月内，向税务机关报送年度企业所得税纳税申报表，并汇算清缴，结清应缴应退税款。

4. 企业在年度终止经营活动的，应当自实际经营终止之日起60日内，向税务机关办理当期企业所得税汇算清缴。

二、纳税地点

（一）居民企业的纳税地点

除税收法律、行政法规另有规定外，居民企业以企业登记注册地为纳税地点；但登记注册地在境外的，以实际管理机构所在地为纳税地点。

（二）非居民企业的纳税地点

非居民企业在中国境内设立机构、场所的，以机构、场所所在地为纳税地点。非居民企业在中国境内设立两个或者两个以上机构、场所的，经税务机关审核批准，可以选择由其主要机构、场所汇总缴纳企业所得税。

在中国境内未设立机构、场所的，或者虽设立机构、场所但取得的所得与其所设机构、场所没有实际联系的非居民企业，以扣缴义务人所在地为纳税地点。

三、企业所得税的纳税申报

企业按月或者按季预缴企业所得税的，应当按照月份或者季度的实际利润额预缴；按月份或者季度的实际利润额预缴有困难的，可以按照上一纳税年度应纳税所得额的月份或者季度平均额预缴，或者按照经税务机关认可的其他方法预缴。预缴方法一经确定，该纳税年度内不得随意变更。

（一）申报内容

企业所得税的纳税申报，主要涉及报送企业所得税纳税申报表，并应当按照规定附送财务会计报告和其他有关资料。

财务报告的编制应按财务会计的要求进行，纳税申报时不需做任何调整。《企业所得税纳税申报表》要求统一格式，以企业会计报表所反映的利润为基础，按照税法的规定进行调整，进而确定应纳税所得额和应纳税额。

依照企业所得税法缴纳的企业所得税，以人民币计算。所得以人民币以外的货币计算的，应当折合成人民币计算并缴纳税款。

（二）企业所得税纳税申报表

1. 企业所得税预缴纳税申报表

（1）《中华人民共和国企业所得税月（季）度预缴纳税申报表》（A 类）适用于实行查账征收方式的居民企业纳税人进行预缴申报。见表 4-3。

（2）《中华人民共和国企业所得税月（季）度预缴和年度纳税申报表》（B 类）适用于实行核定征收方式的居民企业纳税人进行预缴申报。见表 4-4。

2. 企业所得税年度纳税申报表

《中华人民共和国企业所得税年度纳税申报表》（A 类）及其附表，适用于实行查账征收的居民企业纳税人的年度申报，由 1 张主表、11 张附表（分为通用附表和行业附表）组成。主表见表 4-5。

表 4-3 中华人民共和国企业所得税月（季）度预缴纳税申报表（A 类）

税款所属期间：　　年　　月　　日至　　年　　月　　日

纳税人识别号（统一社会信用代码）：　□□□□□□□□□□□□□□□□□□□□

纳税人名称：　　　　　　　　　　　　　　　　　金额单位：人民币元（列至角分）

预缴方式	□ 按照实际利润额预缴	□ 按照上一纳税年度应纳税所得额平均额预缴	□ 按照税务机关确定的其他方法预缴
企业类型	□ 一般企业	□ 跨地区经营汇总纳税企业总机构	□ 跨地区经营汇总纳税企业分支机构
预缴税款计算			
行次	项目		本年累计金额
1	营业收入		
2	营业成本		
3	利润总额		
4	加：特定业务计算的应纳税所得额		
5	减：不征税收入		
6	减：免税收入、减计收入、所得减免等优惠金额（填写 A201010）		
7	减：固定资产加速折旧（扣除）调减额（填写 A201020）		
8	减：弥补以前年度亏损		
9	实际利润额（3+4-5-6-7-8）\ 按照上一纳税年度应纳税所得额平均额确定的应纳税所得额		
10	税率（25%）		
11	应纳所得税额（9×10）		
12	减：减免所得税额（填写 A201030）		
13	减：实际已缴纳所得税额		
14	减：特定业务预缴（征）所得税额		
15	本期应补（退）所得税额（11-12-13-14）\ 税务机关确定的本期应纳所得税额		

（续表）

汇总纳税企业总分机构税款计算			
行次	项目		本年累计金额
16	总机构填报	总机构本期分摊应补（退）所得税额（17+18+19）	
17		其中：总机构分摊应补（退）所得税额（15×总机构分摊比例__%）	
18		财政集中分配应补（退）所得税额（15×财政集中分配比例__%）	
19		总机构具有主体生产经营职能的部门分摊所得税额（15×全部分支机构分摊比例__%×总机构具有主体生产经营职能部门分摊比例__%）	
20	分支机构填报	分支机构本期分摊比例	
21		分支机构本期分摊应补（退）所得税额	
附　报　信　息			
高新技术企业	□ 是　□ 否	科技型中小企业	□ 是　□ 否
技术入股递延纳税事项	□ 是　□ 否		
按　季　度　填　报　信　息			
季初从业人数		季末从业人数	
季初资产总额（万元）		季末资产总额（万元）	
国家限制或禁止行业	□ 是　□ 否	小型微利企业	□ 是　□ 否
谨声明：本纳税申报表是根据国家税收法律法规及相关规定填报的，是真实的、可靠的、完整的。 纳税人（签章）：　　年　月　日			
经办人： 经办人身份证号： 代理机构签章： 代理机构统一社会信用代码：		受理人： 受理税务机关（章）： 受理日期：　年　月　日	
国家税务总局监制			

表 4-4　中华人民共和国企业所得税月（季）度预缴和年度纳税申报表（B 类）

税款所属期间：　　年　　月　　日至　　年　　月　　日

纳税人识别号（统一社会信用代码）：　□□□□□□□□□□□□□□□□□□□□

纳税人名称：　　　　　　　　　　　　　　　　　　　金额单位：人民币元（列至角分）

核定征收方式	□ 核定应税所得率（能核算收入总额的）　□ 核定应税所得率（能核算成本费用总额的） □ 核定应纳所得税额	
行次	项目	本年累计金额
1	收入总额	
2	减：不征税收入	
3	减：免税收入（4+5+8+9）	
4	国债利息收入免征企业所得税	
5	符合条件的居民企业之间的股息、红利等权益性投资收益免征企业所得税	
6	其中：通过沪港通投资且连续持有 H 股满 12 个月取得的股息红利所得免征企业所得税	
7	通过深港通投资且连续持有 H 股满 12 个月取得的股息红利所得免征企业所得税	
8	投资者从证券投资基金分配中取得的收入免征企业所得税	
9	取得的地方政府债券利息收入免征企业所得税	
10	应税收入额（1-2-3）\ 成本费用总额	
11	税务机关核定的应税所得率（%）	
12	应纳税所得额（第 10×11 行）\ [第 10 行÷（1-第 11 行）×第 11 行]	

（续表）

<table>
<tr><th>行次</th><th colspan="3">项目</th><th>本年累计金额</th></tr>
<tr><td>13</td><td colspan="3">税率（25%）</td><td></td></tr>
<tr><td>14</td><td colspan="3">应纳所得税额（12×13）</td><td></td></tr>
<tr><td>15</td><td colspan="3">减：符合条件的小型微利企业减免企业所得税</td><td></td></tr>
<tr><td>16</td><td colspan="3">减：实际已缴纳所得税额</td><td></td></tr>
<tr><td>17</td><td colspan="3">本期应补（退）所得税额（14-15-16）\ 税务机关核定本期应纳所得税额</td><td></td></tr>
<tr><td colspan="5">按 季 度 填 报 信 息</td></tr>
<tr><td colspan="2">季初从业人数</td><td></td><td>季末从业人数</td><td></td></tr>
<tr><td colspan="2">季初资产总额（万元）</td><td></td><td>季末资产总额（万元）</td><td></td></tr>
<tr><td colspan="2">国家限制或禁止行业</td><td>□ 是 □ 否</td><td>小型微利企业</td><td>□ 是 □ 否</td></tr>
<tr><td colspan="5">按 年 度 填 报 信 息</td></tr>
<tr><td colspan="2">小型微利企业</td><td>□ 是 □ 否</td><td></td><td></td></tr>
<tr><td colspan="5">谨声明：本纳税申报表是根据国家税收法律法规及相关规定填报的，是真实的、可靠的、完整的。

纳税人（签章）： 年 月 日</td></tr>
<tr><td colspan="3">经办人：
经办人身份证号：
代理机构签章：
代理机构统一社会信用代码：</td><td colspan="2">受理人：
受理税务机关（章）：
受理日期： 年 月 日</td></tr>
<tr><td colspan="5">国家税务总局监制</td></tr>
</table>

说明：本表适用于实行核定征收企业所得税的居民纳税人（简称纳税人）填报。

表 4-5 中华人民共和国企业所得税年度纳税申报表（A 类）

税款所属期间： 年 月 日至 年 月 日

纳税人名称：

纳税人识别号： □□□□□□□□□□□□□□□□□□□ 金额单位：元（列至角分）

行次	类别	项目	金额
1	利润总额计算	一、营业收入（填写 A101010\101020\103000）	
2		减：营业成本（填写 A102010\102020\103000）	
3		减：税金及附加	
4		减：销售费用（填写 A104000）	
5		减：管理费用（填写 A104000）	
6		减：财务费用（填写 A104000）	
7		减：资产减值损失	
8		加：公允价值变动收益	
9		加：投资收益	
10		二、营业利润（1-2-3-4-5-6-7+8+9）	
11		加：营业外收入（填写 A101010\101020\103000）	
12		减：营业外支出（填写 A102010\102020\103000）	
13		三、利润总额（10+11-12）	
14	应纳税所得额计算	减：境外所得（填写 A108010）	
15		加：纳税调整增加额（填写 A105000）	
16		减：纳税调整减少额（填写 A105000）	
17		减：免税、减计收入及加计扣除（填写 A107010）	
18		加：境外应税所得抵减境内亏损（填写 A108000）	

（续表）

行次	类别	项目	金额
19		四、纳税调整后所得（13-14+15-16-17+18）	
20		减：所得减免（填写 A107020）	
21		减：弥补以前年度亏损（填写 A106000）	
22		减：抵扣应纳税所得额（填写 A107030）	
23		五、应纳税所得额（19-20-21-22）	
24	应纳税额计算	税率（25%）	
25		六、应纳所得税额（23×24）	
26		减：减免所得税额（填写 A107040）	
27		减：抵免所得税额（填写 A107050）	
28		七、应纳税额（25-26-27）	
29		加：境外所得应纳所得税额（填写 A108000）	
30		减：境外所得抵免所得税额（填写 A108000）	
31		八、实际应纳所得税额（28+29-30）	
32		减：本年累计实际已预缴的所得税额	
33		九、本年应补（退）所得税额（31-32）	
34		其中：总机构分摊本年应补（退）所得税额（填写 A109000）	
35		财政集中分配本年应补（退）所得税额（填写 A109000）	
36		总机构主体生产经营部门分摊本年应补（退）所得税额（填写 A109000）	

说明：本表适用于实行查账征收企业所得税的居民纳税人（简称纳税人）填报。

任务案例实施

案例解析:

（1）企业依照国务院有关主管部门或者省级人民政府规定的范围和标准为职工缴纳的基本社会保险费（150 万元）可以全额在税前扣除；（2）企业为在本企业任职或者受雇的全体员工支付的补充养老保险费、补充医疗保险费 1 000 万元，分别在不超过职工工资总额 5%标准内的部分（1 000×5%=50 万元），在计算企业所得税应纳税所得额时准予扣除；（3）除企业依照国家有关规定为特殊工种职工支付的人身安全保险费和国务院财政、税务主管部门规定可以扣除的其他商业保险费 50 万元外，企业为投资者或者职工支付的商业保险费（30 万元），不得扣除。（4）该公司当年度发生的上述保险费在企业所得税税前可以扣除的金额=150+50+50=250 万元。

知识拓展

1. 王莽：所得税的创始人

一般认为的所得税创立于 18 世纪末的英国，实际上具有所得税性质的税种，远在 2 000 多年前的中国西汉末期就已出现，其创始人便是王莽。公元 8 年，王莽登上皇帝宝座，始建国元年（公元 9 年），王莽开始推行他的经济改革措施，设立了对工商业者的纯经营利润额征收的税种“贡”。《汉书·食货志下》中记载：“诸取众物鸟兽鱼鳖百虫于山林水泽及畜牧者，嫔妇桑蚕织任纺绩补缝，工匠医巫卜祝及它方技商贩贾人坐肆列里区谒舍，皆各自占所为于其所之其官，除其本，计其得，十一分之，而以其一为贡。敢不自占，自占不以实者，尽没入所采取，而作县官一岁。”其大意是：凡是从事采集、狩猎、捕捞、畜牧、养蚕、纺织、缝纫、织补、医疗、卜卦算命之人及其他艺人，还有商贾经营者，都要从其经营收入扣除成本，算出纯利，按纯利额的十分之一纳税，自由申报，官吏核实，如有不报或不实者，没收全部收入，并拘捕违犯之人，罚服劳役苦工一年。

从税收制度的构成来看，王莽的“贡”已具备所得税特征：征税对象为纯盈利额，基本与近代所得税征课对象一致；以从事各种经营活动取得纯收入的人为纳税人；税额是从纯盈利额中择出1/10，即税率为10%；由纳税人自行申报，官吏核实；违者将受法令处罚。这些也与近代所得税监管措施很相像。王莽首创的“贡”虽无所得税之名，却不失所得税之实，与1799年开征所得税的英国相比，早1 700多年。

2. 所得税税率

中国

企业所得税的税率为25%的比例税率。原《企业所得税暂行条例》规定，企业所得税税率是33%，另有两档优惠税率，全年应纳税所得额3至10万元的，税率为27%，应纳税所得额3万元以下的，税率为18%；特区和高新技术开发区的高新技术企业的税率为15%；外资企业所得税税率为30%，另有3%的地方所得税。新所得税法规定法定税率为25%，内资企业和外资企业一致，国家需要重点扶持的高新技术企业为15%，小型微利企业为20%，非居民企业为20%。

国家税务总局下发的《关于小型微利企业所得税优惠政策有关问题的通知》（财税〔2011〕117号），通知明确，自2012年1月1日至2015年12月31日，对年应纳税所得额低于6万元（含6万元）的小型微利企业，其所得减按50%计入应纳税所得额，按20%的税率缴纳企业所得税。

其他国家

企业所得税税率在全球范围内已不断下降，其中大部分是西方国家对各自的本籍（即在国内注册成立的）跨国公司把自己产生大部分应税所得的业务迁往境外的应对之策。有些国家或地区的公司无须支付企业所得税，而还有一些国家或地区的公司要把企业利润的1/3上交给政府。

1. 巴哈马：巴哈马没有企业所得税，但公司要缴纳其他形式的税赋。跨国公司最终支付的实际税率介于5%至15%之间不等。

2. 百慕大：百慕大没有公司所得税，但跨国公司的实际税率平均为12%。

3. 开曼群岛：跨国公司最终为它们在开曼群岛注册的业务部门所产生的利润支付约13%的税率。

4. 马来西亚：马来西亚本土公司缴纳的税率平均为19%，而跨国公司缴纳的税率平均为17%。

5. 印度：印度的法定企业所得税税率为 34%，跨国公司实际支付的税率中位数仅为 17%，本土公司则为 22%。

6. 瑞典：瑞典的企业所得税税率为 28%，比美国低。本土公司的实际税率仅为 10%，而跨国公司为 18%。

7. 瑞士：瑞士的企业所得税税率是 21%，本土公司的实际税率中位数为 17%，而跨国公司为 19%。

8. 加拿大：加拿大的企业所得税税率为 36%。税收减免后，跨国公司税率中位数为 21%，本土公司仅为 14%。

9. 澳大利亚：澳大利亚的企业所得税税率为 30%。税收减免后，本土公司及跨国公司实际税率中位数为 22%。

10. 法国：法国企业的基准税率为 35%。税收减免后，本土公司实际税率中位数为 25%，跨国公司为 23%。

11. 美国：美国跨国公司企业所得税税率为 35%。税收减免后，本土公司税率中位数为 23%，跨国公司为 28%。

12. 德国：德国本土公司及跨国公司的法定所得税税率为 37%，但缴付的实际税率中位数分别为 16%和 24%。

13. 英国：英国跨国公司及本土公司的法定企业所得税税率为 30%。但经税收减免之后，本土公司的总税收负担是 20%左右，而跨国公司则为 24%左右。

14. 日本：日本法定企业所得税税率为 40%，本土公司实际税率为 37%，而大型跨国公司实际税率为 38%，均为全球最高。

项目小结：

本项目考查的知识点难度系数较大，属于既需要有扎实的理论基础又需要有一定的技能训练才能够学习掌握的税种。需要重点掌握：企业所得税的基本内容、计算原理、应纳税所得额的确认原则、会计处理方法等。

知识测试与能力训练

强化训练 4-1　同步考试真题

一、单项选择题

1. 根据《企业所得税法》的规定，下列企业或组织中，属于我国非居民企业的是（　　）。（2016 年初级）

A. 在美国注册但实际管理机构在哈尔滨的外商独资企业

B. 在美国注册的企业设在北京的办事处

C. 在河北省工商行政部门登记注册但在中东开展工程承保业务的企业

D. 在湖北省工商行政管理部门登记注册的企业

2. 根据企业所得税法律制度的规定，下列各项中，属于不征税收入的是（ ）。（2017年初级）

A. 接受捐赠收入　　B. 国债利息收入

C. 销售货物收入　　D. 财政拨款收入

3. 甲公司2015年度取得销售收入1 000万元，发生的与生产经营活动有关的业务招待费支出6万元，已知在计算所得税应纳税所得额时，业务招待费支出按照发生额的60%扣除，但最高不得超过当年销售（营业）收入的5‰。甲公司在计算2015年度企业所得税应纳税所得额时，准予扣除的业务招待费支出为（ ）。（2016年初级）

A. 6万元　　B. 5万元　　C. 4.97万元　　D. 3.6万元

4. 根据企业所得税法律制度的规定，下关于企业所得税税前扣除的表述中，不正确的是（ ）。（2016年初级）

A. 企业发生的合理的工资薪金支出，准予扣除

B. 企业发生的职工福利费支出超过工资薪金总额的14%的部分，准予在以后纳税年度结转扣除

C. 企业发生的合理的劳动保护支出，准予扣除

D. 企业参加财产保险，按照规定缴纳的保险金，准予扣除

5. 甲公司2015年企业所得税应纳税所得额1 000万元，减免税额10万元，抵免税额20万元。已知企业所得税税率为25%，甲公司当年企业所得税应纳税额的下列计算中，正确的是（ ）。（2016年初级）

A. 1 000×25%−10−20=220（万元）　　B. 1 000×25%−10=240（万元）

C. 1 000×25%=250（万元）　　D. 1 000×25%−20=230（万元）

二、多项选择题

1. 根据企业所得税法律制度的规定，下列各项中，属于企业取得收入的货币形式的有（ ）。（2017年初级）

A. 股权投资　　B. 应收票据

C. 银行存款　　D. 应收账款

2. 我国企业所得税的税收优惠包括（ ）。（2013年初级）

A. 免税收入　　B. 加计扣除

C. 减计收入　　D. 税额抵免

3. 甲企业2012年利润总额为2 000万元，工资薪金支出为1 500万元，已知在计算企业所得税应纳税所得额时，公益性捐赠支出、职工福利费支出、职工教育经费支出的扣除比例分别不超过12%、14%和2.5%。下列支出中，允许在计算2012年企业所得税应纳税所得额时全额扣除的有（ ）。（2013年初级）

A. 公益性捐赠支出200万元

B. 职工福利费支出160万元

C. 职工教育经费支出40万元

D. 2012年7月至2013年6月期间的厂房租金支出50万元

4. 根据企业所得税法律制度的规定，在中国境内未设立机构、场所的非居民企业从中国境内取得的下列所得中，应以收入全额为应纳税所得额的有（　　）。（2012 年中级）

A. 股息　　B. 租金

C. 特许权使用费　　D. 转让财产所得

5. 根据企业所得税法律制度的规定，下列表述中，正确的有（　　）。（2015 年中级）

A. 创业投资企业采取股权投资方式投资于未上市的中小高新技术企业 2 年以上的，可以按照其投资额的 70%在股权持有满 2 年的当年抵扣该创业投资企业的应纳企业所得税税额

B. 企业以规定的资源作为主要原材料，生产国家非限制和禁止并符合国家和行业相关标准的产品取得的收入，减按 90%计入收入总额

C. 企业购置并实际使用规定的环境保护、节能节水、安全生产等专用设备的，该设备的投资额的 10%可以从企业当年的应纳税所得额中抵免

D. 企业安置残疾人员的，在按照支付给残疾职工工资据实扣除的基础上，按照支付给残疾职工工资的 100%加计扣除

6. 根据企业所得税法律制度的规定，下列关于企业所得税纳税期限的表述中，正确的有（　　）。（2016 年初级）

A. 企业在一个纳税年度中间开业的，使该纳税年度的实际经营期不足 12 个月的，应当以其实际经营期为一个纳税年度

B. 企业依法清算时，应当依清算期间为一个纳税年度

C. 企业所得税按年计征，分月或者分季预缴，年终汇算清缴，多退少补

D. 企业在年度中间终止经营活动的，应当自实际经营终止之日起 60 日内，向税务机关办理当期企业所得税汇算清缴

三、判断题

1. 依照中国法律、行政法规成立的个人独资企业属于企业所得税纳税义务人。（　　）（2016 年初级）

2. 非居民企业取得的来源于中国境外但与其在中国境内设立的机构、场所有实际联系的所得，应缴纳企业所得税。（　　）（2016 年初级）

3. 企业从事花卉种植的所得，减半征收企业所得税。（　　）（2017 年初级）

4. 某有限责任公司 2011 年的工资薪金总额为 950 万元，支出的职工福利费为 150 万元，在计算该公司 2011 年的应纳税所得额时，支出的职工福利费用应据实扣除。（　　）（2012 年中级）

强化训练 4-2　同步模拟训练题

一、单项选择题

1. 根据企业所得税法律制度的规定，关于确定来源于中国境内、境外所得的下列表述中，不正确的是（　　）。

A. 提供劳务所得，按照劳务发生地确定

B. 销售货物所得，按照交易活动发生地确定

C. 股息、红利等权益性投资所得，按照分配所得的企业所在地确定

D. 转让不动产所得，按照转让不动产的企业或者机构、场所所在地确定

2. 根据企业所得税法律制度的规定，下列各项中，属于免税收入的是（　　）。

A. 依法收取并纳入财政管理的政府性基金

B. 国债利息收入

C. 财产转让收入

D. 特许权使用费收入

3. 2016 年某居民企业实现商品销售收入 2 000 万元，发生现金折扣 100 万元，接受捐赠收入 100 万元，转让无形资产所有权收入 20 万元，该企业当年实际发生业务招待费 30 万元，广告费 240 万元，业务宣传费 80 万元。当年该企业可税前扣除的业务招待费、广告费、业务宣传费合计（　　）万元。

A. 294.5　　B. 310　　C. 325.5　　D. 330

4. 某居民企业 2016 年的会计利润总额为 3 000 万元，其中符合减免所得税优惠的技术转让所得为 600 万元；假定无其他纳税调整事项，已知企业所得税税率为 25%。2016 年该企业应缴纳企业所得税（　　）万元。

A. 600　　B. 612.5　　C. 625　　D. 750

5. 根据企业所得税法律制度的规定，在计算企业应纳税所得额时，除国务院财政、税务主管部门另有规定外，有关费用支出不超过规定限额的准予扣除，超过部分，准予在以后纳税年度结转扣除。下列各项中，属于该有关费用的是（　　）。

A. 工会经费　　B. 社会保险费

C. 职工福利费　　D. 职工教育经费

6. 根据企业所得税法律制度的规定，下列项目中，享受税额抵免优惠政策的是（　　）。

A. 企业的赞助支出

B. 企业向残疾职工支付的工资

C. 企业购置并实际使用国家相关目录规定的环境保护专用设备投资额 10%的部分

D. 创业投资企业采取股权投资方式投资于未上市的中小高新技术企业 2 年以上的投资额 70%的部分

7. 下列项目中，可能会产生暂时性差异的是（　　）。

A. 因担保而发生的支出（税法不允许抵扣）

B. 可以在税前弥补的未弥补亏损

C. 取得国债利息收入

D. 超过税前扣除限额的业务招待费支出

8. 下列各项资产和负债中，不产生暂时性差异的是（　　）。

A. 使用寿命不确定的无形资产

B. 已计提减值准备的固定资产

C. 已确认公允价值变动损益的交易性金融资产

D. 因违反税法规定应缴纳但尚未缴纳的滞纳金

9. 甲公司 2016 年初“预计负债”账面金额为 200 万元（预提产品保修费用），2016 年产品销售收入为 5 000 万元，按照 2%的比例计提产品保修费用，假设产品保修费用在实际支付时可以抵扣，2016 年未发生产品保修费用。则 2016 年 12 月 31 日的暂时性差异为（　　）

A. 应纳税暂时性差异 200 万元　　B. 可抵扣暂时性差异 300 万元
C. 应纳税暂时性差异 300 万元　　D. 可抵扣暂时性差异 100 万元

10. 除税收法律、行政法规另有规定外，居民企业以（　　）为纳税地点。

A. 企业登记注册地　　B. 企业实际经营地
C. 企业会计核算地　　D. 企业管理机构所在地

二、多项选择题

1. 企业所得税法所称依照外国（地区）法律成立的企业，包括依照外国（地区）法律成立的（　　）。

A. 企业　　B. 事业单位
C. 社会团体　　D. 其他取得收入的组织

2. 下列单位，应缴纳企业所得税的是（　　）。

A. 个人独资企业　　B. 股份制企业
C. 私营企业　　D. 有经营所得的其他组织

3. 企业所得税法规定的财产转让收入包括转让有（　　）。

A. 固定资产　　B. 低值易耗品　　C. 股权　　D. 债权

4. 企业在计算全年应纳税所得额时，应计入应纳税所得额的有（　　）。

A. 购买国库券到期兑现的利息收入　　B. 外单位欠款付给的利息
C. 收取的逾期未收回包装物的押金　　D. 无法付出的应付款

5. 纳税人的下列支出中，在计算应纳税所得额时不得扣除的有（　　）。

A. 缴纳罚金 20 万元　　B. 直接赞助某学校 5 万元
C. 缴纳税收滞纳金 3 万元　　D. 缴纳银行罚息 8 万元

6. 非居民企业在中国境内未设立机构、场所的，其取得的下列收入要全额计入企业所得税应纳税所得额的有（　　）。

A. 利息收入　　B. 特许权使用费收入
C. 股票转让收入　　D. 不动产租赁收入

7. 以下可以在所得税前列支的保险费用有（　　）。

A. 政府规定标准的职工基本养老保险支出
B. 政府规定标准的雇员补充医疗保险支出
C. 职工家庭保险费用支出
D. 企业厂房保险费用

8. 根据企业所得税法律制度的规定，下列关于企业所得税征收管理的说法，正确的有（　　）。

A. 按月或按季预缴所得税的，企业应当自月份或季度终了之日起 30 日内，向税务机关报送预缴企业所得税纳税申报表，预缴税款

B. 企业应当自年度终了之日起 5 个月内，向税务机关报送年度企业所得税纳税申报表

C. 企业只有在盈利情况下，才需要依照规定期限，向税务机关报送预缴企业所得税纳税申报表

D. 企业在年度中间终止经营活动的，应当自实际经营终止之日起60日内，向税务机关办理当期企业所得税汇算清缴

9. 下列情况中，会产生应纳税暂时性差异的有（　　）。

A. 资产的账面价值大于计税基础　　B. 资产的账面价值小于计税基础

C. 负债的账面价值大于计税基础　　D. 负债的账面价值小于计税基础

10. 下列项目中，产生暂时性差异的有（　　）。

A. 会计上固定资产的账面价值与其计税基础不一致

B. 预计的三包维修费用

C. 计提存货跌价准备

D. 企业计提的坏账准备

11. 下列项目中，会影响所得税费用的有（　　）。

A. 当期所得税　　B. 递延所得税资产

C. 递延所得税负债　　D. 未分配利润

三、判断题

1. 企业所得税纳税人计算企业所得税时，纳税人的财务会计制度、财务会计处理办法与税法不一致的，应按照税法规定予以调整。（　　）

2. 企业发生的存货盘亏、损毁、报废等相关的增值税进项税额，应视为企业的财产损失，在计算企业所得税应纳税所得额时准许扣除。（　　）

3. 企业所得税法规定，纳税人发生的全部工资、薪金支出准予据实扣除。（　　）

4. 企业在计算应纳税所得额时，对于非金融机构企业生产、经营期间向金融机构借款的利息支出，可按照实际发生额从收入总额中扣除。（　　）

5. 企业发生年度亏损，应从企业财务报表中反映的亏损额，按税法规定的亏损弥补期限，在以后纳税年度的所得中予以弥补。（　　）

6. 企业在汇总计算缴纳企业所得税时，其境外营业机构的亏损可以抵减境内营业机构的盈利。（　　）

7. 某公司 2013 年销售收入 2 000 万元，发生广告费 450 万元，计算企业所得税时允许税前扣除的广告费只有金额为 300 万元，超过部分今后不得再扣除。（　　）

8. 企业来源于中国境外的所得，已在境外缴纳的所得税额，准予在汇总纳税时，从其应纳税额中扣除，但扣除额不得超过其境外所得依照我国企业所得税法计算的应纳税额。（　　）

9. 可纳税暂时性差异是指在确定未来收回资产或清偿负债期间的应纳税所得额时，将导致产生可抵扣金额的暂时性差异。在可抵扣暂时性差异产生当期，符合确认条件时，应当确认相关的递延所得税负债。（　　）

10. 企业利润表中的所得税费用是指当期应交所得税。（　　）

四、业务训练题

1. 某机械制造企业，2014 年实现税前收入总额 2 000 万元（其中包括产品销售收入 1 800 万元、购买国库券利息收入 100 万元），发生各项成本费用 1 000 万元，其中包括：合理的工资薪金总额 200 万元、业务招待费 100 万元，职工福利费 50 万元，职工教育经费 2 万元，工会经费 10 万元，税收滞纳金 10 万元，提取的商品跌价准备金支出 100 万元外，企业当年购置环境保护专用设备 500 万元，购置完毕即投入使用。请问这家企业当年应缴纳的企业所得税额是多少（假定企业以前年度无未弥补亏损）？

2. 甲企业为增值税一般纳税人，企业所得税按年计征，纳税号为 410106883666018。2018 年度取得销售收入 8 800 万元，销售成本为 5 000 万元，会计利润为 845 万元。2018 年，甲企业其他相关财务资料如下：

（1）在管理费用中，发生业务招待费 140 万元，新产品的研究开发费用 280 万元（未形成无形资产计入当期损益）。

（2）在销售费用中，发生广告费 700 万元，业务宣传费 140 万元。

（3）发生财务费用 900 万元，其中支付给与其有业务往来的客户借款利息 700 万元，年利率为 7%，金融机构同期同类贷款利率为 6%。

（4）营业外支出中，列支通过减灾委员会向遭受自然灾害地区的捐款 50 万元，支付给客户的违约金 10 万元。

（5）已在成本费用中列支实发工资总额 500 万元，并实际列支职工福利费 105 万元，上缴工会经费 10 万元并取得工会经费专用拨缴款收据，职工教育经费支出 47.5 万元。

已知：甲企业适用的企业所得税税率为 25%。

要求：

（1）计算业务招待费应调整的应纳税所得额。

（2）计算新产品的研究开发费用应调整的应纳税所得额。

（3）计算广告费和业务宣传费应调整的应纳税所得额。

（4）计算财务费用应调整的应纳税所得额。

（5）计算营业外支出应调整的应纳税所得额。

（6）计算职工福利费、工会经费、职工教育经费应调整的应纳税所得额。

（7）计算甲企业 2018 年度的应纳税所得额。

3. 【不定项选择】甲公司为居民企业，2015 年度有关财务收支情况如下：

（1）销售商品收入 5 000 万元，出售设备收入 20 万元，转让土地使用权收入 300 万元，从其直接投资的未上市居民企业分回股息收益 80 万元。

（2）税收滞纳金 5 万元，赞助支出 30 万元，被没收财物的损失 10 万元，环保罚款 50 万元。

（3）其他可在企业所得税前扣除的成本、费用、税金合计 3 500 万元。

已知：甲公司 2012 年在境内 A 市登记注册成立，企业所得税实行按月预缴。

要求：根据上述资料，不考虑其他因素，分析回答下列小题。

（1）甲公司取得的下列收入中，属于免税收入的是（　　）。

A. 出售设备收入 20 万元

B. 销售商品收入 5 000 万元
C. 转让土地使用权收入 300 万元
D. 从其直接投资的未上市居民企业分回股息收益 80 万元

（2）甲公司在计算 2015 年度企业所得税应纳税所得额时，不得扣除的项目是（　　）。

A. 环保罚款 50 万元　　B. 赞助支出 30 万元
C. 税收滞纳金 5 万元　　D. 被没收财物的损失 10 万元

（3）甲公司 2015 年度企业所得税应纳税所得额是（　　）。

A. 1 720 万元　　B. 1 585 万元
C. 1 805 万元　　D. 1 820 万元

（4）下列关于甲公司企业所得税征收管理的表述中，正确的是（　　）。

A. 甲公司应当自 2015 年度终了之日起 5 个月内，向税务机关报送年度企业所得税申报表，并汇算清缴
B. 甲公司企业所得税的纳税地点为 A 市
C. 甲公司应当于每月终了之日起 15 日内，向税务机关预缴企业所得税
D. 甲公司 2015 纳税年度自 2015 年 1 月 1 日起至 2015 年 12 月 31 日止

4. 【不定项选择】甲公司注册于某市东城区。2014 年有关收支情况如下：
（1）取得产品销售收入 2 000 万元、国债利息收入 30 万元、接受捐赠收入 10 万元。
（2）缴纳工商行政罚款 2 万元、税收滞纳金 1 万元。
（3）缴纳增值税 200 万元、城市维护建设税和教育费附加 20 万元。
（4）从直接投资的未上市居民企业取得股息收益 200 万元。
已知：2013 年度甲公司会计利润为-60 万元，经纳税调整后应纳税所得额为-50 万元。
要求：根据上述资料，不考虑其他因素，分析回答下列小题。

（1）甲公司下列收入中，应计入企业所得税应纳税所得额的是（　　）。

A. 接受捐赠收入 10 万元　　B. 产品销售收入 2 000 万元
C. 股息收益 200 万元　　D. 国债利息收入 30 万元

（2）甲公司下列支出中，在计算 2014 年度企业所得税应纳税所得额时，准予扣除的是（　　）。

A. 税收滞纳金 1 万元
B. 工商行政罚款 2 万元
C. 城市维护建设税和教育费附加 20 万元
D. 增值税 200 万元

（3）关于甲公司弥补亏损的下列表述中，正确的是（　　）。

A. 2014 至 2018 年度的税前所得可以弥补的 2013 年度亏损额为 50 万元
B. 2014 至 2018 年度的税前所得可以弥补的 2013 年度亏损额为 60 万元
C. 如果 2014 年度税前所得弥补 2013 年度亏损后，应纳税所得额大于零，应缴纳企业所得税
D. 如果 2014 年度税前所得不足以弥补 2013 年度亏损，可以逐年延续弥补亏损，但最长不得超过 5 年

（4）下列有关甲公司企业所得税征收管理的表述中，正确的是（　　）。

A. 如果 2014 年度税前所得不足以弥补 2013 年度亏损，甲公司无须办理 2014 年度企业所得税汇算清缴

B. 甲公司企业所得税的纳税地点为该市东城区

C. 甲公司应当于每月终了之日起 15 日内，向税务机关预缴企业所得税

D. 甲公司 2014 纳税年度自 2014 年 1 月 1 日起至 2014 年 12 月 31 日止

5. A 公司 2015 年度利润表中利润总额为 3 000 万元，该公司适用的企业所得税税率为 25%。递延所得税资产及递延所得税负债不存在期初余额。与所得税核算有关的情况如下：

2015 年发生的有关交易和事项中，会计处理与税收处理存在差别的有：

（1）2015 年 1 月开始计提折旧的一项固定资产，成本为 1 500 万元，使用年限为 10 年，净残值为 0，会计处理按双倍余额递减法计提折旧，税收处理按直线法计提折旧。假定税法规定的使用年限及净残值与会计规定相同。

（2）向关联企业捐赠现金 500 万元。假定按照税法规定，企业向关联方的捐赠不允许税前扣除。

（3）当期取得作为交易性金融资产核算的股票投资成本为 800 万元，2015 年 12 月 31 日的公允价值为 1 200 万元。假定税法规定，以公允价值计量的金融资产持有期间市价变动不应计入应纳税所得额。

（4）违反环保法规定应支付罚款 250 万元。

（5）期末对持有的存货计提了 75 万元的存货跌价准备。

要求：做出所得税会计的账务处理。

强化训练 4-3　同步复习思考题

1. 何谓企业所得税？我国的企业所得税纳税人包括哪些？
2. 简述企业所得税的征税对象包括哪些？应如何界定？
3. 我国企业所得税的税率采用什么方式？现行主要规定是什么？
4. 我国现行的企业所得税优惠政策有哪些？
5. 企业所得税的不征税收入和免税收入有什么区别？
6. 居民企业应纳税额的计算方法有哪些？哪种方法的计算更普遍、实用？
7. 企业所得税的征收方式有哪些？
8. 简述企业进行所得税核算一般程序。

项目五　个人所得税

知识与能力目标

1. 了解个人所得税的基本要素；
2. 掌握个人所得税的计算；
3. 掌握个人所得税的会计处理；
4. 熟悉个人所得税纳税申报。

任务案例

案例： 居民个人张某是一名保险营销员，2019 年 2 月取得不含增值税的佣金收入 30 000 元，缴纳附加税费 108 元。

任务思考： 张某当月取得的佣金收入应并入综合所得计征个人所得税的金额是多少？

任务一　了解个人所得税的基本要素

一、个人所得税概述

（一）个人所得税的概念

个人所得税是以自然人取得的各类应税所得为征税对象而征收的一种所得税，是政府利用税收对个人收入进行调节的一种手段。个人所得税的征收对象不仅包括个人，还包括具有自然人性质的企业。

个人所得税在 20 世纪被世界大多数国家所采纳，已经成为许多发达国家税收收入的最主要来源。个人所得税在调节收入分配、缓解贫富差距、促进社会稳定、增加财政收入等方面的作用也得到了公认，被称为经济调节的“内在稳定器”。

个人所得税的征收模式有三种：分类征收制、综合征收制和混合征收制。目前，我国个人所得税的征收采用的是分类征收制，即将纳税人不同来源、不同性质的 11 项所得项目，分别按照不同的税率征税。

现行的个人所得税法是 2018 年 8 月 31 日第十三届全国人民代表大会常务委员会第五

次会议通过的《关于修改〈中华人民共和国个人所得税法〉的决定》修订后的《中华人民共和国个人所得税法》（以下简称《个人所得税法》）。

（二）个人所得税的特点

1. 以个人纯所得为计税依据

个人所得税以个人的纯所得为计税依据。因此，计税时以纳税人的收入或报酬扣除有关费用以后的余额为计税依据。我国本着费用扣除从宽、从简的原则，采用费用定额扣除和定率扣除两种方法。居民个人的综合所得，以每一纳税年度的收入额减除费用 6 万元以及专项扣除、专项附加扣除和依法确定的其他扣除后的余额，为应纳税所得额。财产租赁所得，每次收入不超过 4 000 元的，减除费用 800 元；4 000 元以上的，减除 20%的费用，其余额为应纳税所得额。按照这样的标准减除费用，使得提供一般劳务、取得中低薪金所得的个人不用负担个人所得税。

2. 累进税率与比例税率并用

分类所得税制通常采用比例税率，综合所得税制一般采用累进税率。比例税率计算简便，便于实行源泉扣缴；累进税率可以合理调节收入分配，体现公平原则。我国现行个人所得税根据各类个人所得的不同性质和特点，将这两种形式的税率综合运用于个人所得税制。其中，对综合所得，适用 3%至 45%的超额累进税率；对经营所得，适用 5%至 35%的超额累进税率，遵循量能负担的原则；对利息、股息、红利所得，财产租赁所得，财产转让所得和偶然所得，适用为 20%的比例税率，遵循等比负担的原则。

3. 采取代扣代缴和自行申报纳税两种征纳方法

根据《个人所得税法》规定，对凡是可以在应税所得的支付环节扣缴个人所得税的，均由扣缴义务人履行代扣代缴义务；取得综合所得需要办理汇算清缴、取得应税所得没有扣缴义务人等情形的，由纳税人自行申报纳税。

二、个人所得税纳税义务人

个人所得税的纳税义务人，包括中国公民、个体工商业户以及在中国有所得的外籍人员（包括无国籍人员）和香港、澳门、台湾地区同胞。纳税义务人依据住所和居住时间两个标准，区分为居民个人和非居民个人，分别承担不同的纳税义务。

（一）居民个人纳税义务人

居民个人纳税义务人负有无限纳税义务，对其所取得的境内、境外的全部所得缴纳个人所得税。根据《个人所得税法》规定，在中国境内有住所，或者无住所而一个纳税年度内在中国境内居住累计满 183 天的个人，为居民个人。

在中国境内有住所的个人，是因户籍、家庭、经济利益关系，而在中国境内习惯性居住的个人。因学习、工作、探亲等原因，一个纳税年度或者几个纳税年度不在中国境内居住，但这些原因消除后仍要回到中国境内居住的，仍然是中国居民个人。

（二）非居民个人纳税义务人

根据《个人所得税法》规定，在中国境内无住所又不居住，或者无住所而一个纳税年度内在中国境内居住累计不满 183 天的个人，为非居民个人。非居民个人从中国境内取得的所得，依照本法规定缴纳个人所得税。

自 2000 年 1 月 1 日起，个人独资企业和合伙企业投资者也为个人所得税的纳税义务人。

纳税年度，自公历 1 月 1 日起至 12 月 31 日止。

税法规定，凡支付应纳税所得的单位或个人，都是个人所得税的扣缴义务人。

三、个人所得税征税范围

居民个人取得下列第一项至第四项所得（简称综合所得），按纳税年度合并计算个人所得税；非居民个人取得下列第一项至第四项所得，按月或者按次分项计算个人所得税。纳税人取得下列第五项至第九项所得，分别计算个人所得税。

个人所得税的征税对象是个人取得的应税所得。根据《个人所得税法》的规定，具体的征税项目共有九项；个人所得的形式，包括现金、实物、有价证券和其他形式的经济利益。

（一）工资、薪金所得

工资、薪金所得是指个人因任职或者受雇而取得的工资、薪金、奖金、年终加薪、劳动分红、津贴、补贴以及与任职或者受雇有关的其他所得。

1. 工资、薪金所得涵盖范围

一般来说，工资、薪金所得属于非独立个人劳动所得。所谓非独立个人劳动，是指个人所从事的是由他人指定、安排并接受管理的劳动、工作或服务于公司、工厂、行政事业单位的人员（私营企业主除外）均为非独立劳动者。他们在上述单位取得的劳动报酬是以工资、薪金的形式体现的。

除工资、薪金以外，奖金、年终加薪、劳工分红、津贴、补贴也被确定为工资、薪金范畴。其中，年终加薪、劳动分红不分种类和取得情况，一律按工资、薪金所得课税。还有一些所得的发放被视为取得工资、薪金所得的情形。例如，公司职工取得的用于购买企业股权的劳动分红按工资、薪金所得计征个人所得税；出租汽车经营单位对出租车驾驶员单车承包或承租方式运营，出租车驾驶员从事客货营运取得的收入，按工资、薪金所得征税。

2. 个人取得的津贴、补贴，不计入工资、薪金所得的项目

根据目前个人收入的构成情况，对于一些不属于工资、薪金性质的补贴、津贴或者不属于纳税人本人工资、薪金所得项目的收入、不予征税。这些项目包括：

（1）独生子女补贴。

（2）执行公务员工资制度未纳入基本工资总额的补贴、津贴差额和家属成员的副食品补贴。

（3）托儿补助费。

（4）差旅费津贴、误餐补助。其中，误餐补助是指按照财政部规定，个人因公在城区、郊区工作，不能在工作单位或返回工作单位就餐的，根据实际误餐顿数，按规定的标准领取的误餐费。单位以午餐补助名义发放给职工的补助、津贴不能包括在内。

（5）外国来华留学生，领取的生活津贴费、奖学金，不属于工资、薪金范畴，不征收个人所得税。

3. 军队干部取得的规定补贴、津贴

（二）劳务报酬所得

劳务报酬所得，是指个人独立从事各种非雇用性质的各种劳务所取得的所得，主要内容包括：从事设计、装潢、安装、制图、化验、测试、医疗、法律、会计、咨询、讲学、新闻、广播、翻译、审稿、书画、雕刻、影视、录音、录像、演出、表演、广告、展览、技术服务、介绍服务、经纪服务、代办服务以及其他劳务取得的所得等。

在商品营销活动中，企业和单位对营销业绩突出的非雇员以培训班、研讨会、工作考察等名义组织旅游活动，通过免收差旅费、旅游费对个人实行的营销业绩奖励（包括实物、有价证券等），应根据所发生费用的全额作为营销人员当期的劳务收入，按照“劳务报酬所得”项目征收个人所得税，并由提供上述费用的企业和单位代扣代缴。

个人由于担任董事职务所取得的董事费收入，属于劳务报酬所得性质，按照劳务报酬所得项目征收个人所得税，但仅适于个人担任公司董事、监事，且不在公司任职、受雇的情形。个人在公司（包括关联公司）任职、受雇，同时兼任董事、监事的，应当将董事费、监事费与个人收入合并，统一按工资、薪金所得项目缴纳个人所得税。

（三）稿酬所得

稿酬所得，是指个人因其作品以图书、报刊形式出版、发表而取得的所得。将稿酬所得独立划归一个征税项目，而对不以图书、报刊形式出版、发表的翻译、审稿、书画所得归为劳务报酬所得。税法对于稿酬所得给予适当的优惠照顾。

（四）特许权使用费所得

特许权使用费所得，是指个人提供专利权、商标权、著作权、非专利技术以及其他特许权的使用权取得的所得。提供著作权的使用权取得的所得，不包括稿酬所得。

专利权，是指由国家专利主管机关依法授予专利申请人或其他权利继承人在一定期间内实施其发明创造的专有权。对于专利权，许多国家只将提供他人使用取得的所得，列入特许权使用费，而将转让专利权所得列为资本利得税的征税对象。我国没有开征资本利得税，故将个人提供和转让专利权取得的所得，都列入特许权使用费所得征收个人所得税。

商标权，即商标注册人享有的商标专用权。著作权即版权，是作者依法对文学、艺术和科学作品享有的专有权。个人提供和转让商标权、著作权、专有技术或技术秘密、技术诀窍取得的所得，应当依法缴纳个人所得税。

作者将自己的文学作品手稿原件或复印件公开拍卖（竞价）取得的所得，应按特许权使用费所得项目征收个人所得税。

（五）经营所得

经营所得，是指：

1. 个体工商户从事生产、经营活动取得的所得，个人独资企业投资人、合伙企业的个人合伙人来源于境内注册的个人独资企业、合伙企业生产、经营的所得。个体工商户以业主为个人所得税纳税义务人。

2. 个人依法从事办学、医疗、咨询以及其他有偿服务活动取得的所得。

3. 个人对企业、事业单位承包经营、承租经营以及转包、转租取得的所得。

4. 个人从事其他生产、经营活得取得的所得。

例如，个人因从事彩票代销业务而取得的所得；或者从事个体出租车运营的出租车驾驶员取得的收入，都应按照“经营所得”项目计征个人所得税。具体包括：出租车属于个人所有，但挂靠出租汽车经营单位或企事业单位，驾驶员向挂靠单位缴纳管理费的，或出租汽车经营单位将出租车所有权转让给驾驶员的。

需要注意的是：个体工商户和从事生产、经营的个人，取得与生产、经营活动无关的其他各项应税所得，应分别按照其他应税项目的有关规定，计算征收个人所得税。例如，取得银行存款的利息所得、对外投资取得的股息所得，应按“股息、利息、红利”税目的规定单独计征个人所得税。个人独资、合伙企业的个人投资者以企业资金为本人或家庭成员及相关人员支付与企业生产经营无关的消费性支出及购买汽车、住房等财产性支出，视为企业对个人投资者利润分配，并入投资者个人的生产经营所得，依照“经营所得”项目计征个人所得税。

（六）利息、股息、红利所得

利息、股息、红利所得，是指个人拥有债权、股权而取得的利息、股息、红利所得。

利息，是指个人拥有债权而取得的利息，包括存款利息、贷款利息和各种债券的利息。按税法规定，除国债和国家发行的金融债券利息外，应当依法缴纳个人所得税。股息、红利，是指个人拥有股权取得的股息、红利。按照一定的比率对每股发给的息金称股息；公司、企业应分配的利润，按股份分配的称红利。股息、红利所得，除另有规定外，都应缴纳个人所得税。

对职工个人以股份形式取得的仅作为分红依据，不拥有所有权的企业量化资产，不征收个人所得税。

（七）财产租赁所得

财产租赁所得，是指个人出租不动产、机器设备、车船以及其他财产取得的所得。

个人取得的财产转租收入，属于“财产租赁所得”的征税范围，由财产转租人缴纳个人所得税。

（八）财产转让所得

财产转让所得，是指个人转让有价证券、股权、合伙企业中的财产份额，不动产、机器设备、车船以及其他财产取得的所得。

对个人取得的各种财产转让所得，除股票转让所得外，都要征收个人所得税。

（九）偶然所得

偶然所得，是指个人得奖、中奖、中彩以及其他偶然性质的所得。得奖是指参加各种有奖竞赛活动，取得名次得到的奖金；中奖、中彩是指参加各种有奖活动，如有奖销售、有奖储蓄或者购买彩票，经过规定程序，抽中、摇中号码而取得的奖金。

个人因参加企业的有奖销售活动而取得的赠品所得，应按照“偶然所得”项目计征个人所得税。税款一律由发奖单位或机构代扣代缴。

个人取得的所得，难以界定应纳税所得项目的，由主管税务机关确定。

四、所得来源地的确定

除国务院财政、税务主管部门另有规定外，下列所得，不论支付地点是否在中国境内，均为来源于中国境内的所得：

（一）因任职、受雇、履约等在中国境内提供劳务取得的所得；

（二）将财产出租给承租人在中国境内使用而取得的所得；

（三）许可各种特许权在中国境内使用而取得的所得；

（四）转让中国境内的不动产等财产或者在中国境内转让其他财产取得的所得；

（五）从中国境内企业、事业单位、其他组织以及居民个人取得的利息、股息、红利所得。

在中国境内无住所的个人，在中国境内居住累计满 183 天的年度连续不满六年的，经向主管税务机关备案，其来源于中国境外且由境外单位或者个人支付的所得，免予缴纳个人所得税；在中国境内居住累计满 183 天的任一年度中有一次离境超过 30 天的，其在中国境内居住累计满 183 天的年度的连续年限重新起算。

在中国境内无住所的个人，但是在一个纳税年度内在中国境内居住累计不超过 90 天的，其来源于中国境内的所得，由境外雇主支付并且不由该雇主在中国境内的机构、场所负担的部分，免予缴纳个人所得税。

五、个人所得税税率（预扣预缴率）

（一）综合所得适用税率

1. 综合所得适用 3%～45%的七级超额累进税率，其适用税率表如表 5-1 所示：

表 5-1 综合所得个人所得税税率表

级 数	全年应纳税所得额	税率（%）	速算扣除数（元）
1	不超过 36 000 元的部分	3	0
2	超过 36 000 元至 144 000 元的部分	10	2 520
3	超过 144 000 元至 300 000 元的部分	20	16 920
4	超过 300 000 元至 420 000 元的部分	25	31 920
5	超过 420 000 元至 660 000 元的部分	30	52 920
6	超过 660 000 元至 960 000 元的部分	35	85 920
7	超过 960 000 元的部分	45	181 920

注（1）：本表所称全年应纳税所得额是指依照税法的规定，居民个人取得综合所得以每一纳税年度收入额减除费用 6 万元以及专项扣除、专项附加扣除和依法确定的其他扣除后的余额。

注（2）：非居民个人取得工资、薪金所得，劳务报酬所得，稿酬所得和特许权使用费所得，依照本表按月换算后计算应纳税额。

（二）居民个人预扣预缴率

1. 居民个人工资、薪金所得预扣预缴率表，如表 5-2 所示：

表 5-2　居民个人工资、薪金所得预扣预缴税率表

级　数	累计预扣预缴应纳税所得额	预扣率（%）	速算扣除数（元）
1	不超过 36 000 元的部分	3	0
2	超过 36 000 元至 144 000 元的部分	10	2 520
3	超过 144 000 元至 300 000 元的部分	20	16 920
4	超过 300 000 元至 420 000 元的部分	25	31 920
5	超过 420 000 元至 660 000 元的部分	30	52 920
6	超过 660 000 元至 960 000 元的部分	35	85 920
7	超过 960 000 元的部分	45	181 920

2. 居民个人劳务报酬预扣预缴税率表，如表 5-3 所示：

表 5-3　居民个人劳务报酬所得预扣预缴税率表

级　数	预扣预缴应纳税所得额	预扣率（%）	速算扣除数（元）
1	不超过 20 000 元的部分	20	0
2	超过 20 000 元至 50 000 元的部分	30	2 000
3	超过 50 000 元的部分	40	7 000

3. 稿酬所得特许权使用费所得适用 20%的比例预扣率。

（三）经营所得适用税率

经营所得适用 5%～35%的五级超额累进税率，如表 5-4 所示：

表 5-4　经营所得个人所得税适用税率表

级　数	全年应纳税所得额	税率（%）	速算扣除数（元）
1	不超过 30 000 元的部分	5	0
2	超过 30 000 元至 90 000 元的部分	10	1 500
3	超过 90 000 元至 300 000 元的部分	20	10 500
4	超过 300 000 元至 5 000 000 元的部分	30	40 500
5	超过 500　00 元的部分	35	65 500

注 1：本表所称全年应纳税所得额是以每一纳税年度的收入总额减除成本、费用以及损失后的余额。

注 2：承包、承租人对企业经营成果不拥有所有权，仅是按合同（协议）规定取得一定所得的，其所得按“工资、薪金”所得项目征税，纳入年度综合所得适用 3%～45%的七级超额累进税率（表 5-1）。

注 3：承包、承租人按合同（协议）的规定只向发包、出租方缴纳一定费用后，企业经营成果归其所有的，承包、承租人取得的所得，按对企事业单位的承包经营、承租经营所得项目，适用 5%～35%的五级超额累进税率（表 5-4）。

（四）其他所得适用税率

利息、股息、红利所得，财产租赁所得，财产转让所得和偶然所得，适用税率为 20%的比例税率。

六、个人所得税的税收优惠

《个人所得税法》及其实施条例以及国务院财政部、国家税务总局的若干规定，都对个人所得项目给予了免税或减税的优惠，主要项目包括：

（一）免税项目

1. 省级人民政府、国务院部委和中国人民解放军军以上单位，以及外国组织颁发的科学、教育、技术、文化、卫生、体育和环境保护等方面的奖金。

2. 国债和经国务院批准发行的国家金融债券利息。

3. 按照国家统一标准发放的补贴、津贴。

4. 福利费、抚恤金、救济金。

5. 保险赔款。

6. 军人的转业安置费、复员费。

7. 按照国家统一规定发给干部、职工的安家费、退职费、退休工资、离休工资、离休生活补助费。

8. 按照我国有关法律规定应予免税的各国驻华使馆、领事馆的外交代表、领事官员和其他人员的所得。

9. 中国政府参加的国际公约以及签订的协议中规定免税的所得。

10. 企业和个人按照规定的比例提取并缴付的住房公积金、医疗保险金、基本养老保险金、失业保险金，不计入当期的工资、薪金收入，免予征收个人所得税。个人按规定领取时不缴纳个人所得税。

11. 对个人取得的教育储蓄存款利息所得以及国务院财政部门确定的其他专项储蓄存款或者储蓄性专项基金存款的利息所得，免征个人所得税。

12. 储蓄机构内从事代扣代缴工作的办税人员取得扣缴利息手续费所得。

13. 关于发给见义勇为者并经主管机关核准的奖金。

14. 生育妇女的生育津贴、补贴；工伤职工及其近亲属按规定取得的工伤保险待遇。

15. 对个体工商户或个人，以及个人独资企业和合伙企业从事种植业、养殖业、饲养业和捕捞业取得的所得，暂不征收个人所得税。

16. 个人举报、协查各种违法、犯罪行为而获得的奖金。

17. 个人办理代扣代缴税款手续，按规定取得的扣缴手续费。

18. 个人转让用达 5 年以上并且是唯一的家庭居住用房取得的所得。

19. 达到离休、退休年龄在延长离休、退休期间的工资、薪金所得。

20. 符合条件的外籍专家取得的工资、薪金所得以及外籍个人从外商投资企业取得的股息、利息所得。

21. 个人投资者从投保基金公司取得的行政和解金。

22. 个人转让上市公司股票取得的所得，以及证券市场个人投资者的证券交易结算资金在 2008 年 10 月 9 日后滋生的利息所得暂免征收个人所得税。

23. 股权分置改革中非流通股股东通过对价方式向流通股股东支付的股份、现金等收入。

24. 对被拆迁人按规定的标准取得的拆迁补偿款（含因棚户区改造而取得的拆迁补偿款）；对个人按《廉租住房保障办法》规定取得的廉租住房货币补贴，免征个人所得税；对于所在单位以廉租住房名义发放的不符合规定的补贴，应征收个人所得税。

25. 个人取得的下列中奖所得，暂免征收个人所得税：

（1）单张有奖发票奖金所得不超过 800 元（含 800 元）的，暂免征收个人所得税；个人取得单张有奖发票奖金所得超过 800 元的，应全额按照个人所得税法规定的“偶然所得”项目征收个人所得税。

（2）购买社会福利有奖募捐奖券、体育彩票一次中奖收入不超过 10 000 元的暂免征收个人所得税，对一次中奖收入超过 10 000 元的，应按税法规定全额征税。

26. 乡镇企业的职工和农民取得的青苗补偿费，暂不征收个税。

27. 经国务院财政部门批准免税的所得。

（二）减税项目

1. 残疾、孤老人员和烈属的所得。

2. 因严重自然灾害造成重大损失的。

3. 其他经国务院财政部门批准减税的情形。

任务二　掌握个人所得税的计算

一、应纳税所得额的规定

由于个人所得税的应税项目不同，并且取得某项所得所扣除费用也不相同，因此计算个人应纳税所得额，需按不同应税项目分项计算。

（一）每次收入的确定

个人所得税的征税方法有三种：一是按年计征，如经营所得，居民个人取得的综合所得；二是按月计征，如非居民个人取得工资、薪金所得；三是按次计征，如利息、股利、红利所得，财产租赁所得，偶然所得和非居民个人取得的劳务报酬所得，稿酬所得，特许权使用费所得等 6 项所得。“次”的具体内容界定如下：

1. 非居民个人取得劳务报酬所得、稿酬所得、特许权使用费所得，根据不同所得项目分别规定为：

（1）属于一次性收入的，以取得该项收入为一次。

劳务报酬所得如果属于一次完成后取得的收入，应以每次提供劳务取得的收入为一次；如果一次性劳务报酬收入以分月支付方式取得的，适用于同一事项连续取得收入，以 1 个月内取得的收入为一次。

稿酬所得，以每次出版、发表取得的收入为一次，不论出版单位是预付还是分笔支付稿酬，或者加印该作品后再付稿酬，均应合并其稿酬所得按一次计征个人所得税。个人的同一作品在报刊上连载，应合并其因连载而取得的所有稿酬所得为一次，按税法规定计征个人所得税。在其连载之后又出书取得稿酬所得，或先出书后连载取得稿酬所得，应视同再版稿酬分次计征个人所得税。作者将自己的文学作品手稿原件或复印件公开拍卖（竞价）取得的所得，不能适用稿酬所得项目，而应按特许权使用费所得项目征收个人所得税。作者去世后，对取得其遗作稿酬的个人，按稿酬所得征收个人所得税。

自 2019 年 1 月 1 日起，根据 2018 年新修订的《中华人民共和国个人所得税法实施条例》（以下简称《个人所得税法实施条例》）第十四条的规定，稿酬所得，属于一次性收入的，以取得该项收入为一次；属于同一项目连续性收入的，以一个月内取得的收入为一次。

特许权使用费所得，以某项使用权的一次性转让所取得的收入为一次。一个非居民个人可能不仅拥有一项特许权利，每一项特许权的使用权也可能不止一次地向我国境内提供。对特许权使用费所得的“次”的界定，明确为每一项使用权的每次转让所得取得的收入为一次。如果该次转让取得的收入是分笔支付的，则应将各笔收入相加为一次的收入，计征个人所得税。

（2）属于同一事项连续取得收入的，以 1 个月内取得的收入为一次。例如，某外籍歌手（非居民个人）与一卡拉 OK 厅签约，在一定时期内每天到场演唱一次，每次付报酬 1 000 元，在计算其劳务报酬所得时，应视为同一事项的连续性收入，以其 1 个月内取得的收入为一次计征个人所得税，而不是以每天取得收入为一次。

2. 财产租赁所得，以 1 个月内取得的收入为一次。

3. 利息、股息、红利所得，以支付利息、股息、红利取得的收入为一次。

4. 偶然所得，以每次收入为一次。

（二）应纳税所得额和费用减除标准

1. 居民个人取得综合所得，以每年收入减除费用 60 000 元以及专项扣除、专项附加扣除和依法确定的其他扣除后的余额为应纳税所得额。

（1）专项扣除，包括居民个人按照国家规定的范围和标准缴纳的基本养老保险、基本医疗保险、失业保险等社会保险费和住房公积金等。

（2）专项附加扣除，包括子女教育、继续教育、大病医疗、住房贷款利息或者住房租金、赡养老人等支出。

（3）依法确定的其他扣除，包括个人缴付符合国家规定的企业年金、职业年金、个人购买符合国家规定的商业健康保险、税收递延型商业养老保险的支出，以及国务院规定可以扣除的其他项目。

（4）专项扣除、专项附加扣除和依法确定的其他扣除，以居民个人一个纳税年度的应纳税所得额为限额，不结转以后年度扣除。

2. 非居民个人的工资、薪金所得，以每月收入额减除费用 5 000 后的余额为应纳税所得额；劳务报酬所得、稿酬所得、特许权使用费所得，以每次收入额为应纳税所得额。

3. 经营所得，以每一年纳税年度的收入总额减除成本、费用以及损失后的余额，为应纳税所得额。

取得经营所得的个人，没有综合所得的，计算其每一纳税年度的应纳税所得额时，应当减除费用 60 000 元、专项扣除、专项附加扣除以及依法确定的其他扣除。专项附加扣除在办理所得税汇算清缴时减除。

4. 财产租赁所得，每次收入不超过 4 000 元的，减除费用 800 元；4 000 元以上的，减除 20%的费用，其余额为应纳税所得额。

5. 财产转让所得，以转让财产的收入额减除财产原值和合理费用后的余额，为应纳税所得额。

纳税人不能提供完整、准确的财产原值凭证，不能正确计算财产原值的，由主管税务机关核定其财产原值。合理费用，是指卖出财产时按照规定支付的有关费用。

6. 利息、股息、红利所得和偶然所得，以每次收入额为应纳税所得额。

7. 专项附加扣除标准。

（1）子女教育

纳税人年满 3 岁的子女接受学前教育和学历教育的相关支出，按照每个子女每月 1 000 元的标准定额扣除。

学前教育包括年满 3 岁至小学入学前教育；学历教育包括义务教育（小学、初中教育）、高中阶段教育（普通高中、中等职业、技工教育）、高等教育（大学专科、大学本科、硕士研究生、博士研究生教育）。

父母可以选择由其中一方按扣除标准的 100%扣除，也可以选择由双方分别按扣除标准的 50%扣除，具体扣除方式在一个纳税年度内不能变更。

纳税人子女在中国境外接受教育的，纳税人应当留存境外学校录取通知书、留学签证等相关教育的证明资料备查。

（2）继续教育

纳税人在中国境内接受学历（学位）继续教育的支出，在学历（学位）教育期间按照每月 400 元定额扣除。同一学历（学位）继续教育的扣除期限不能超过 48 个月。纳税人接受技能人员职业资格继续教育、专业技术人员职业资格继续教育的支出，在取得相关证书的当年，按照 3 600 元定额扣除。

个人接受本科及以下学历（学位）继续教育，符合本税法规定扣除条件的，可以选择由其父母扣除，也可以选择由本人扣除。

纳税人接受技能人员职业资格继续教育、专业技术人员职业资格继续教育的，应当留存相关证书等资料备查。

（3）大病医疗

在一个纳税年度内，纳税人发生的与基本医保相关的医药费用支出，扣除医保报销后个人负担（指医保目录范围内的自付部分）累计超过 15 000 元的部分，由纳税人在办理年度汇算清缴时，在 80 000 元限额内据实扣除。

纳税人发生的医药费用支出可以选择由本人或者其配偶扣除；未成年子女发生的医药费用支出可以选择由其父母一方扣除。

纳税人应当留存医药服务收费及医保报销相关票据原件（或者复印件）等资料备查。医疗保障部门应当向患者提供在医疗保障信息系统记录的本人年度医药费用信息查询服务。

（4）住房贷款利息

纳税人本人或者配偶单独或者共同使用商业银行或者住房公积金个人住房贷款，为本人或者其配偶购买中国境内住房，发生的首套住房贷款利息支出，在实际发生贷款利息的年度，按照每月 1 000 元的标准定额扣除，扣除期限最长不超过 240 个月。纳税人只能享受一次首套住房贷款利息扣除。

首套住房贷款是指购买住房享受首套住房贷款利率的住房贷款。经夫妻双方约定，可以选择由其中一方扣除，具体扣除方式在一个纳税年度内不能变更。

夫妻双方婚前分别购买住房发生的首套住房贷款，其贷款利息支出，婚后可以选择其中一套购买的住房，由购买方按扣除标准的100%扣除，也可以由夫妻双方对各自购买的住房分别按扣除标准的 50%扣除，具体扣除方式在一个纳税年度内不能变更。

纳税人应当留存住房贷款合同、贷款还款支出凭证备查。

（5）住房租金

纳税人在主要工作城市没有自有住房而发生的住房租金支出，可以按照以下标准定额扣除：

直辖市、省会（首府）城市、计划单列市以及国务院确定的其他城市，扣除标准为每月 1 500 元；除上述所列城市以外，市辖区户籍人口超过 100 万的城市，扣除标准为每月 1 100 元；市辖区户籍人口不超过 100 万的城市，扣除标准为每月 800 元。

纳税人的配偶在纳税人的主要工作城市有自有住房的，视同纳税人在主要工作城市有自有住房。

主要工作城市是指纳税人任职受雇的直辖市、计划单列市、副省级城市、地级市（地区、州、盟）全部行政区域范围；纳税人无任职受雇单位的，为受理其综合所得汇算清缴的税务机关所在城市。

夫妻双方主要工作城市相同的，只能由一方扣除住房租金支出；住房租金支出由签订租赁住房合同的承租人扣除。

纳税人及其配偶在一个纳税年度内不得同时分别享受住房贷款利息和住房租金专项附加扣除。

纳税人应当留存住房租赁合同、协议等有关资料备查。

（6）赡养老人

纳税人赡养一位及以上被赡养人的赡养支出，统一按照以下标准定额扣除：

纳税人为独生子女的，按照每月 2 000 元的标准定额扣除；纳税人为非独生子女的，由其与兄弟姐妹分摊每月 2 000 元的扣除额度，每人分摊的额度不能超过每月 1 000 元。可以由赡养人均摊或者约定分摊，也可以由被赡养人指定分摊。约定或者指定分摊的须签订书面分摊协议，指定分摊优先于约定分摊。具体分摊方式和额度在一个纳税年度内不能变更。

所称被赡养人是指年满 60 岁的父母，以及子女均已去世的年满 60 岁的祖父母、外祖父母。

（三）应纳税所得额的其他规定

1. 劳务报酬所得、稿酬所得、特许权使用费所得以收入额减除 20%的费用后的余额为收入额。稿酬所得的收入额减按 70%计算。个人兼有不同的劳务报酬所得，应当分别减除费用，计算缴纳个人所得税。

2. 个人将其所得对教育、扶贫、济困等公益慈善事业进行捐赠，捐赠额未超过纳税人申报的应纳税所得额 30%的部分，可以从其应纳税所得额中扣除；国务院规定对公益慈善事业捐赠实行全额税前扣除的，从其规定。

3. 个人所得的形式，包括现金、实物、有价证券和其他形式的经济利益。所得为实物的，应当按照取得的凭证上所注明的价格计算应纳税所得额，无凭证的实物或者凭证上所注明的价格明显偏低的，参照市场价格核定应纳税所得额；所得为有价证券的，根据票面价格和市场价格核定应纳税所得额；所得为其他形式的经济利益的，参照市场价格核定应纳税所得额。

企业以实物奖励员工，应按以上原则确定应纳税所得额，并入当期工资、薪金收入，计征个人所得税。

4. 居民个人从中国境外取得的所得，可以从其应纳税额中抵免已在境外缴纳的个人所得税税额，但抵免额不得超过该纳税人境外所得依照本法规定计算的应纳税额。

5. 所得为人民币以外货币的，按照办理纳税申报或扣缴申报的上一月最后一日人民币汇率中间价，折合成人民币计算应纳税所得额。年度终了后办理汇算清缴的，对已经按月、按季或者按次预缴税款的人民币以外货币所得，不再重新折算；对应当补缴税款的所得部分，按照上一纳税年度最后一日人民币汇率中间价，折合成人民币计算应纳税所得额。

6. 对个人从事技术转让、提供劳务等过程中所支付的中介费、如能提供有效、合法凭证的，允许从其所得中扣除。

二、居民个人应纳税额的计算

（一）居民个人年度综合所得应纳税额的计算公式为:

应纳税额=全年应纳税所得额×适用税率-速算扣除数

=（全年收入额-60 000 元-社保、住房公积金费用-享受的专项附加扣除-享受的其他扣除）×适用税率-速算扣除数

公式中的收入额具体确定如下：工资、薪金所得全额计入收入额；而劳务报酬所得、特许权使用费所得的收入额为实际取得劳务报酬、特许权使用费收入的 80%；此外，稿酬所得的收入额在扣除 20%费用基础上，再减按 70%计算，即稿酬所得的收入额为实际收取稿酬收入的 56%。

案例 5-1：某居民个人纳税人为独生子女，2019 年交完社保和住房公积金后共取得税前工资收入 18 万元，劳务报酬 2 万元，稿酬 1 万元，特许权使用费 5 万元。该纳税人有两个小孩且均由其扣除子女教育专项附加，纳税人的父母健在且均已满 60 岁。计算其当年应纳个人所得税税额。

【解析】

（1）全年应纳税所得额=180 000+20 000×(1-20%)+10 000×(1-20%)×70%+50 000×(1-20%)-60 000-12 000×2-24 000=241 600-108 000=133 600（元）

（2）当年应纳税额=133 600×10%-2 520=10 840（元）

（二）居民个人预扣预缴应纳税额的计算

1. 扣缴义务人向居民个人支付工资、薪金所得时，应当按照累计预扣法计算预扣预缴税款，并按月办理扣缴申报。

累计预扣法，是指扣缴义务人在一个纳税年度内预扣预缴税款时，以纳税人在本单位截至当前月份工资、薪金所得累计收入减除累计免税收入、累计减除费用、累计专项扣除、

累计专项附加扣除和累计依法确定的其他扣除后的余额为累计预扣预缴应纳税所得额，适用居民个人工资、薪金所得税预扣预缴税率（见表5-2），计算累计应预扣预缴税额，再减除累计减免税额和累计已预扣预缴税额，其余额为本期应预扣预缴税额。余额为负值时，暂不退税。纳税年度终了后余额仍为负值时，由纳税人通过办理综合所得年度汇算清缴，税款多退少补。

具体计算公式如下：

本期应预扣预缴税额 =（累计预扣预缴应纳税所得额×预扣率-速算扣除数）- 累计减免税额-累计已预扣预缴税额

累计预扣预缴应纳税所得额=累计收入-累计免税收入-累计减除费用-累计专项扣除-累计专项附加扣除-累计依法确定的其他扣除

其中：累计减除费用，按照 5 000 元/月乘以纳税人当年截至本月在本单位的任职受雇月份数计算。

案例 5-2：某居民个人 2019 年每月从任职单位取得工资 10 000 元，可以扣除的专项扣除，即个人缴纳的保险公积金为 2 500 元，专项附加扣除为 1 500 元，单位按累计预扣法计算如下：

【解析】

1 月：[10 000-(5 000+2 500+1 500)]×3%= (10 000-9 000)×3%=30（元）

2 月：[10 000×2-(5 000+2 500+1 500)×2]×3%-30=30（元）

3 月：[10 000×3-(5 000+2 500+1 500)×3]×3%-30-30=30（元）

以此类推，3 月至 12 月累计预扣预缴应纳税所得额均未超过 36 000 元，预扣率均为 3%，速算扣除数均为 0，纳税均为 30 元，全年共预扣预缴税额为 30×12=360（元）。

注意：如果工资变为 2 万元，保险公积金个人月缴纳 5 000 元，其他扣除不变的情况下，税率会有所变化：

1 月：[20 000-(5 000+5 000+1 500)]×3%=8 500×3%=255（元）

2 月：[20 000×2-(5 000+5 000+1 500)×2]×3%-255=255（元）

3 月：[20 000×3-(5 000+5 000+1 500)×3]×3%-255-255=255（元）

4 月：[20 000×4-(5 000+5 000+1 500)×4]×3%-255-255-255=255（元）

5 月：[20 000×5-(5 000+5 000+1 500)×5]×10%-2 520-255×4=710（元）

6 月：[20 000×6-(5 000+5 000+1 500)×6]×10%-2 520-255×4-710=850（元）

同理，7 月至 12 月的累计预扣预缴应纳税所得额均未超过 144 000 元，仍是 10%的预扣率，每月均预扣预缴税额 850 元，全年共预缴税额：255×4+710+850×7=7 680（元）。

2. 扣缴义务人向居民纳税人支付劳务报酬所得、稿酬所得、特许权使用费所得时，应当按照以下方法按次或者按月预扣预缴税款。

（1）劳务报酬所得、稿酬所得、特许权使用费所得，以收入减除费用后的余额为收入额；其中，稿酬所得的收入额减按 70%计算。

（2）减除费用：预扣预缴税款时，劳务报酬所得、稿酬所得、特许权使用费所得每次收入不超过 4 000 元的，减除费用按 800 元计算；每次收入 4 000 元以上的，减除费用按收入的 20%计算。

（3）应纳税所得额：劳务报酬所得、稿酬所得、特许权使用费所得，以每次收入额为预扣预缴应纳税所得额，计算应预扣预缴税额。劳务报酬所得适用居民个人劳务报酬所得税预扣预缴率（见表 5-3），稿酬所得、特许权使用费所得适用 20%的比例预扣率。

（4）预扣预缴税额计算公式：

劳务报酬所得应预扣预缴税额=预扣预缴应纳税所得额×预扣率-速算扣除数

稿酬所得、特许权使用费所得应预扣预缴税额=预扣预缴应纳税所得额×20%

居民个人办理年度综合所得汇算清缴时，应当依法计算劳务报酬所得、稿酬所得、特许权使用费所得的收入额，并入年度综合所得计算应纳税款，税款多退少补。

案例 5-3：某歌星为居民个人，其一次取得演艺收入 80 000 元，计算其应预扣预缴个人所得税税额。

【解析】应预扣预缴税额=80 000×(1-20%)×40%-7 000=25 600-7 000=18 600（元）

案例 5-4：某作家为居民个人，2019 年 9 月取得未扣税的稿酬收入 3 000 元，计算其应预扣预缴个人所得税税额。

【解析】应预扣预缴税额=(3 000-800)×20%×(1-30%)=308（元）

三、非居民个人取得工资、薪金所得，劳务报酬所得，稿酬所得和特许权使用费所得应纳税额的计算

非居民个人取得的劳务报酬所得、稿酬所得和特许权使用费所得，以收入减除 20%的费用后的余额为收入额；稿酬所得的收入额减按 30%计算确定。

非居民个人的工资、薪金所得，以每月收入额减除费用 5 000 后的余额为应纳税所得额；劳务报酬所得、稿酬所得、特许权使用费所得，以每次收入额为应纳税所得额。

非居民个人取得工资、薪金所得，劳务报酬所得，稿酬所得和特许权使用费所得，依照表 5-1 按月换算后计算应纳税额。因此，非居民个人从我国境内取得这些所得时，适用的税率表为表 5-5：

表 5-5 非居民个人工资、薪金所得，劳务报酬所得，稿酬所得和特许权使用费所得适用税率表

级 数	应纳税所得额	税率（%）	速算扣除数（元）
1	不超过 3 000 元的部分	3	0
2	超过 3 000 元至 12 000 元的部分	10	210
3	超过 12 000 元至 25 000 元的部分	20	1 410
4	超过 25 000 元至 35 000 元的部分	25	2 660
5	超过 35 000 元至 55 000 元的部分	30	4 410
6	超过 55 000 元至 80 000 元的部分	35	7 160
7	超过 80 000 元的部分	45	15 160

案例 5-5：假定某外商投资企业中工作的美国专家为非居民纳税人，2019 年 8 月取得由该企业发放的含税工资收入 20 000 元人民币，此外还从其他单位取得了未扣税劳务报酬 5 000 元人民币。计算当月其应纳个人所得税税额。

【解析】

（1）该非居民个人当月工资、薪金所得应纳税额=(20 000-5 000)×20%-1 410=1 590（元）

（2）该非居民个人当月劳务报酬所得应纳税额=5 000×(1-20%)×10%-210=190（元）

（3）该非居民个人当月应纳税总额=1 590+190=1 780（元）

四、经营所得应纳税额的计算

经营所得应纳税额的计算公式为：

应纳税额=全年应纳税所得额×适用税率-速算扣除数

或 =（全年收入额-成本、费用以及损失）× 适用税率-速算扣除数

适用税率表见表 5-4。

案例 5-6：某个体工商户 2019 年 12 月取得经营收入为 320 000 元，准许扣除的当月成本、费用（不含业主工资）及相关税金共计 250 600 元。1 月至 11 月累计应纳税所得额 88 400 元（未扣除业主费用减除标准），1 月至 11 月累计已累计预缴个人所得税 11 000 元。除经营所得外，业主本人没有其他收入，且 2019 年全年均享受赡养老人一项专项附加扣除（纳税人为独生子女）。不考虑专项扣除和符合税法规定的其他扣除，计算该个体工商户在 2019 年度汇算清缴时应申请的个人所得税退税额。

【解析】纳税人取得经营所得，按年计算个人所得税由纳税人在月度或季度终了后 15 日内，向经营管理所在地主管税务机关办理预缴纳税申报；在取得所得的次年 3 月 31 日前向经营管理所在地主管税务机关办理汇算清缴。根据全年应纳税额和当年已预缴税额计算出当年度应补（退）税额。

（1）全年应纳税所得额=320 000-250 600+88 400-60 000-24 000=73 800（元）

（2）全年应缴纳个人所得税=73 800×10%-1 500=5 880（元）

（3）该个体工商户 2019 年度应申请的个人所得税退税额=11 000-5 880=5 120（元）

五、财产租赁所得应纳税额的计算

（一）财产租赁所得应纳税额的计算公式

1. 每次（月）收入不超过 4 000 元的：

应纳税额 =［每次（月）收入额-准予扣除项目-修缮费用（800 元为限）-800 元］× 适用税率

2. 每次（月）收入超过 4 000 元的：

应纳税额 =［每次（月）收入额-准予扣除项目-修缮费用（800 元为限）］×（1-20%）× 适用税率

财产租赁所得适用 20%的比例税率，但对个人按市场价格出租的居民住房取得的所得，自 2001 年 1 月 1 日起减按 10%的税率征收个人所得税。

（二）财产租赁所得个人所得税前扣除

财产租赁所得以 1 个月内取得的收入为一次，在确定财产租赁的应纳税所得额时，纳税人在出租财产过程中缴纳的税金和教育费附加，可持完税凭证，从其财产租赁收入中扣除。准予扣除的项目除了规定费用和有关税、费外，还准予扣除能够提供有效、准确凭证，证明由纳税人负担的该出租财产实际开支的修缮费用。允许扣除的修缮费用，以每次 800 元为限。一次扣除不完的，准予在下一次继续扣除，直到扣完为止。

财产租赁所得个人所得税前的扣除次序为：

1. 财产租赁过程中缴纳的税费；
2. 向出租方支付的租金；
3. 由纳税人负担的租赁财产实际开支的修缮费用；
4. 税法规定的费用扣除标准。

案例 5-7：王某 2019 年 1 月 1 日将自有住房按市场价格出租给李某居住，租期 1 年。每月收取租金 2 500 元，全年租金收入 30 000 元，不考虑其他税费，计算其全年应缴纳的个人所得税。

【解析】每月应纳税额=(2 500−800)×10%=170（元）

全年应纳所得税额=170×12=2 040（元）

假定当年 3 月因房屋漏水找人修理，发生修理费用 600 元，有维修部门的正式收据，则 3 月和全年的应纳税额为：

3 月应纳税额=(2 500−600−800)×10%=110（元）

全年应纳税额=170×11+110=1 980（元）

六、财产转让所得应纳税额的计算

（1）一般情况下财产转让所得应纳税额的计算。

财产转让所得应纳税额的计算公式为：

应纳税额=应纳税所得额×适用税率=(收入总额−财产原值−合理税费)×20%

（2）个人销售无偿受赠不动产应纳税额的计算。

为加强房地产交易中个人无偿赠与不动产行为的税收管理，国税发〔2006〕144 号文件规定，个人将受赠的不动产对外销售应征收个人所得税。个人将受赠不动产对外销售征收个人所得税的具体规定如下：

① 受赠人取得赠与人无偿赠与不动产后，再转让该项目不动产的，在缴纳个人所得税时，以财产转让收入减除受赠、转让住房过程中缴纳的税金及有关合理费用后的余额为应纳税所得额，按 20%的适用税率计算缴纳个人所得税。

② 个人在受赠和转让住房过程中缴纳的税金，按相关规定处理。

案例 5-8：张某于 2019 年转让私有住房一套，取得转让收入 600 000 元。该套住房购进时的原价为 350 000 元，转让时支付有关税费 30 000 元。计算其转让私有住房应缴纳的个人所得税。

【解析】

应缴纳个人所得税税额 = (财产转让收入−财产原值−合理税费)×20%

= (600 000−350 000−30 000)×20%=44 000（元）

七、利息、股息、红利和偶然所得应纳税额的计算

利息、股息、红利和偶然所得以个人每次取得的收入额为应纳税所得额，不得扣除任何费用。除有特殊规定外，每次收入额就是应纳税所得额，其应纳税额的计算公式为：

应纳税额=应纳税所得额×适用税率=每次收入额×20%

八、应纳税额计算中的特殊问题处理

（一）对在中国境内无住所的个人一次取得数月奖金或年终加薪、劳动分红的计算征税问题可单独作为1个月的工资、薪金所得计算纳税，不再减除费用，全额作为应纳税所得额直接按适用税率计算应纳税款。

（二）关于廉租住房的个人所得税规定

1. 对个人按《廉租住房保障办法》规定取得的廉租住房货币补贴，免征个人所得税；对于所在单位以廉租住房名义发放的不符合规定的补贴，应征收个人所得税。

2. 个人捐赠住房作为廉租住房的，捐赠额未超过其申报的应纳税所得额30%的部分，准予从其应纳税所得额中扣除。

（三）关于个人取得公务交通、通信补贴收入的征税问题

个人因公务用车和通讯制度改革而取得的公务用车、通讯补贴收入，扣除一定标准的公务费用后，按照“工资、薪金所得”项目计征个人所得税。按月发放的，并入当月“工资、薪金所得”计征个人所得税；不按月发放的，分解到所属月份并与该月份“工资、薪金所得”合并后计征个人所得税。

公务费用的扣除标准，由省级地方税务局根据纳税人公务交通、通信费用的实际发生情况调查测算，报经省级人民政府批准确定后，并报国家税务总局备案。

（四）对个人因解除劳动合同取得经济补偿金的征税方法

1. 职工从破产企业取得的一次性安置费收入，免征个人所得税。

2. 个人与用人单位解除劳动关系取得的一次性补偿收入在当地上半年职工平均工资3倍以内的部分，免征个人所得税；超过3倍数额部分，视为一次取得数月工资、薪金收入，以超过部分除以个人工作年限（超过12年按12年计算），以商数作为数月工资、薪金收入计算个人所得税。

3. 个人领取一次性补偿收入时按照国家和地方政府规定的比例实际缴纳的住房公积金、医疗保险费、基本养老保险费、失业保险费，可以在计征其一次性补偿收入的个人所得税时予以扣除。

（五）房租赠与个人所得税的计算

1. 以下情形的房屋产权无偿赠与，对当事双方不征收个人所得税：

（1）房屋产权所有人将房屋产权无偿赠与配偶、父母、子女、祖父母、外祖父母、孙子女、外孙子女、兄弟姐妹；

（2）房屋产权所有人将房屋产权无偿赠与对其承担直接抚养或者赡养义务的抚养人或者赡养人；

（3）房屋产权所有人死亡，依法取得房屋产权的法定继承人、遗嘱继承人或者受遗赠人。

2. 房屋产权所有人将房屋产权无偿赠与他人的，受赠人因无偿受赠房屋取得的受赠所得，按照“经国务院财政部门确定征税的其他所得”项目缴纳个人所得税，税率为20%。

3. 对受赠人无偿受赠房屋计征个人所得税时，其应纳税所得额为房地产赠与合同上标明的赠与房屋价值减除赠与过程中受赠人支付的相关税费后的余额。赠与合同标明的房屋价值明显低于市场价格或房地产赠与合同未标明赠与房屋价值的，税务机关可依据受赠房屋的市场评估价格或采取其他合理方式确定受赠人的应纳税所得额。

4. 受赠人转让受赠房屋的，以其转让受赠房屋的收入减除原捐赠人取得该房屋的实际购置成本以及赠与和转让过程中受赠人支付的相关税费后的余额，为受赠人的应纳税所得额，依法计征个人所得税。受赠人转让受赠房屋价格明显偏低且无正当理由的，税务机关可以依据该房屋的市场评估价格或其他合理方式确定的价格核定其转让收入。

（六）个人兼职和退休人员再任职取得收入个人所得税的征税方法

个人兼职取得的收入应按照“劳务报酬所得”应税项目缴纳所得税；退休人员再任职取得的收入，在减除按个人所得税法规定的费用扣除标准后，按“工资、薪金所得”应税项目缴纳个人所得税。

（七）企业促销展业赠送礼品个人所得税的规定

企业和单位在营销活动中以折扣折让、赠品、抽奖等方式，向个人赠送现金、消费券、物品、服务等（以下简称礼品）有关个人所得税的具体规定如下：

1. 企业在销售商品（产品）和提供服务过程中向个人赠送礼品，属于下列情形之一的，不征收个人所得税：

（1）企业通过价格折扣、折让方式向个人销售商品（产品）和提供服务；

（2）企业在向个人销售商品（产品）和提供服务的同时给予赠品，如通信企业对个人购买手机赠话费、入网费，或者购话费赠手机等；

（3）企业对累积消费达到一定额度的个人按消费积分反馈礼品。

2. 企业向个人赠送礼品，属于下列情形之一的，取得该项所得的个人应依法缴纳个人所得税，税款由赠送礼品的企业代扣代缴：

（1）企业在业务宣传、广告等活动中，随机向本单位以外的个人赠送礼品，对个人取得的礼品所得，按照“偶然所得”项目，适用20%的税率缴纳个人所得税。

（2）企业在年会、座谈会、庆典以及其他活动中向本单位以外的个人赠送礼品，对个人取得的礼品所得，按照“偶然所得”项目，适用20%的税率缴纳个人所得税。

（3）企业对累计消费达到一定额度的顾客，给予额外抽奖的机会，个人的获奖所得，按照“偶然所得”项目，适用20%的税率缴纳个人所得税。

3. 企业赠送的礼品是自产产品（服务）的，按该产品（服务）的市场销售价格确定个人的应纳税所得；是外购商品（服务）的，按该商品（服务）的实际购置价格确定个人的应纳税额。

（八）保险营销员、证券经纪人佣金收入的政策

保险营销员、证券经纪人取得的佣金收入，属于劳务报酬所得，以不含增值税的收入减除20%的费用后的余额为收入额，收入额减去展业成本以及附加税费后，并入当年综合所得，计算缴纳个人所得税。保险营销员、证券经纪人展业成本按照收入额的25%计算。

扣缴义务人向保险营业员、证券经纪人支付佣金时，应按照《个人所得税扣缴申报管

理办法》规定的累计预扣法计算预扣税额。

（九）企业为股东个人购买汽车的个人所得税征税方法

企业为股东购买车辆并将车辆所有权划归到股东个人名下，其实质为企业对股东进行了红利性质的实物分配，应按照“利息、股息、红利所得”项目征收个人所得税。考虑到该股东个人名下的车辆同时也为企业经营使用的实际情况，允许合理减除部分所得，减除的具体数额由主管税务机关根据车辆的实际使用情况合理确定。

（十）企业资金为个人购房的个人所得税征税方法

1. 个人取得以下情形的房屋或其他财产，不论所有人是否将财产无偿或有偿交付企业使用，其性质均为企业对个人进行了实物性质的分配，应依法计征个人所得税。

（1）企业出资购买房屋及其他财产，将所有权登记为投资者个人、投资者家庭成员或企业其他人员的。

（2）企业投资者个人、投资者家庭成员或企业其他人员向企业借款用于购买房屋及其他财产，将所有权登记为投资者个人、投资者家庭成员或企业其他人员，且借款年度终了后未归还借款的。

2. 对个人独资企业、合伙企业的个人投资者或其家庭成员取得的上述所得，视为企业对个人投资者的利润分配，按照“个体工商户的生产、经营所得”项目计征个人所得税；对除个人独资企业、合伙企业以外其他企业的个人投资者或其家庭成员取得的上述所得，视为企业对个人投资者的红利所得，按照“利息、股息、红利”所得项目计征个人所得税；对企业其他人员的上述所得，按照“工资、薪金”所得项目计征个人所得税。

任务三　掌握个人所得税的会计处理

一、账户设置

个人所得税的会计处理主要包括扣缴义务人代扣代缴个人所得税的会计处理和个体工商户（含个人独资企业、合伙企业）有关个人所得税的会计处理两个方面。

个人所得税设置“应交税费”一级会计科目进行核算，根据代扣代缴、自行申报税款的相关要求，分别设置“应交个人所得税”“代扣代缴个人所得税”“代付个人所得税”“应交个体工商户缴纳个人所得税”等明细会计科目。该科目的贷方余额表示本期应缴尚未上缴的个人所得税税额，借方余额表示已多缴的个人所得税税额。

二、企业代扣代缴个人所得税的会计处理

1. 支付工资、薪金代扣代缴所得税

企业向职工支付工资、薪金时，应按规定代扣代缴职工应缴纳的个人所得税。代扣个人所得税时，借记“应付职工薪酬”科目，贷记“应交税费——应交个人所得税”科目。

实际上缴所代扣的个人所得税时，借记“应交税费——应交个人所得税”科目，贷记“银行存款”等科目。

企业为职工代扣代缴个人所得税有两种情况：

①职工自己承担个人所得税，企业只担负扣缴义务；②企业既承担税款，又担负扣税义务。

案例 5-9：某企业给职工李某发放 2019 年 1 月工资 6 500 元（假定无其他扣除项目），计算企业预扣预缴个人所得税税额及进行的会计账务处理。

李某应预扣预缴个人所得税= (6 500−5 000)×3%−0 = 45（元）

企业代扣时，会计处理如下：

借：应付职工薪酬 6 500
　　贷：库存现金 6 455
　　　　应交税费——应交个人所得税 45

企业实际缴纳时，会计处理如下：

借：应交税费——应交个人所得税 45
　　贷：银行存款 45

2. 支付劳务报酬、特许权使用费、稿费、财产租赁费代扣代缴所得税

企业支付给个人的劳务报酬、特许权使用费、稿费、财产租赁费，一般由支付单位作为扣缴义务人向纳税人扣缴个人所得税款，并计入该企业的有关期间费用账户。企业在支付时借记“无形资产”“管理费用”“销售费用”等科目，贷记“应交税费——应交个人所得税”“库存现金”等科目。实际缴纳时，借记“应交税费——应交个人所得税”科目，贷记“银行存款”等科目。

案例 5-10：李某向甲公司提供一项专利使用权，取得收入 80 000 元。计算李某就此项收入应缴纳的个人所得税及甲公司的会计处理。

李某应缴纳的个人所得税= 80 000×(1−20%)×20% = 12 800（元）

甲公司支付特许权使用费并代扣个人所得税时会计处理：

借：无形资产 80 000
　　贷：银行存款 67 200
　　　　应交税费——应交个人所得税 12 800

甲公司实际缴纳时会计处理：

借：应交税费——应交个人所得税 12 800
　　贷：银行存款 12 800

3. 向个人购买财产（财产转让）代扣代缴所得税

一般情况下，企业向个人购买财产在属于购置固定资产的项目时，针对个人的财产转让所得，应缴纳的个人所得税，由接受转让的企业所支付款项中代扣代缴。企业向个人购买财产时应借记“固定资产”科目，贷记“应交税费——应交个人所得税”“银行存款”等科目。实际缴纳时，借记“应交税费——应交个人所得税”科目，贷记“银行存款”等科目。

案例 5-11：张某向乙公司转让房屋一套，取得转让收入 600 000 元。该套住房购进时

的原价为 350 000 元，转让时支付有关税费 30 000 元。计算乙公司支付转让费并代扣个人所得税以及实际缴纳的会计处理。

张某就该项转让收入应纳税额＝(600 000−350 000−30 000)×20%＝44 000（元）

乙公司向张某支付财产转让费并代扣个人所得税时会计处理：

借：固定资产	600 000	
贷：银行存款		556 000
应交税费——应交个人所得税		44 000

乙公司实际上缴所代扣的个人所得税时会计处理：

借：应交税费——应交个人所得税	44 000	
贷：银行存款		44 000

4. 向股东支付股利代扣代缴所得税

企业向个人支付现金股利时，应代扣代缴个人所得税。公司按应支付给个人的现金股利金额，借记“利润分配”科目，贷记“应付股利”科目。实际支付现金股利时，借记“应付股利”科目，贷记“银行存款”“库存现金”“应交税费——应交个人所得税”等科目。

案例 5-12：丙公司根据利润分配方案向其股东钟某支付现金股利 50 000 元，计算钟某就其取得的股利收入应缴纳个人所得税及会计处理。

应纳税额=50 000×20%=10 000（元）

丙公司向钟某支付股利并代扣个人所得税时会计处理：

借：应付股利	50 000	
贷：银行存款		40 000
应交税费——应交个人所得税		10 000

丙公司实际上缴所代扣的个人所得税时会计处理：

借：应交税费——应交个人所得税	10 000	
贷：银行存款		10 000

三、个体工商户、个人独资企业及合伙企业所得税的会计处理

按照税法规定，个体工商户、个人独资企业及合伙企业均不是企业性质，所以不交企业所得税，只交个人所得税。个体工商户、个人独资企业及合伙企业应设置“应交税费——应交个体工商户缴纳个人所得税”“应交税费——应交个人所得税”等科目用于核算预缴和应缴的个人所得税，以及年终汇算清缴后个人所得税的补交和退回情况。个体工商户、个人独资企业及合伙企业按月预缴个人所得税时，借记“应交税费——应交个人所得税”科目，贷记“银行存款”等科目。年度终了，计算出全年实际应缴的个人所得税，借记“留存收益”科目，贷记“应交税费——应交个人所得税”科目。

补缴个人所得税时，记入“应交税费——应交个人所得税”科目的借方；收到退回的多缴个人所得税时，记入“应交税费——应交个人所得税”科目的贷方。

案例 6-11：某个体工商户经过主管税务机关核定，按照 2018 年度实际应交个人所得税金额，确定 2019 年各月的预缴个人所得税金额。2019 年预缴个人所得税金额为 24 000 元。

2019 年各月的个人所得税预缴金额=24 000÷12=2 000（元）

各月预缴个人所得税时会计处理：

借：应交税费——应交个体工商户缴纳个人所得税　　2 000

　　贷：银行存款　　2 000

年度终了，确定本年度生产经营活动应缴的个人所得税为 26 000 元。

汇算清缴全年的个人所得税时会计处理：

借：留存收益　　26 000

　　贷：应交税费——应交个体工商户缴纳个人所得税　　26 000

由于全年 1 月至 12 月已经预缴个人所得税 24 000 元，记入了“应交税费——应交个体工商户缴纳个人所得税”科目的借方，借方与贷方的差额 2 000 元为应补缴的个人所得税。补缴个人所得税时的会计处理为：

借：应交税费——应交个体工商户缴纳个人所得税　　2 000

　　贷：银行存款　　2 000

任务四　熟悉个人所得税的纳税申报

对于个人所得税的纳税办法，全国通用实行的有自行申报纳税和全员全额扣缴申报纳税两种。此外，税收征管法还对无法查账征收的纳税人规定了“核定征收”方式。

一、自行申报纳税

自行申报纳税，是由纳税人自行在税法规定的纳税期限内，向税务机关申报取得的应税所得项目和数额，如实填写个人所得税纳税申报表，并按税法规定计算应纳税额，据此缴纳个人所得税的一种方法。

（一）有下列情形之一的，纳税人应当依法办理纳税申报

1. 取得综合所得，需要办理汇算清缴；
2. 取得应税所得，没有扣缴义务人；
3. 取得应税所得，扣缴义务人未实际扣缴税款；
4. 取得境外所得；
5. 因移居境外注销中国户籍；
6. 非居民个人在中国境内从两处以上取得工资、薪金所得；
7. 国务院规定的其他情形。

（二）取得综合所得需要办理汇算清缴的纳税申报

取得综合所得且符合下列情形之一的纳税人，应当依法办理汇算清缴：

1. 从两处以上取得综合所得，且综合所得年收入额减除专项扣除后的余额超过 6 万元；
2. 取得劳务报酬所得、稿酬所得、特许权使用费所得中一项或者多项所得，且综合所得年收入额减除专项扣除的余额超过 6 万元；
3. 纳税年度内预缴税额低于应纳税额；

4. 纳税人申请退税。

需要办理汇算清缴的纳税人，应当在取得所得的次年 3 月 1 日至 6 月 30 日内，向任职、受雇单位所在地主管税务机关办理纳税申报，并报送《个人所得税年度自行纳税申报表》（见表 5-9、表 5-10）。纳税人有两处以上任职、受雇单位的，选择向其中一处任职、受雇单位所在地主管税务机关办理纳税申报；纳税人没有任职、受雇单位的，向户籍所在地或经常居住地主管税务机关办理纳税申报。

（三）取得经营所得的纳税申报

个体工商户业主、个人独资企业投资者、合伙企业个人合伙人、承包承租经营者个人以及其他从事生产、经营活动的个人取得经营的所得，包括以下 4 种情形：

1. 个体工商户从事生产、经营活动取得的所得；个人独资企业投资人、合伙企业的个人合伙人来源于境内注册的个人独资企业、合伙企业生产、经营的所得；

2. 个人依法从事办学、医疗、咨询以及其他有偿服务活动取得的所得；

3. 个人对企业、事业单位承包经营、承租经营以及转包、转租取得的所得；

4. 个人从事其他生产、经营活动取得的所得。

纳税人取得经营所得，按年计算个人所得税，由纳税人在月度或季度终了后 15 日内，向经营管理所在地主管税务机关办理预缴纳税申报，并报送《个人所得税经营所得纳税申报表（A 表）》（见表 5-11）。在取得所得的次年 3 月 31 日前，向经营管理所在地主管税务机关办理汇算清缴，并报送《个人所得税经营所得纳税申报表（B 表）》（见表 5-12）；从两处以上取得经营所得的，选择向其中一处经营管理所在地主管税务机关办理年度汇总申报，并报送《个人所得税经营所得纳税申报表（C 表）》（见表 5-13）。

（四）取得应税所得，扣缴义务人未扣缴税款的纳税申报

纳税人取得应税所得，扣缴义务人未扣缴税款的，应当区别以下情形办理纳税申报：

1. 居民个人取得综合所得的，符合前述第（一）项（见前页）所述情形的，应当依法办理汇算清缴。

2. 非居民个人取得工资、薪金所得，劳务报酬所得，稿酬所得，特许权使用费所得的，应当在取得所得的次年 6 月 30 日前，向扣缴义务人所在地主管税务机关办理纳税申报，并报送《个人所得税自行纳税申报表（A 表）》（见表 5-9）。有两个以上扣缴义务人均未扣缴税款的，选择向其中一处扣缴义务人所在地主管税务机关办理纳税申报。

非居民个人在次年 6 月 30 日前离境（临时离境除外）的，应当在离境前办理纳税申报。

3. 纳税人取得利息、股息、红利所得，财产租赁所得，财产转让所得和偶然所得的，应当在取得所得的次年 6 月 30 日前，按相关规定向主管税务机关办理纳税申报，并报送《个人所得税自行纳税申报表（A 表）》

税务机关通知限期缴纳的，纳税人应当按照期限缴纳税款。纳税人取得应税所得没有扣缴义务人的，应当在取得所得的次月 15 日内向税务机关报送纳税申报表，并缴纳税款。

（五）取得境外所得的纳税申报

居民个人从中国境外取得所得的，应当在取得所得的次年 3 月 1 日至 6 月 30 日内，向中国境内任职、受雇单位所在地主管税务机关办理纳税申报；在中国境内没有任职、受雇单位的，向户籍所在地或中国境内经常居住地主管税务机关办理纳税申报；户籍所在地与中国境内经常居住地不一致的，选择其中一地主管税务机关办理纳税申报；在中国境内没有户籍的，向中国境内经常居住地主管税务机关办理纳税申报。

（六）因移居境外注销中国户籍的纳税申报

纳税人因移居境外注销中国户籍的，应当在申请注销中国户籍前，向户籍所在地主管税务机关办理纳税申报，进行税款清算。

1. 纳税人在注销户籍年度取得综合所得的，应当在注销户籍前，办理当年综合所得的汇算清缴，并报送《个人所得税年度自行纳税申报表》。尚未办理上一年度综合所得汇算清缴的，应当在办理注销户籍纳税申报时一并办理。

2. 纳税人在注销户籍年度取得经营所得的，应当在注销户籍前，办理当年经营所得的汇算清缴，并报送《个人所得税经营所得纳税申报表（B 表）》。从两处以上取得经营所得的，还应当一并报送《个人所得税经营所得纳税申报表（C 表）》。尚未办理上一年度经营所得汇算清缴的，应当在办理注销户籍纳税申报时一并办理。

3. 纳税人在注销户籍当年取得利息、股息、红利所得，财产租赁所得，财产转让所得和偶然所得的，应当在注销户籍前，申报当年上述所得的完税情况，并报送《个人所得税自行纳税申报表（A 表）》。

4. 纳税人有未缴或者少缴税款的，应当在注销户籍前，结清欠缴或未缴的税款。纳税人存在分期缴税且未缴纳完毕的，应当在注销户籍前，结清尚未缴纳的税款。

5. 纳税人办理注销户籍纳税申报时，需要办理专项附加扣除、依法确定的其他扣除的，应当向税务机关报送《个人所得税专项附加扣除信息表》（以下简称《扣除信息表》）《商业健康保险税前扣除情况明细表》《个人税收递延型商业养老保险税前扣除情况明细表》等。

（七）非居民个人在中国境内从两处以上取得工资、薪金所得的纳税申报

非居民个人在中国境内从两处以上取得工资、薪金所得的，应当在取得所得的次月 15 日内，向其中一处任职、受雇单位所在地主管税务机关办理纳税申报，并报送《个人所得税自行纳税申报表（A 表）》。

（八）纳税申报方式

纳税人可以采用远程办税端、邮寄等方式申报，也可以直接到主管税务机关申报。

（九）其他有关问题

1. 纳税人有中国公民身份证号码的，以中国公民身份证号码为纳税人识别号；纳税人没有中国公民身份证号码的，由税务机关赋予其纳税人识别号。扣缴义务人扣缴税款时，纳税人应当向扣缴义务人提供纳税人识别号。

2. 纳税人办理自行纳税申报时，应当一并报送税务机关要求报送的其他有关资料。首次申报或者个人基础信息发生变化的，还应报送《个人所得税基础信息表（B 表）》（见表 5-7）。

3. 纳税人在办理纳税申报时需要享受税收协定待遇的，按照享受税收协定待遇有关办法办理。

二、全员全额扣缴申报纳税

全员全额扣缴申报，是指扣缴义务人应当在代扣税款的次月 15 日内，向主管税务机关报送其支付所得的所有个人的有关信息、支付所得数额、扣除事项和数额、扣缴税款的具体数额和总额以及其他相关涉税信息资料。

（一）扣缴义务人和代扣预扣税款的范围

1. 扣缴义务人，是指向个人支付所得的单位或者个人。扣缴义务人应当依法办理全员全额扣缴申报。

2. 实行个人所得税全员全额扣缴申报的应税所得包括：

（1）工资、薪金所得；

（2）劳务报酬所得；

（3）稿酬所得；

（4）特许权使用费所得；

（5）利息、股息、红利所得；

（6）财产租赁所得；

（7）财产转让所得；

（8）偶然所得。

（二）不同项目所得扣缴方法

1. 扣缴义务人向居民个人支付工资、薪金所得时，应当按照累计预扣法计算预扣税款，并按月办理扣缴申报。

居民个人向扣缴义务人提供有关信息并依法要求办理专项附加扣除的，扣缴义务人应当按照规定在工资、薪金所得按月预扣预缴税款时予以扣除，不得拒绝。

2. 扣缴义务人向居民个人支付劳务报酬所得、稿酬所得、特许权使用费所得时，应当按次或者按月预扣预缴税款。

3. 非居民个人取得工资、薪金所得，劳务报酬所得，稿酬所得和特许权使用费所得，有扣缴义务人的，由扣缴义务人按次或者按月代扣代缴税款，不办理汇算清缴。

4. 扣缴义务人支付利息、股息、红利所得，财产租赁所得，财产转让所得或者偶然所得时，应当依法按次或者按月代扣代缴税款。

5. 纳税人需要享受税收协定待遇的，应当在取得应税所得时主动向扣缴义务人提出，并提交相关信息、资料，扣缴义务人代扣代缴税款时按照享受税收协定待遇有关办法办理。

（三）扣缴义务人责任与义务

1. 支付工资、薪金所得的扣缴义务人应当于年度终了后两个月内，向纳税人提供其个人所得和已扣缴税款等信息。纳税人年度中间需要提供上述信息的，扣缴义务人应当提供。

纳税人取得除工资、薪金所得以外的其他所得，扣缴义务人应当在扣缴税款后，及时向纳税人提供其个人所得和已扣缴税款等信息。

2. 扣缴义务人应当按照纳税人提供的信息计算税款、办理扣缴申报，不得擅自更改纳税人提供的信息。

扣缴义务人发现纳税人提供的信息与实际情况不符的，可以要求纳税人修改。纳税人拒绝修改的，扣缴义务人应当报告税务机关，税务机关应当及时处理。

纳税人发现扣缴义务人提供或者扣缴申报的个人信息、支付所得、扣缴税款等信息与实际情况不符的，有权要求扣缴义务人修改。扣缴义务人拒绝修改的，纳税人应当报告税务机关，税务机关应当及时处理。

3. 扣缴义务人对纳税人提供的《扣除信息表》，应当按照规定妥善保存备查。

4. 扣缴义务人应当依法对纳税人报送的专项附加扣除等相关涉税信息和资料保密。

5. 对扣缴义务人按照规定扣缴的税款，按年付给2%的手续费。不包括税务机关、司法机关等查补或者责令补扣的税款。

6. 扣缴义务人依法履行代扣代缴义务，纳税人不得拒绝。纳税人拒绝的，扣缴义务人应当及时报告税务机关。

7. 扣缴义务人有未按照规定向税务机关报送资料和信息、未按照纳税人提供信息虚报虚扣专项附加扣除、应扣未扣税款、不缴或少缴已扣税款、借用或冒用他人身份等行为的，依照《税收征管法》等相关法律、行政法规处理。

（四）代扣代缴期限

1. 扣缴义务人每月或者每次预扣、代扣的税款，应当在次月15日内缴入国库，并向税务机关报送《个人所得税扣缴申报表》（见表5-8）。

2. 扣缴义务人首次向纳税人支付所得时，应当按照纳税人提供的纳税人识别号等基础信息，填写《个人所得税基础信息表（A表）》（见表5-6），并于次月扣缴申报时向税务机关报送。

3. 扣缴义务人对纳税人向其报告的相关基础信息变化情况，应当于次月扣缴申报时向税务机关报送。

三、专项附加扣除申报

为了规范个人所得税专项附加扣除行为，切实维护纳税人合法权益，根据新修改的《个人所得税法》及其实施条例、《中华人民共和国税收征收管理法》及其实施细则、《国务院关于印发个人所得税专项附加扣除暂行办法的通知》（国发〔2018〕41号）的规定，国家税务总局制定了《个人所得税专项附加扣除操作办法（试行）》，自2019年1月1日起施行。纳税人享受子女教育、继续教育、大病医疗、住房贷款利息或者住房租金、赡养老人专项附加扣除的，依照该办法规定办理。

（一）享受扣除及办理时间

1. 纳税人享受符合规定的专项附加扣除的计算时间分别为：

（1）子女教育。学前教育阶段，为子女年满3周岁当月至小学入学前一月。学历教育，为子女接受全日制学历教育入学的当月至全日制学历教育结束的当月。

（2）继续教育。学历（学位）继续教育，为在中国境内接受学历（学位）继续教育入学的当月至学历（学位）继续教育结束的当月，同一学历（学位）继续教育的扣除期限最长不得超过48个月。技能人员职业资格继续教育、专业技术人员职业资格继续教育，为取得相关证书的当年。

（3）大病医疗。为医疗保障信息系统记录的医药费用实际支出的当年。

（4）住房贷款利息。为贷款合同约定开始还款的当月至贷款全部归还或贷款合同终止的当月，扣除期限最长不得超过240个月。

（5）住房租金。为租赁合同（协议）约定的房屋租赁期开始的当月至租赁期结束的当月。提前终止合同（协议）的，以实际租赁期限为准。

（6）赡养老人。为被赡养人年满60周岁的当月至赡养义务终止的年末。

上述规定的学历教育和学历（学位）继续教育的期间，包含因病或其他非主观原因休学但学籍继续保留的休学期间，以及施教机构按规定组织实施的寒暑假等假期。

2. 享受子女教育、继续教育、住房贷款利息或者住房租金、赡养老人专项附加扣除的纳税人，自符合条件开始，可以向支付工资、薪金所得的扣缴义务人提供上述专项附加扣除有关信息，由扣缴义务人在预扣预缴税款时，按其在本单位本年可享受的累计扣除额办理扣除；也可以在次年3月1日至6月30日内，向汇缴地主管税务机关办理汇算清缴申报时扣除。

纳税人同时从两处以上取得工资、薪金所得，并由扣缴义务人办理上述专项附加扣除的，对同一专项附加扣除项目，一个纳税年度内，纳税人只能选择从其中一处扣除。

享受大病医疗专项附加扣除的纳税人，由其在次年3月1日至6月30日内，自行向汇缴地主管税务机关办理汇算清缴申报时扣除。

3. 扣缴义务人办理工资、薪金所得预扣预缴税款时，应当根据纳税人报送的《扣除信息表》为纳税人办理专项附加扣除。

纳税人年度中间更换工作单位的，在原单位任职、受雇期间已享受的专项附加扣除金额，不得在新任职、受雇单位扣除。原扣缴义务人应当自纳税人离职不再发放工资、薪金所得的当月起，停止为其办理专项附加扣除。

4. 纳税人未取得工资、薪金所得，仅取得劳务报酬所得、稿酬所得、特许权使用费所得需要享受专项附加扣除的，应当在次年3月1日至6月30日内，自行向汇缴地主管税务机关报送《扣除信息表》，并在办理汇算清缴申报时扣除。

5. 一个纳税年度内，纳税人在扣缴义务人预扣预缴税款环节未享受或未足额享受专项附加扣除的，可以在当年内向支付工资、薪金的扣缴义务人申请在剩余月份发放工资、薪金时补充扣除，也可以在次年3月1日至6月30日内，向汇缴地主管税务机关办理汇算清缴时申报扣除。

（二）信息报送方式

1. 纳税人可以通过远程办税端、电子或者纸质报表等方式，向扣缴义务人或者主管税务机关报送个人专项附加扣除信息。

2. 纳税人选择纳税年度内由扣缴义务人办理专项附加扣除的，按下列规定办理：

（1）纳税人通过远程办税端选择扣缴义务人并报送专项附加扣除信息的，扣缴义务人根据接收的扣除信息办理扣除。

（2）纳税人通过填写电子或者纸质《扣除信息表》直接报送扣缴义务人的，扣缴义务人将相关信息导入或者录入扣缴端软件，并在次月办理扣缴申报时提交给主管税务机关。《扣除信息表》应当一式两份，纳税人和扣缴义务人签字（章）后分别留存备查。

3. 纳税人选择年度终了后办理汇算清缴申报时享受专项附加扣除的，既可以通过远程办税端报送专项附加扣除信息，也可以将电子或者纸质《扣除信息表》（一式两份）报送给汇缴地主管税务机关。

报送电子《扣除信息表》的，主管税务机关受理打印，交由纳税人签字后，一份由纳税人留存备查，一份由税务机关留存；报送纸质《扣除信息表》的，纳税人签字确认、主管税务机关受理签章后，一份退还纳税人留存备查，一份由税务机关留存。

4. 扣缴义务人和税务机关应当告知纳税人办理专项附加扣除的方式和渠道，鼓励并引导纳税人采用远程办税端报送信息。

表 5-6 个人所得税基础信息表（A 表）

（适用于扣缴义务人填报）

扣缴义务人名称：

扣缴义务人纳税人识别号（统一社会信用代码）：□□□□□□□□□□□□□□□□□□□□□□□□□

序号	纳税人基本信息（带*必填）						任职受雇从业信息					联系方式					银行账户		投资信息		其他信息		华侨、港澳台、外籍个人信息（带*必填）					备注
	纳税人识别号	*纳税人姓名	*身份证件类型	*身份证件号码	*出生日期	*国籍/地区	类型	职务	学历	任职受雇从业日期	离职日期	手机号码	户籍所在地	经常居住地	联系地址	电子邮箱	开户银行	银行账号	投资额（元）	投资比例	是否残疾/孤老/烈属	残疾/烈属证号	*出生地	*性别	*首次入境时间	*预计离境时间	*涉税事由	
1	2	3	4	5	6	7	8	9	10	11	12	13	14	15	16	17	18	19	20	21	22	23	24	25	26	27	28	29

谨声明：本表是根据国家税收法律法规及相关规定填报的，是真实的、可靠的、完整的。

扣缴义务人（签章）　　　　年　月　日

经办人签字： 经办人身份证件号码： 代理机构签章： 代理机构统一社会信用代码：	受理人： 受理税务机关（章）： 受理日期：　　年　月　日

国家税务总局监制

本表由扣缴义务人填报。适用于扣缴义务人办理全员全额扣缴申报时，填报其支付所得的纳税人的基础信息。

表 5-7　个人所得税基础信息表（B 表）

（适用于自然人填报）

纳税人识别号：□□□□□□□□□□□□□□□□□□□□

<table>
<tr><td colspan="8">基本信息（带*必填）</td></tr>
<tr><td rowspan="4">基本信息</td><td>*纳税人姓名</td><td>中文名</td><td></td><td>英文名</td><td colspan="3"></td></tr>
<tr><td rowspan="2">*身份证件</td><td>证件类型一</td><td></td><td>证件号码</td><td colspan="3"></td></tr>
<tr><td>证件类型二</td><td></td><td>证件号码</td><td colspan="3"></td></tr>
<tr><td>*国籍/地区</td><td colspan="2"></td><td>*出生日期</td><td colspan="3">年　月　日</td></tr>
<tr><td rowspan="4">联系方式</td><td>户籍所在地</td><td colspan="6">省（区、市）　市　区（县）　街道（乡、镇）______</td></tr>
<tr><td>经常居住地</td><td colspan="6">省（区、市）　市　区（县）　街道（乡、镇）______</td></tr>
<tr><td>联系地址</td><td colspan="6">省（区、市）　市　区（县）　街道（乡、镇）______</td></tr>
<tr><td>*手机号码</td><td colspan="2"></td><td>电子邮箱</td><td colspan="3"></td></tr>
<tr><td rowspan="3">其他信息</td><td>开户银行</td><td colspan="2"></td><td>银行账号</td><td colspan="3"></td></tr>
<tr><td>学历</td><td colspan="6">□研究生　□大学本科　□大学本科以下</td></tr>
<tr><td>特殊情形</td><td colspan="6">□残疾　残疾证号______　□烈属　烈属证号______　□孤老</td></tr>
<tr><td colspan="8">任职、受雇、从业信息</td></tr>
<tr><td rowspan="3">任职受雇从业单位一</td><td>名称</td><td colspan="2"></td><td>国家/地区</td><td colspan="3"></td></tr>
<tr><td>纳税人识别号（统一社会信用代码）</td><td colspan="2"></td><td>任职受雇从业日期</td><td>年　月</td><td>离职日期</td><td>年　月</td></tr>
<tr><td>类型</td><td colspan="2">□雇员　□保险营销员　□证券经纪人　□其他</td><td>职务</td><td colspan="3">□高层　□其他</td></tr>
<tr><td rowspan="3">任职受雇从业单位二</td><td>名称</td><td colspan="2"></td><td>国家/地区</td><td colspan="3"></td></tr>
<tr><td>纳税人识别号（统一社会信用代码）</td><td colspan="2"></td><td>任职受雇从业日期</td><td>年　月</td><td>离职日期</td><td>年　月</td></tr>
<tr><td>类型</td><td colspan="2">□雇员　□保险营销员　□证券经纪人　□其他</td><td>职务</td><td colspan="3">□高层　□其他</td></tr>
<tr><td colspan="8">该栏仅由投资者纳税人填写</td></tr>
<tr><td rowspan="2">被投资单位一</td><td>名称</td><td colspan="2"></td><td>国家/地区</td><td colspan="3"></td></tr>
<tr><td>纳税人识别号（统一社会信用代码）</td><td colspan="2"></td><td>投资额（元）</td><td></td><td>投资比例</td><td></td></tr>
<tr><td rowspan="2">被投资单位二</td><td>名称</td><td colspan="2"></td><td>国家/地区</td><td colspan="3"></td></tr>
<tr><td>纳税人识别号（统一社会信用代码）</td><td colspan="2"></td><td>投资额（元）</td><td></td><td>投资比例</td><td></td></tr>
<tr><td colspan="8">该栏仅由华侨、港澳台、外籍个人填写（带*必填）</td></tr>
<tr><td colspan="2">*出生地</td><td colspan="2"></td><td>*首次入境时间</td><td colspan="3">年　月　日</td></tr>
<tr><td colspan="2">*性别</td><td colspan="2"></td><td>*预计离境时间</td><td colspan="3">年　月　日</td></tr>
<tr><td colspan="2">*涉税事由</td><td colspan="6">□任职受雇　□提供临时劳务　□转让财产　□从事投资和经营活动　□其他</td></tr>
<tr><td colspan="8">谨声明：本表是根据国家税收法律法规及相关规定填报的，是真实的、可靠的、完整的。
纳税人（签字）：　年　月　日</td></tr>
<tr><td colspan="4">经办人签字：
经办人身份证件号码：
代理机构签章：
代理机构统一社会信用代码：</td><td colspan="4">受理人：

受理税务机关（章）：
受理日期：　年　月　日</td></tr>
</table>

国家税务总局监制

本表适用于自然人纳税人基础信息的填报。

表 5-8 个人所得税扣缴申报表

税款所属期： 年 月 日至 年 月 日

扣缴义务人名称：

扣缴义务人纳税人识别号（统一社会信用代码）：□□□□□□□□□□□□□□□□□□□□ 金额单位：人民币元（列至角分）

							本月（次）情况														累计情况											税款计算							
							收入额计算				专项扣除				其他扣除									累计专项附加扣除															
序号	姓名	身份证件类型	身份证件号码	纳税人识别号	是否为非居民个人	所得项目	收入	费用	免税收入	减除费用	基本养老保险费	基本医疗保险费	失业保险费	住房公积金	年金	商业健康保险	税延养老保险	财产原值	允许扣除的税费	其他	累计收入额	累计减除费用	累计专项扣除	子女教育	赡养老人	住房贷款利息	住房租金	继续教育	累计其他扣除	减按计税比例	准予扣除的捐赠额	应纳税所得额	税率/预扣率	速算扣除数	应纳税额	减免税额	已缴税额	应补/退税额	备注
1	2	3	4	5	6	7	8	9	10	11	12	13	14	15	16	17	18	19	20	21	22	23	24	25	26	27	28	29	30	31	32	33	34	35	36	37	38	39	40
会计合计																																							

谨声明：本表是根据国家税收法律法规及相关规定填报的，是真实的、可靠的、完整的。

扣缴义务人（签章）： 年 月 日

经办人签字： 经办人身份证件号码： 代理机构签章: 代理机构统一社会信用代码：	受理人： 受理税务机关（章）： 受理日期： 年 月 日

国家税务总局监制

本表适用于扣缴义务人向居民个人支付工资、薪金所得，劳务报酬所得，稿酬所得和特许权使用费所得的个人所得税全员全额预扣预缴申报；向非居民个人支付工资、薪金所得，劳务报酬所得，稿酬所得和特许权使用费所得的个人所得税全员全额扣缴申报；以及向纳税人（居民个人和非居民个人）支付利息、股息、红利所得，财产租赁所得，财产转让所得和偶然所得的个人所得税全员全额扣缴申报。

表 5-9　个人所得税自行纳税申报表（A 表）

税款所属期：　　年　　月　　日至　　年　　月　　日

纳税人姓名：

纳税人识别号：□□□□□□□□□□□□□□□□□□□□□□□□　　金额单位：人民币元（列至角分）

<table>
<tr><td colspan="2">自行申报情形</td><td colspan="11">□居民个人取得应税所得，扣缴义务人未扣缴税款
□非居民个人取得应税所得，扣缴义务人未扣缴税款
□非居民个人在中国境内从两处以上取得工资、薪金所得
□其他 ____________</td><td colspan="3">是否为非居民个人</td><td>□是
□否</td><td colspan="3">非居民个人本年度境内居住天数</td><td colspan="3">□不超过 90 天
□超过 90 天不超过 183 天</td></tr>
<tr><td rowspan="2">序号</td><td rowspan="2">所得项目</td><td colspan="3">收入额计算</td><td rowspan="2">减除费用</td><td colspan="4">专项扣除</td><td colspan="3">其他扣除</td><td rowspan="2">减按计税比例</td><td rowspan="2">准予扣除的捐赠额</td><td colspan="7">税款计算</td><td rowspan="2">备注</td></tr>
<tr><td>收入</td><td>费用</td><td>免税收入</td><td>基本养老保险费</td><td>基本医疗保险费</td><td>失业保险费</td><td>住房公积金</td><td>财产原值</td><td>允许扣除的税费</td><td>其他</td><td>应纳税所得额</td><td>税率</td><td>速算扣除数</td><td>应纳税额</td><td>减免税额</td><td>已缴税额</td><td>应补/退税额</td></tr>
<tr><td>1</td><td>2</td><td>3</td><td>4</td><td>5</td><td>6</td><td>7</td><td>8</td><td>9</td><td>10</td><td>11</td><td>12</td><td>13</td><td>14</td><td>15</td><td>16</td><td>17</td><td>18</td><td>19</td><td>20</td><td>21</td><td>22</td><td>23</td></tr>
<tr><td></td><td></td><td></td><td></td><td></td><td></td><td></td><td></td><td></td><td></td><td></td><td></td><td></td><td></td><td></td><td></td><td></td><td></td><td></td><td></td><td></td><td></td><td></td></tr>
<tr><td></td><td></td><td></td><td></td><td></td><td></td><td></td><td></td><td></td><td></td><td></td><td></td><td></td><td></td><td></td><td></td><td></td><td></td><td></td><td></td><td></td><td></td><td></td></tr>
<tr><td></td><td></td><td></td><td></td><td></td><td></td><td></td><td></td><td></td><td></td><td></td><td></td><td></td><td></td><td></td><td></td><td></td><td></td><td></td><td></td><td></td><td></td><td></td></tr>
<tr><td></td><td></td><td></td><td></td><td></td><td></td><td></td><td></td><td></td><td></td><td></td><td></td><td></td><td></td><td></td><td></td><td></td><td></td><td></td><td></td><td></td><td></td><td></td></tr>
<tr><td></td><td></td><td></td><td></td><td></td><td></td><td></td><td></td><td></td><td></td><td></td><td></td><td></td><td></td><td></td><td></td><td></td><td></td><td></td><td></td><td></td><td></td><td></td></tr>
<tr><td colspan="23">谨声明：本表是根据国家税收法律法规及相关规定填报的，是真实的、可靠的、完整的。
纳税人签字：　　年　　月　　日</td></tr>
<tr><td colspan="14">经办人签字：
经办人身份证件号码：
代理机构签章：
代理机构统一社会信用代码：</td><td colspan="9">受理人：

受理税务机关（章）：
受理日期：　　年　　月　　日</td></tr>
</table>

国家税务总局监制

本表适用于居民个人取得应税所得，扣缴义务人未扣缴税款，非居民个人取得应税所得扣缴义务人未扣缴税款，非居民个人在中国境内从两处以上取得工资、薪金所得等情形在办理自行纳税申报时，向税务机关报送。

表 5-10 个人所得税年度自行纳税申报表（B 表）

税款所属期：　　年　月　日至　　年　月　日

纳税人姓名：

纳税人识别号：□□□□□□□□□□□□□□□□□□□□□□□□□　　金额单位：人民币元（列至角分）

项目	行次	金额
一、收入合计（1=2+3+4+5）	1	
（一）工资、薪金所得	2	
（二）劳务报酬所得	3	
（三）稿酬所得	4	
（四）特许权使用费所得	5	
二、费用合计	6	
三、免税收入合计	7	
四、减除费用	8	
五、专项扣除合计（9=10+11+12+13）	9	
（一）基本养老保险费	10	
（二）基本医疗保险费	11	
（三）失业保险费	12	
（四）住房公积金	13	
六、专项附加扣除合计（14=15+16+17+18+19+20）	14	
（一）子女教育	15	
（二）继续教育	16	
（三）大病医疗	17	
（四）住房贷款利息	18	
（五）住房租金	19	
（六）赡养老人	20	
七、其他扣除合计（21=22+23+24+25+26）	21	
（一）年金	22	
（二）商业健康保险	23	
（三）税延养老保险	24	
（四）允许扣除的税费	25	
（五）其他	26	
八、准予扣除的捐赠额	27	
九、应纳税所得额（28=1-6-7-8-9-14-21-27）	28	
十、税率（%）	29	
十一、速算扣除数	30	
十二、应纳税额（31=28×29-30）	31	
十三、减免税额	32	
十四、已缴税额	33	
十五、应补/退税额（34=31-32-33）	34	

无住所个人附报信息			
在华停留天数		已在华停留年数	

谨声明：本表是根据国家税收法律法规及相关规定填报的，是真实的、可靠的、完整的。

纳税人签字：　　年　月　日

经办人签字： 经办人身份证件号码： 代理机构签章： 代理机构统一社会信用代码：	受理人： 受理税务机关（章）： 受理日期：　　年　月　日

国家税务总局监制

本表适用于居民个人取得境内综合所得，按税法规定进行个人所得税汇算清缴。纳税人取得境外所得的，不适用本表。

表 5-11　个人所得税经营所得纳税申报表（A 表）

税款所属期：　　年　　月　　日至　　年　　月　　日

纳税人姓名：

纳税人识别号：□□□□□□□□□□□□□□□□□□□□□□　　　　金额单位：人民币元（列至角分）

被投资单位信息	名称		纳税人识别号（统一社会信用代码）	
征收方式	□查账征收（据实预缴）　□查账征收（按上年应纳税所得额预缴） □核定应税所得率征收　□核定应纳税所得额征收 □税务机关认可的其他方式 ______			

项目	行次	金额/比例
一、收入总额	1	
二、成本费用	2	
三、利润总额（3=1-2）	3	
四、弥补以前年度亏损	4	
五、应税所得率（%）	5	
六、合伙企业个人合伙人分配比例（%）	6	
七、允许扣除的个人费用及其他扣除（7=8+9+14）	7	
（一）投资者减除费用	8	
（二）专项扣除（9=10+11+12+13）	9	
1.基本养老保险费	10	
2.基本医疗保险费	11	
3.失业保险费	12	
4.住房公积金	13	
（三）依法确定的其他扣除（14=15+16+17）	14	
1.	15	
2.	16	
3.	17	
八、应纳税所得额	18	
九、税率（%）	19	
十、速算扣除数	20	
十一、应纳税额（21=18×19-20）	21	
十二、减免税额（附报《个人所得税减免税事项报告表》）	22	
十三、已缴税额	23	
十四、应补/退税额（24=21-22-23）	24	
谨声明：本表是根据国家税收法律法规及相关规定填报的，是真实的、可靠的、完整的。 纳税人签字：　　年　　月　　日		

经办人： 经办人身份证件号码： 代理机构签章： 代理机构统一社会信用代码：	受理人： 受理税务机关（章）： 受理日期：　　年　　月　　日

国家税务总局监制

本表适用于查账征收和核定征收的个体工商户业主、个人独资企业投资人、合伙企业个人合伙人、承包承租经营者个人以及其他从事生产、经营活动的个人在中国境内取得经营所得，办理个人所得税预缴纳税申报时，向税务机关报送。

合伙企业有两个或者两个以上个人合伙人的，应分别填报本表。

表 5-12 个人所得税经营所得纳税申报表（B 表）

税款所属期： 年 月 日至 年 月 日

纳税人姓名：

纳税人识别号：□□□□□□□□□□□□□□□□□□□□□□□□□□ 金额单位：人民币元（列至角分）

被投资单位信息	名称		纳税人识别号（统一社会信用代码）		
项目				行次	金额/比例
一、收入总额				1	
其中：国债利息收入				2	
二、成本费用（3=4+5+6+7+8+9+10）				3	
（一）营业成本				4	
（二）营业费用				5	
（三）管理费用				6	
（四）财务费用				7	
（五）税金				8	
（六）损失				9	
（七）其他支出				10	
三、利润总额（11=1-2-3）				11	
四、纳税调整增加额（12=13+27）				12	
（一）超过规定标准的扣除项目金额（13=14+15+16+17+18+19+20+21+22+23+24+25+26）				13	
1. 职工福利费				14	
2. 职工教育经费				15	
3. 工会经费				16	
4. 利息支出				17	
5. 业务招待费				18	
6. 广告费和业务宣传费				19	
7. 教育和公益事业捐赠				20	
8. 住房公积金				21	
9. 社会保险费				22	
10. 折旧费用				23	
11. 无形资产摊销				24	
12. 资产损失				25	
13. 其他				26	
（二）不允许扣除的项目金额（27=28+29+30+31+32+33+34+35+36）				27	
1. 个人所得税税款				28	
2. 税收滞纳金				29	
3. 罚金、罚款和被没收财物的损失				30	
4. 不符合扣除规定的捐赠支出				31	
5. 赞助支出				32	
6. 用于个人和家庭的支出				33	
7. 与取得生产经营收入无关的其他支出				34	
8. 投资者工资薪金支出				35	
9. 其他不允许扣除的支出				36	

（续表）

项目	行次	金额/比例
五、纳税调整减少额	37	
六、纳税调整后所得（38=11+12-37）	38	
七、弥补以前年度亏损	39	
八、合伙企业个人合伙人分配比例（%）	40	
九、允许扣除的个人费用及其他扣除（41=42+43+48+55）	41	
（一）投资者减除费用	42	
（二）专项扣除（43=44+45+46+47）	43	
1. 基本养老保险费	44	
2. 基本医疗保险费	45	
3. 失业保险费	46	
4. 住房公积金	47	
（三）专项附加扣除（48=49+50+51+52+53+54）	48	
1. 子女教育	49	
2. 继续教育	50	
3. 大病医疗	51	
4. 住房贷款利息	52	
5. 住房租金	53	
6. 赡养老人	54	
（四）依法确定的其他扣除（55=56+57+58+59）	55	
1. 商业健康保险	56	
2. 税延养老保险	57	
3.	58	
4.	59	
十、投资抵扣	60	
十一、准予扣除的个人捐赠支出	61	
十二、应纳税所得额（62=38-39-41-60-61）或[62=（38-39）×40-41-60-61]	62	
十三、税率（%）	63	
十四、速算扣除数	64	
十五、应纳税额（65=62×63-64）	65	
十六、减免税额（附报《个人所得税减免税事项报告表》）	66	
十七、已缴税额	67	
十八、应补/退税额（68=65-66-67）	68	
谨声明：本表是根据国家税收法律法规及相关规定填报的，是真实的、可靠的、完整的。 纳税人签字：　　年　月　日		
经办人： 经办人身份证件号码： 代理机构签章： 代理机构统一社会信用代码：	受理人： 受理税务机关（章）： 受理日期：　　年　月　日	

国家税务总局监制

本表适用于个体工商户业主、个人独资企业投资人、合伙企业个人合伙人、承包承租经营者个人以及其他从事生产、经营活动的个人在中国境内取得经营所得，且实行查账征收的，在办理个人所得税汇算清缴纳税申报时，向税务机关报送。

合伙企业有两个或者两个以上个人合伙人的，应分别填报本表。

表 5-13　个人所得税经营所得纳税申报表（C 表）

税款所属期：　　年　　月　　日至　　年　　月　　日
纳税人姓名：
纳税人识别号：□□□□□□□□□□□□□□□□□□□□　　　　金额单位：人民币元（列至角分）

被投资单位信息	单位名称			纳税人识别号（统一社会信用代码）	投资者应纳税所得额
	汇总地				
	非汇总地	1			
		2			
		3			
		4			
		5			

项目	行次	金额/比例
一、投资者应纳税所得额合计	1	
二、应调整的个人费用及其他扣除（2=3+4+5+6）	2	
（一）投资者减除费用	3	
（二）专项扣除	4	
（三）专项附加扣除	5	
（四）依法确定的其他扣除	6	
三、应调整的其他项目	7	
四、调整后应纳税所得额（8=1+2+7）	8	
五、税率（%）	9	
六、速算扣除数	10	
七、应纳税额（11=8×9−10）	11	
八、减免税额（附报《个人所得税减免税事项报告表》）	12	
九、已缴税额	13	
十、应补/退税额（14=11−12−13）	14	

谨声明：本表是根据国家税收法律法规及相关规定填报的，是真实的、可靠的、完整的。 纳税人签字：　　　年　　月　　日	
经办人： 经办人身份证件号码： 代理机构签章： 代理机构统一社会信用代码：	受理人： 受理税务机关（章）： 受理日期：　　年　　月　　日

国家税务总局监制

本表适用于个体工商户业主、个人独资企业投资人、合伙企业个人合伙人、承包承租经营者个人以及其他从事生产、经营活动的个人在中国境内两处以上取得经营所得，办理合并计算个人所得税的年度汇总纳税申报时，向税务机关报送。

任务案例实施

案例解析:

保险营销员、证券经纪人取得的佣金收入，属于劳务报酬所得，以不含增值税的收入减除20%的费用后的余额为收入额，收入额减去展业成本以及附加税费后，并入当年的综合所得，计算缴纳个人所得税。保险营销员、证券经纪人展业成本按照收入额的25%计算。

收入额 = 不含增值税的收入× (1−20%)

展业成本 = 收入额×25% = 不含增值税的收入× (1−20%)×25%

并入综合所得的金额 = 收入额−展业成本−附加税费

= 不含增值税的收入× (1−20%) × (1−25%) −附加税费

（1）收入额 = 不含增值税的收入×(1−20%) = 30 000×80% = 24 000（元）

（2）展业成本 = 收入额×25% = 24 000×25% = 6 000（元）

（3）并入综合所得的金额 = 收入额−展业成本−附加税费 = 24 000−6 000−108 = 17 892（元）

知识拓展

个人所得税制在新中国的演变

个人所得税是我国税收体系中的重要税种，也是世界大多数国家普遍开征的一种税。新中国成立后不久，我国就设立税种对个人所得征税，我国的个人所得税制从产生到现在经历了多次变革的过程。

我国的个人所得税作为一个独立的税种，是在改革开放后的 1980 年 9 月开始以立法形式征收的，但对个人所得的征税则始于解放初期。我国的个人所得税制经历了一个从不规范到比较规范，从不成熟到比较成熟的过程。

1949 年 11 月中央人民政府在北京召开了首届全国税务工作会议，会上制定和通过了《全国税政实施要则》，决定除农业税外，建立包括工商业税、存款利息所得税、薪给报酬所得税在内的 14 个税种，计划对个人的所得开征相适的税种。政务院于 1950 年 1 月和 12 月先后公布了《工商业税暂行条例》和《利息所得税暂行条例》，自公布之日起，分别对个体工商业户、临时商业及摊贩业户的所得征收工商业税，对在中国境内取得利息征收利息所得税。薪给报酬所得税设想是，对个人取得的工资、薪金和劳务报酬所得征税，但由于当时我国生产力水平比较低，实行的是低工资、广就业的政策，所以一直到 20 世纪 70 年代末都没有开征该税项。1956 年“三大改造”任务基本完成以后，利息所得税实际上只对银行存款利息征收，税源大幅减少。1958 年因银行降低存款利率，国务院决定从 1959 年起停征利息所得税。此后，我国对个人所得的征税，实际上只对个体工商业户的生产经营所得和其他所得征收。1958 年国家对税制进行了重大改革，将工商业税中的营业税和其他税种合并为工商统一税，工商业税中的所得税独立为一个税种，形成工商所得税，继续对个体工商业户和集体企业的生产经营所得和其他所得征税，直到20世纪80年代中期。

为适应改革开放的需要，1980年9月10日五届人大三次会议通过并公布了《中华人民共和国个人所得税法》，自公布之日起开征个人所得税。后来为加强对个体工商业户所得税的征管，1986年1月7日国务院发布了《中华人民共和国城乡个体工商业户所得税暂行条例》，自1986年1月1日起开征；同年9月25日，国务院又发布了《中华人民共和国个人收入调节税暂行条例》，从1987年1月1日起，对中国境内公民的个人收入停征个人所得税，开征个人收入调节税。这样我国就形成了对个人所得"三税并征、互不交叉"的制度。

1992年以后，为适应建立社会主义市场经济体制的需要，八届全国人大常委会第四次会议重新修订并于1993年10月31日通过《中华人民共和国个人所得税法》，将"三税"统一为新的个人所得税，从1994年1月1日起实施。个人所得税实行超额累进税率和比例税率相结合的分类所得税制，定额与定率相结合的法定费用扣除办法，征税范围为税法列举的11项所得，实行源泉扣缴与个人申报相结合的征管办法。

2005年12月19日，《国务院关于修改〈中华人民共和国个人所得税法实施条例〉的决定》第一次修订；2008年2月18日，《国务院关于修改〈中华人民共和国个人所得税法实施条例〉的决定》第二次修订；2011年7月19日，《国务院关于修改〈中华人民共和国个人所得税法实施条例〉的决定》第三次修订；2018年12月18日，中华人民共和国国务院令第707号第四次修订，并自2019年1月1日起施行。

附：

中华人民共和国国务院令（第707号）

现公布修订后的《中华人民共和国个人所得税法实施条例》，自2019年1月1日起施行。

第一条　根据《中华人民共和国个人所得税法》（以下简称个人所得税法），制定本条例。

第二条　个人所得税法所称在中国境内有住所，是指因户籍、家庭、经济利益关系而在中国境内习惯性居住；所称从中国境内和境外取得的所得，分别是指来源于中国境内的所得和来源于中国境外的所得。

第三条　除国务院财政、税务主管部门另有规定外，下列所得，不论支付地点是否在中国境内，均为来源于中国境内的所得:

（一）因任职、受雇、履约等在中国境内提供劳务取得的所得；

（二）将财产出租给承租人在中国境内使用而取得的所得；

（三）许可各种特许权在中国境内使用而取得的所得；

（四）转让中国境内的不动产等财产或者在中国境内转让其他财产取得的所得；

（五）从中国境内企业、事业单位、其他组织以及居民个人取得的利息、股息、红利所得。

第四条　在中国境内无住所的个人，在中国境内居住累计满183天的年度连续不满六年的，经向主管税务机关备案，其来源于中国境外且由境外单位或者个人支付的所得，免予缴纳个人所得税；在中国境内居住累计满183天的任一年度中有一次离境超过30天的，其在中国境内居住累计满183天的年度的连续年限重新起算。

第五条　在中国境内无住所的个人，在一个纳税年度内在中国境内居住累计不超过90天的，其来源于中国境内的所得，由境外雇主支付并且不由该雇主在中国境内的机构、场所负担的部分，免予缴纳个人所得税。

第六条　个人所得税法规定的各项个人所得的范围：

（一）工资、薪金所得，是指个人因任职或者受雇取得的工资、薪金、奖金、年终加薪、劳动分红、津贴、补贴以及与任职或者受雇有关的其他所得。

（二）劳务报酬所得，是指个人从事劳务取得的所得，包括从事设计、装潢、安装、制图、化验、测试、医疗、法律、会计、咨询、讲学、翻译、审稿、书画、雕刻、影视、录音、录像、演出、表演、广告、展览、技术服务、介绍服务、经纪服务、代办服务以及其他劳务取得的所得。

（三）稿酬所得，是指个人因其作品以图书、报刊等形式出版、发表而取得的所得。

（四）特许权使用费所得，是指个人提供专利权、商标权、著作权、非专利技术以及其他特许权的使用权取得的所得；提供著作权的使用权取得的所得，不包括稿酬所得。

（五）经营所得，是指：

1. 个体工商户从事生产、经营活动取得的所得，个人独资企业投资人、合伙企业的个人合伙人来源于境内注册的个人独资企业、合伙企业生产、经营的所得；

2. 个人依法从事办学、医疗、咨询以及其他有偿服务活动取得的所得；

3. 个人对企业、事业单位承包经营、承租经营以及转包、转租取得的所得；

4. 个人从事其他生产、经营活动取得的所得。

（六）利息、股息、红利所得，是指个人拥有债权、股权等而取得的利息、股息、红利所得。

（七）财产租赁所得，是指个人出租不动产、机器设备、车船以及其他财产取得的所得。

（八）财产转让所得，是指个人转让有价证券、股权、合伙企业中的财产份额、不动产、机器设备、车船以及其他财产取得的所得。

（九）偶然所得，是指个人得奖、中奖、中彩以及其他偶然性质的所得。个人取得的所得，难以界定应纳税所得项目的，由国务院税务主管部门确定。

第七条　对股票转让所得征收个人所得税的办法，由国务院另行规定，并报全国人民代表大会常务委员会备案。

第八条　个人所得的形式，包括现金、实物、有价证券和其他形式的经济利益；所得为实物的，应当按照取得的凭证上所注明的价格计算应纳税所得额，无凭证的实物或者凭证上所注明的价格明显偏低的，参照市场价格核定应纳税所得额；所得为有价证券的，根据票面价格和市场价格核定应纳税所得额；所得为其他形式的经济利益的，参照市场价格核定应纳税所得额。

第九条　个人所得税法第四条第一款第二项所称国债利息，是指个人持有中华人民共和国财政部发行的债券而取得的利息；所称国家发行的金融债券利息，是指个人持有经国务院批准发行的金融债券而取得的利息。

第十条 个人所得税法第四条第一款第三项所称按照国家统一规定发给的补贴、津贴，是指按照国务院规定发给的政府特殊津贴、院士津贴，以及国务院规定免予缴纳个人所得税的其他补贴、津贴。

第十一条 个人所得税法第四条第一款第四项所称福利费，是指根据国家有关规定，从企业、事业单位、国家机关、社会组织提留的福利费或者工会经费中支付给个人的生活补助费；所称救济金，是指各级人民政府民政部门支付给个人的生活困难补助费。

第十二条 个人所得税法第四条第一款第八项所称依照有关法律规定应予免税的各国驻华使馆、领事馆的外交代表、领事官员和其他人员的所得，是指依照《中华人民共和国外交特权与豁免条例》和《中华人民共和国领事特权与豁免条例》规定免税的所得。

第十三条 个人所得税法第六条第一款第一项所称依法确定的其他扣除，包括个人缴付符合国家规定的企业年金、职业年金，个人购买符合国家规定的商业健康保险、税收递延型商业养老保险的支出，以及国务院规定可以扣除的其他项目。

专项扣除、专项附加扣除和依法确定的其他扣除，以居民个人一个纳税年度的应纳税所得额为限额；一个纳税年度扣除不完的，不结转以后年度扣除。

第十四条 个人所得税法第六条第一款第二项、第四项、第六项所称每次，分别按照下列方法确定:

（一）劳务报酬所得、稿酬所得、特许权使用费所得，属于一次性收入的，以取得该项收入为一次；属于同一项目连续性收入的，以一个月内取得的收入为一次。

（二）财产租赁所得，以一个月内取得的收入为一次。

（三）利息、股息、红利所得，以支付利息、股息、红利时取得的收入为一次。

（四）偶然所得，以每次取得该项收入为一次。

第十五条 个人所得税法第六条第一款第三项所称成本、费用，是指生产、经营活动中发生的各项直接支出和分配计入成本的间接费用以及销售费用、管理费用、财务费用；所称损失，是指生产、经营活动中发生的固定资产和存货的盘亏、毁损、报废损失，转让财产损失，坏账损失，自然灾害等不可抗力因素造成的损失以及其他损失。

取得经营所得的个人，没有综合所得的，计算其每一纳税年度的应纳税所得额时，应当减除费用 6 万元、专项扣除、专项附加扣除以及依法确定的其他扣除。专项附加扣除在办理汇算清缴时减除。

从事生产、经营活动，未提供完整、准确的纳税资料，不能正确计算应纳税所得额的，由主管税务机关核定应纳税所得额或者应纳税额。

第十六条 个人所得税法第六条第一款第五项规定的财产原值，按照下列方法确定:

（一）有价证券，为买入价以及买入时按照规定缴纳的有关费用；

（二）建筑物，为建造费或者购进价格以及其他有关费用；

（三）土地使用权，为取得土地使用权所支付的金额、开发土地的费用以及其他有关费用；

（四）机器设备、车船，为购进价格、运输费、安装费以及其他有关费用。

其他财产，参照前款规定的方法确定财产原值。

纳税人未提供完整、准确的财产原值凭证，不能按照本条第一款规定的方法确定财产原值的，由主管税务机关核定财产原值。

个人所得税法第六条第一款第五项所称合理费用，是指卖出财产时按照规定支付的有关税费。

第十七条　财产转让所得，按照一次转让财产的收入额减除财产原值和合理费用后的余额计算纳税。

第十八条　两个以上的个人共同取得同一项目收入的，应当对每个人取得的收入分别按照个人所得税法的规定计算纳税。

第十九条　个人所得税法第六条第三款所称个人将其所得对教育、扶贫、济困等公益慈善事业进行捐赠，是指个人将其所得通过中国境内的公益性社会组织、国家机关向教育、扶贫、济困等公益慈善事业的捐赠；所称应纳税所得额，是指计算扣除捐赠额之前的应纳税所得额。

第二十条　居民个人从中国境内和境外取得的综合所得、经营所得，应当分别合并计算应纳税额；从中国境内和境外取得的其他所得，应当分别单独计算应纳税额。

第二十一条　个人所得税法第七条所称已在境外缴纳的个人所得税税额，是指居民个人来源于中国境外的所得，依照该所得来源国家（地区）的法律应当缴纳并且实际已经缴纳的所得税税额。

个人所得税法第七条所称纳税人境外所得依照本法规定计算的应纳税额，是居民个人抵免已在境外缴纳的综合所得、经营所得以及其他所得的所得税税额的限额（以下简称抵免限额）。除国务院财政、税务主管部门另有规定外，来源于中国境外一个国家（地区）的综合所得抵免限额、经营所得抵免限额以及其他所得抵免限额之和，为来源于该国家（地区）所得的抵免限额。

居民个人在中国境外一个国家（地区）实际已经缴纳的个人所得税税额，低于依照前款规定计算出的来源于该国家（地区）所得的抵免限额的，应当在中国缴纳差额部分的税款；超过来源于该国家（地区）所得的抵免限额的，其超过部分不得在本纳税年度的应纳税额中抵免，但是可以在以后纳税年度来源于该国家（地区）所得的抵免限额的余额中补扣。补扣期限最长不得超过五年。

第二十二条　居民个人申请抵免已在境外缴纳的个人所得税税额，应当提供境外税务机关出具的税款所属年度的有关纳税凭证。

第二十三条　个人所得税法第八条第二款规定的利息，应当按照税款所属纳税申报期最后一日中国人民银行公布的与补税期间同期的人民币贷款基准利率计算，自税款纳税申报期满次日起至补缴税款期限届满之日止按日加收。纳税人在补缴税款期限届满前补缴税款的，利息加收至补缴税款之日。

第二十四条　扣缴义务人向个人支付应税款项时，应当依照个人所得税法规定预扣或者代扣税款，按时缴库，并专项记载备查。

前款所称支付，包括现金支付、汇拨支付、转账支付和以有价证券、实物以及其他形式的支付。

第二十五条　取得综合所得需要办理汇算清缴的情形包括:

（一）从两处以上取得综合所得，且综合所得年收入额减除专项扣除的余额超过 6 万元；

（二）取得劳务报酬所得、稿酬所得、特许权使用费所得中一项或者多项所得，且综合所得年收入额减除专项扣除的余额超过6万元；

（三）纳税年度内预缴税额低于应纳税额；

（四）纳税人申请退税。

纳税人申请退税，应当提供其在中国境内开设的银行账户，并在汇算清缴地就地办理税款退库。

汇算清缴的具体办法由国务院税务主管部门制定。

第二十六条　个人所得税法第十条第二款所称全员全额扣缴申报，是指扣缴义务人在代扣税款的次月十五日内，向主管税务机关报送其支付所得的所有个人的有关信息、支付所得数额、扣除事项和数额、扣缴税款的具体数额和总额以及其他相关涉税信息资料。

第二十七条　纳税人办理纳税申报的地点以及其他有关事项的具体办法，由国务院税务主管部门制定。

第二十八条　居民个人取得工资、薪金所得时，可以向扣缴义务人提供专项附加扣除有关信息，由扣缴义务人扣缴税款时减除专项附加扣除。纳税人同时从两处以上取得工资、薪金所得，并由扣缴义务人减除专项附加扣除的，对同一专项附加扣除项目，在一个纳税年度内只能选择从一处取得的所得中减除。

居民个人取得劳务报酬所得、稿酬所得、特许权使用费所得，应当在汇算清缴时向税务机关提供有关信息，减除专项附加扣除。

第二十九条　纳税人可以委托扣缴义务人或者其他单位和个人办理汇算清缴。

第三十条　扣缴义务人应当按照纳税人提供的信息计算办理扣缴申报，不得擅自更改纳税人提供的信息。

纳税人发现扣缴义务人提供或者扣缴申报的个人信息、所得、扣缴税款等与实际情况不符的，有权要求扣缴义务人修改。扣缴义务人拒绝修改的，纳税人应当报告税务机关，税务机关应当及时处理。

纳税人、扣缴义务人应当按照规定保存与专项附加扣除相关的资料。税务机关可以对纳税人提供的专项附加扣除信息进行抽查，具体办法由国务院税务主管部门另行规定。税务机关发现纳税人提供虚假信息的，应当责令改正并通知扣缴义务人；情节严重的，有关部门应当依法予以处理，纳入信用信息系统并实施联合惩戒。

第三十一条　纳税人申请退税时提供的汇算清缴信息有错误的，税务机关应当告知其更正；纳税人更正的，税务机关应当及时办理退税。

扣缴义务人未将扣缴的税款解缴入库的，不影响纳税人按照规定申请退税，税务机关应当凭纳税人提供的有关资料办理退税。

第三十二条　所得为人民币以外货币的，按照办理纳税申报或者扣缴申报的上一月最后一日人民币汇率中间价，折合成人民币计算应纳税所得额。年度终了后办理汇算清缴的，对已经按月、按季或者按次预缴税款的人民币以外货币所得，不再重新折算；对应当补缴税款的所得部分，按照上一纳税年度最后一日人民币汇率中间价，折合成人民币计算应纳税所得额。

第三十三条　税务机关按照个人所得税法第十七条的规定付给扣缴义务人手续费，应当填开退还书；扣缴义务人凭退还书，按照国库管理有关规定办理退库手续。

第三十四条　个人所得税纳税申报表、扣缴个人所得税报告表和个人所得税完税凭证式样，由国务院税务主管部门统一制定。

第三十五条　军队人员个人所得税征收事宜，按照有关规定执行。

第三十六条　本条例自 2019 年 1 月 1 日起施行。

项目小结：

本项目考查的知识点难度较大，属于既需要扎实的理论基础又需要有一定的技能训练才能够学习掌握的税种。需要重点掌握：个人所得税的基本内容、计算原理、应纳税所得额的确认原则、会计处理方法、纳税申报办法等。

知识测试与能力训练

强化训练 5-1　同步考试真题

一、单项选择题

1. 对商品营销活动中，企业和单位对营销业绩突出的非雇员以培训班、研讨会、工作考察等名义组织旅游活动，通过免收差旅费、旅游费对个人实行的营销业绩奖励，应根据所发生费用的全额作为营销人员当期的劳务收入，按照（　　）项目征收个人所得税。（2017 税务师）

A. 工资、薪金所得
B. 个体工商户的生产、经营所得
C. 劳务报酬所得
D. 利息、股息、红利所得

2. 以下应按照特许权使用费所得征收个人所得税的是（　　）。（2018 年注会）

A. 转让债券取得的所得
B. 转让住房取得的所得
C. 个人将其收藏的已故作家文学作品手稿拍卖取得的所得
D. 个人将自己的文学作品手稿拍卖取得的所得

3. 下列各项中，不免征收个人所得税的所得是（　　）。（2019 年初级）

A. 外籍个人以现金形式取得的住房补贴、伙食补贴等
B. 个人转让自用达 5 年以上并且是唯一的家庭居住用房取得的所得
C. 军人的转业费、复员费
D. 外籍个人从外商投资企业取得的股息、红利所得

二、多项选择题

1. 张某在足球世界杯期间参加下列活动所获得的收益中，应当缴纳个人所得税的有（　　）。（2017 年注会）

A. 参加某电商的秒杀活动，以 100 元购得原价 2 000 元的足球鞋一双

B. 为赴巴西看球，开通手机全球漫游套餐，获赠价值 1 500 元的手机一部

C. 参加某电台举办世界杯竞猜活动，获得价值 6 000 元的赴巴西机票一张

D. 作为某航空公司金卡会员被邀请参加世界杯抽奖活动，抽得市价 2 500 元球衣一套

2. 下列各项中应按"个体工商户的生产、经营所得"项目征收个人所得税的有（　　）。（2018 年初级）

A. 从事个体出租车运营的出租车驾驶员取得的收入

B. 个人因从事彩票代销业务而取得的所得

C. 出租汽车经营单位将出租车所有权转移给驾驶员的，出租车驾驶员从事客货运营取得的收入

D. 法人企业的个人投资者以企业资金为本人购买的汽车

3. 下列应税项目中适用代扣代缴纳税方式的有（　　）。（2018 年初级）

A. 稿酬所得　　B. 个人自基金公司取得股息

C. 偶然所得　　D. 个体工商户生产经营所得

三、判断题

1. 个人因从事彩票代销业务而取得的所得，应按照"劳务报酬所得"税目计征个人所得税。（　　）（2018 年机考）

2. 对职工个人以股份形式取得的仅作为分红依据，不拥有所有权的企业量化资产，应按"利息、股息、红利所得"项目征收个人所得税。（　　）（2017 年机考）

3. 个人通过非营利性的社会团体和国家机关向红十字事业的捐赠，在计算缴纳个人所得税时，准予在所得税前的所得额中全额扣除。（　　）（2018 年机考）

强化训练 5-2　同步模拟训练题

一、单项选择题

1. 根据个人所得税法的规定，在中国境内无住所但取得所得的下列外籍个人中，属于居民纳税人的是（　　）。

A. Y 国甲，在华工作 90 天

B. N 国乙，2019 年 1 月 10 日入境，2019 年 3 月 10 日离境

C. W 国丙，在华工作 190 天

D. X 国丁，2019 年 2 月 1 日来华工作，2019 年 5 月 30 日回国，期间临时离境 15 天

2. 以下所得中，应计入"综合所得"缴纳个人所得税的是（　　）。

A. 个人兼职取得的收入　　B. 个人对其任职公司取得的股息

C. 个人取得的储蓄存款利息收入　　D. 个人出租房屋取得收入

3. 根据个人所得税法的规定，纳税人的子女接受全日制学历教育的相关支出，按照每个子女每月（　　）元的标准定额扣除。

A. 800　　B. 1 000　　C. 1 500　　D. 2 000

4. 某上市公司员工李某出租土地使用权，按（　　）项目计征个人所得税。

A. 财产租赁所得　　B. 财产转让所得

C. 经营所得　　D. 综合所得

5. 下列各项中，不属于经营所得的是（　　）。

A. 个体工商户从事股权投资所得

B. 个人承包、承租、转包、转租取得的所得

C. 个人依法取得执照、从事办学、医疗、咨询以及其他有偿服务活动取得的所得

D. 个人通过在中国境内注册登记的个体工商户、个人独资企业、合伙企业从事经营活动取得的所得

6. 按照个人所得税法的规定，个人所得的形式包括现金、实物、有价证券和其他形式的经济利益。所得为无凭证的实物的，其应纳税所得额（　　）。

A. 由纳税人自己报价　　B. 由第三方核定

C. 参照国际惯例核定　　D. 参照市场价格核定

7. 根据个人所得税法的规定，下列各种中免征个人所得税的是（　　）。

A. 工资、薪金所得　　B. 年终奖金

C. 稿酬所得　　D. 军人的转业费、复员费、退役金

8. 下列个人所得中，适用比例税率的是（　　）。

A. 综合所得　　B. 对企事业单位的承包、承租所得

C. 个体工商户的生产、经营所得　　D. 利息、股利、红利所得

9. 下列各项中，以取得的收入为应纳税所得额直接计征个人所得税的有（　　）。

A. 稿酬所得　　B. 偶然所得

C. 工资、薪金所得　　D. 特许权使用费所得

10. 股息、利息、红利所得的应纳税所得额是（　　）。

A. 每年收入额　　B. 每季度收入额　　C. 每次收入额　　D. 每月收入额

11. 计算财产转让所得应纳税所得额时，可以扣除的项目是（　　）。

A. 定额扣除 800 元　　B. 定额扣除 800 元或定率扣除 20%

C. 财产原值　　D. 财产原值和合理费用

12. 关于个人取得公务交通、通讯补贴收入征税的相关政策，下列表述中不正确的是（　　）。

A. 个人因公务用车和通讯制度改革而取得的公务用车、通信补贴收入，扣除一定标准的公务费用后，按照“工资、薪金所得”项目计征个人所得税

B. 按月发放通讯补贴收入的，并入当月“工资、薪金所得”计征个人所得税

C. 不按月发放公务交通补贴收入的，分解到所属月份并与该月份“工资、薪金所得”合并后计征个人所得税

D. 公务费用的扣除标准，由省级税务机关根据纳税人公务交通、通讯费用的实际

发生情况调查测算，报经国家税务总局批准后确定

13. 2019 年 1 月，某国企员工取得工资收入 8 800 元，应缴纳的各项社会保险金 900 元，当月该员工通过政府机构向希望小学捐款 500 元，则该员工当月应预扣预缴的个人所得税为（　　）元。

A. 70　　B. 72　　C. 87　　D. 90

14. 下列各项中，不符合个人所得税相关规定的是（　　）。

A. 居民个人的综合所得，以每一纳税年度的收入额减除费用 6 万元以及专项扣除、专项附加扣除和依法确定的其他扣除后的余额，为应纳税所得额

B. 经营所得，以每一纳税年度的收入总额减除成本、费用以及损失后的余额，为应纳税所得额

C. 财产转让所得，以转让财产的收入额减除财产原值和合理费用后的余额，为应纳税所得额

D. 利息、股息、红利所得和偶然所得，以每一纳税年度的收入额为应纳税所得额

15. 下列各种中，按“偶然所得”项目征收个人所得税的是（　　）。

A. 个人在任职单位取得可公开交易的股票期权

B. 个人珍藏的古董拍卖所得

C. 个人将文学作品手稿拍卖所得

D. 企业对累计消费达到一定额度的顾客给予额外抽奖机会，个人的获奖所得

16. 2019 年 10 月，某外籍个人来华在境内某外资企业工作 2 个月，工作结束后立即离境，当月取得外资企业发放的工资 15 000 元，则其 2019 年 10 月在中国应缴纳的个人所得税为（　　）元。

A. 300　　B. 540

C. 860　　D. 790

17. 纳税人李某符合住房租金扣除条件，具体租房时间自 2019 年 4 月起，他可开始享受住房租金扣除的具体时间是（　　）

A. 2019 年 3 月　　B. 2019 年 4 月

C. 2019 年 5 月　　D. 2019 年 6 月

18. 需要办理综合所得汇算清缴的纳税人，应当向任职、受雇单位所在地主管税务机关办理汇算清缴申报，办理时间是（　　）。

A. 取得所得的次年 1 月 1 日至 3 月 31 日内

B. 取得所得的次年 3 月 1 日至 5 月 31 日内

C. 取得所得的次年 1 月 1 日至 5 月 31 日内

D. 取得所得的次年 3 月 1 日至 6 月 30 日内

19. 纳税人取得经营所得，向经营管理所在地主管税务机关办理预缴申报时，应报送的表格是（　　）。

A. 《个人所得税经营所得纳税申报表（A 表）》

B. 《个人所得税经营所得纳税申报表（B 表）》

C. 《个人所得税经营所得纳税申报表（C 表）》

D. 《个人所得税专项附加扣除信息表》

二、多项选择题

1. 个人所得税的纳税义务人包括（　　）。

A. 在中国境内有住所的个人　　B. 个体工商户

C. 个人独资企业　　D. 在中国境内有所得的境外人员

E. 在我国有讲学收入的外籍个人

2. 下列选项中，不应按照“利息、股息、红利所得”项目征收个人所得税的有（　　）。

A. 个人取得的企业债券利息

B. 合伙企业的个人投资者以企业资金为本人购买住房

C. 个人参与商场的抽奖活动抽到的奖金

D. 公司职工取得的用于购买企业国有股权的劳动分红

3. 在对个体工商户的生产经营所得查账征收个人所得税时，准予在个人所得税前扣除的项目有（　　）。

A. 与生产经营有关的修理费用　　B. 缴纳的个人所得税

C. 各种赞助支出　　D. 员工的工资

4. 下列各项所得，应纳个人所得税的有（　　）。

A. 劳务报酬所得　　B. 稿酬所得　　C. 保险赔款

D. 股息　　E. 国家发行的金融债券利息所得

5. 下列项目，免予缴纳个人所得税的有（　　）。

A. 保险赔偿　　B. 劳动分红

C. 退休工资　　D. 军人转业费

E. 对企事业单位的承包、承租经营所得

6. 下列属于劳务报酬所得的是（　　）。

A. 在校大学生勤工俭学的收入

B. 个人担任董事职务取得的董事费收入

C. 个人兼职的收入

D. 大学教授在所任职的大学讲课的收入

7. 下列各项中，说法正确的有（　　）。

A. 居民个人取得工资、薪金所得，劳务报酬所得，稿酬所得和特许权使用费所得为综合所得，按纳税年度合并计算个人所得税

B. 综合所得，适用 3%～45%的超额累计税率

C. 经营所得，适用 5%～35%的超额累进税率

D. 个人将其对教育、扶贫、济困等公益慈善事业进行捐赠，捐赠额未超过纳税人申报的应纳税所得额 30%的部分，可以从其应纳税所得额中扣除

8. 下列所得中，应作为“综合所得”缴纳个人所得税的有（　　）。

A. 小赵在业余时间的兼职所得 3 万元

B. 小钱在国企任职的工资所得 8 万元

C. 小孙出租商铺的租金所得 5 万元

D. 小李出版专著的稿酬所得 6 万元

9. 下列各项中，属于个人所得税专项附加扣除的是（　　）。

A. 继续教育　　B. 大病医疗

C. 赡养老人支出　　D. 商业性补充养老保险

10. 2019 年 1 月，甲企业员工取得工资收入 13 000 元，需缴纳各项社会保险金 1 200 元；同时将本人一部长篇小说手稿的著作权拍卖给乙影视公司取得收入 30 000 元，则下列说法中正确是（　　）。

A. 拍卖本人长篇小说手稿的著作权取得的收入属于特许权使用费所得，应计入“综合所得”缴纳个人所得税

B. 缴纳不超过标准的各项社会保险金在计算个人所得税时准予扣除

C. 2019 年 1 月乙影视公司应为该员工预扣预缴的个人所得税为 4 800 元

D. 2019 年 1 月甲企业应为该员工预扣预缴的个人所得税为 470 元

11. 对下列所得征收个人所得税时，以每次收入额为应纳税所得额的有（　　）。

A. 稿酬所得　　B. 工资、薪金所得

C. 偶然所得　　D. 股息、利息、红利所得

12. 财产转让所得中可扣除的费用有（　　）。

A. 财产原值　　B. 所计提的折旧

C. 合理费用　　D. 财产转让之前发生的修理费

E. 必要费用的扣除，即定额扣 800 元或定率扣除 20%

13. 单位代扣按规定计算的个人所得税税额，不正确的会计处理是（　　）。

A. 借：管理费用

　　贷：应交税费——应交个人所得税

B. 借：应付职工薪酬

　　贷：应交税费——应交个人所得税

C. 借：销售费用

　　贷：应交税费——应交个人所得税

D. 借：生产成本

　　贷：应交税费——应交个人所得税

E. 借：制造费用

　　贷：应交税费——应交个人所得税

14. 下列各项中，符合专项附加扣除标准及规则的是（　　）。

A. 纳税人首次享受专项附加扣除或者专项附加扣除信息发送变化的，应当将相关信息提交给扣缴义务人或者税务机关

B. 纳税人及其配偶不得同时享受住房贷款利息专项附加扣除和住房租金专项附加扣除

C. 个人参加专业技术人员职业资格继续教育可在取得证书当年扣除 3 600 元

D. 个人所得税专项附加扣除在纳税人本年度综合所得应纳税所得额中扣除，本年度扣除不完的，可以结转以后年度扣除

15. 下列各项中，关于个人所得税相关规定的说法中正确的有（　　）。

A. 居民个人向扣缴义务人提供专项附加扣除信息的，扣缴义务人按月预扣预缴税款时应当按照规定予以扣除，不得拒绝

B. 纳税人有中国公民身份证号码的，以中国公民身份证号码为纳税人识别号；纳税人没有中国公民身份证号码的，由税务机关赋予其纳税人识别号

C. 专项扣除、专项附加扣除和依法确定的其他扣除，以居民个人一个纳税年度的应纳税所得额为限额；一个纳税年度扣除不完的，不得结转以后年度扣除

D. 居民个人的综合所得的个人所得税计算是按照全年应纳税所得额进行计算，即是指居民个人取得综合所得以每一纳税年度收入额减除费用 6 万元以及专项扣除、专项附加扣除和依法确定的其他扣除后的余额

16. 下列各项中，对于个人所得税相关规定表述正确的有（　　）。

A. 纳税人取得应税所得没有扣缴义务人的，应当在取得所得的次月 15 日内向税务机关报送纳税申报表，并缴纳税款

B. 扣缴义务人每月所扣的税款，应当在次月 15 日内缴入国库，并向税务机关报送纳税申报表

C. 居民个人取得综合所得按年计算个人所得税；有扣缴义务人的，由扣缴义务人按月或者按次预扣预缴税款，居民个人年度终了后需要补税或者退税的，按照规定办理汇算清缴

D. 非居民个人取得综合所得，有扣缴义务人的，由扣缴义务人按月或者按次扣缴税款，不办理汇算清缴

三、判断题

1. 企业和个人按照省级人民政府规定的比例收取缴付的基本养老金、失业保险金，不计入个人当期的工资、薪金收入，免予征收个人所得税。但个人领取时，则应征收个人所得税。（　　）

2. 个人购买国家发行的金融债券和企业债券的利息免税。（　　）

3. 工资、薪金所得适用超额累进税率，特许权使用费与财产转让所得均适用比例税率。（　　）

4. 企业支付劳务报酬等各项所得时，由支付单位在向纳税人支付时代扣代缴个人所得税，并计入该企业的有关费用账户。（　　）

5. 企业所得以人民币以外的货币计算的，预缴企业所得税时，应当按照月度或者季度最后 1 日的人民币汇率中间价，折合成人民币计算应纳税所得额。（　　）

6. 对于企业按照国家有关规定宣告破产后，企业职工从破产企业取得的一次性安置收入，免征个人所得税。（　　）

7. 张某承包一国有企业，每年上缴承包费用 5 万元，该承包费用在计算企业所得税时不允许税前扣除，但在计算个人所得税时允许税前扣除。（　　）

8. 企业向个人支付现金股利时，应代扣代缴个人所得税。公司按应支付给个人的现金股利金额，借记“应付职工薪酬”科目，贷记“应付股利”科目。（　　）

9. 技能人员职业资格继续教育、专业技术人员职业资格继续教育，享受专项附加扣除的时间为取得相关证书的次年。（　　）

10. 纳税人王某通过中介机构承租李某的住房，并签订合同，王某符合住房租金扣除条件，考虑王某配偶的工资收入较高，王某选择其配偶扣除住房租金，这种做法正确。

（ ）

四、业务训练题

1. 中国居民纳税人甲某为独生子女，2019 年每月工资 30 000 元，每月减除费用 5 000 元。个人每月负担的基本养老保险 2 400 元、基本医疗保险 600 元、失业保险 120 元、住房公积金 1 380 元，“三险一金”合计 4 500 元。假设赡养老人每月专项附加扣除金额为 2 000 元。没有减免收入、其他收入及减免税额等情况。企业应每月预扣预缴甲某个人所得税多少元？

2. 李先生（居民个人）在甲企业任职，2019 年 1 月至 12 月每月在甲企业取得工资薪金收入 16 000 元，无免税收入；每月缴纳“三险一金”2 500 元，从 1 月开始享受子女教育和赡养老人专项附加扣除共计为 3 000 元，无其他扣除。另外，2019 年 3 月从乙公司取得劳务报酬收入 3 000 元，稿酬收入 2 000 元，6 月从丙公司取得劳务报酬收入 30 000 元，特许权使用费收入 2 000 元。计算李先生当年汇算清缴的税额。

3. 某非居民个人约翰逊为北京某在线教育丁公司的全职员工，因其为与我国签订不参保协议的国家公民，不缴纳社保保险。其 2019 年 1 月从丁公司取得工资 40 000 元，利用业余时间为戊公司提供私教服务，一次取得劳务报酬 10 000 元。

计算：

（1）丁公司 2019 年 1 月应代扣代缴约翰逊个人所得税。

（2）戊公司 2019 年 1 月应代扣代缴约翰逊个人所得税。

（3）报酬支付单位代扣代缴 2019 年 1 月所得的应纳个人所得税额。

4. 某人将自有不需用的房屋转让给某企业，经协商转让价格为 360 000 元，该房屋的原值为 250 000 元，转让过程中发生转让费用 10 000 元。请计算该企业应代扣代缴的个人所得税并进行会计处理。

5. 张某按市场价格出租住房，2014 年 3 月取得租金收入 3 000 元，当月发生的准予抵扣的项目合计为 200 元，修缮费用 1 300 元，均取得合法票据。李某 3 月应缴纳的个人所得税为多少元？

强化训练 5-3　同步复习思考题

1. 何谓个人所得税？我国的个人所得税纳税人包括哪些？
2. 简述个人所得税的征税范围包括哪些？应如何界定？
3. 我国个人所得税的税率采用什么方式？现行主要规定是什么？
4. 我国现行的个人所得税优惠政策有哪些？
5. 个人所得税的税收优惠政策有哪些？
6. 居民个人所得税应纳税额的计算方法有哪些？
7. 个人所得税的申报方式有哪些？

项目六　资源税会计

知识与能力目标

1. 了解资源税类的相关基础知识；
2. 掌握资源税类应纳税额的确定；
3. 掌握资源税类的会计处理；
4. 掌握资源税类的纳税申报。

任务案例

案例： 某矿山企业开采铝土矿和铅锌矿，2017 年 4 月该企业销售铝土矿原矿 15 万吨，铅锌矿精矿 10 万吨。铝土矿原矿不含税单价为 150 元/吨，铅锌矿精矿不含税单价 16 500 元/吨，铅锌矿精矿资源税税率为 5%。

任务思考： 计算纳税人本期应缴纳的资源税。

任务一　掌握资源税的核算

一、资源税概述

资源税是对在我国境内开发和利用自然资源及生产盐的单位和个人，为调节因资源生成和开发条件差异而形成的级差收入，就其销售数量征收的一种税。资源税的开征，有利于促进国有资源合理开采，有效配置；调节级差收入，促进企业公平竞争；取得一定的财政收入，充分发挥税收调节职能。

资源税法是指国家制定的用以调整资源税征收与缴纳相关权利及义务关系的法律规范。现行资源税的基本规范，是 1993 年 12 月 25 日国务院颁布的、自 1994 年 1 月 1 日起施行的《中华人民共和国资源税暂行条例》（以下简称《资源税暂行条例》）。2011 年 9 月 30 日，国务院发布了《国务院关于修改〈中华人民共和国资源税暂行条例〉的决定》，2011 年 10 月 28 日，财政部公布了修改后的《中华人民共和国资源税暂行条例实施细则》（以下简称《资源税暂行条例》），两个文件都于 2011 年 11 月 1 日起施行。

2016 年 5 月 10 日，财政部、国家税务总局联合对外发文《关于全面推进资源税改革的通知》（以下简称《通知》）。《通知》宣布，自 2016 年 7 月 1 日起，我国全面推进资源税改革。根据通知要求，我国将开展水资源税改革试点工作，并率先在河北试点，采取水资源费改税方式，将地表水和地下水纳入征税范围，实行从量定额计征，对高耗水行业、超计划用水以及在地下水超采地区取用地下水，适当提高税额标准，正常生产生活用水维持原有负担水平不变。2017 年 12 月水资源税试点扩大到北京、天津等 9 个省（自治区、直辖市）。在总结试点经验基础上，财政部、国家税务总局将选择其他地区逐步扩大试点范围，条件成熟后在全国推开。其他自然资源将逐步纳入征收范围。考虑到森林、草场、滩涂等资源在各地区的市场开发利用情况不尽相同，对其全面开征资源税条件尚不成熟，此次改革不在全国范围统一规定对森林、草场、滩涂等资源征税，但对具备征收条件的，授权省级政府可结合本地实际，根据森林、草场、滩涂等资源开发利用情况提出征收资源税具体方案建议，报国务院批准后实施。

二、资源税纳税人

资源税的纳税人，是指在中华人民共和国领域及管辖海域开采或者生产应税资源的矿产品或者生产盐的单位和个人。

单位是指国有企业、集体企业、私营企业、股份制企业、其他企业和行政单位、事业单位、军事单位、社会团体及其他单位；个人是指个体经营者和其他个人；其他单位和其他个人包括外商投资企业、外国企业及外籍人员。

中外合作开采石油、天然气，按照现行规定只征收矿区使用费，暂不征收资源税。

收购未税矿产品的单位为资源税的扣缴义务人，具体包括独立矿山、联合企业及其他收购未税矿产品的单位。这里所说的“单位”，包括收购未税矿产品的个体户在内。

三、资源税的征税范围

资源税的征税范围，从理论上看可以包括一切开发利用的国有资源，但受资源条件、征收条件等的限制，《资源税暂行条例》只将原油、天然气、煤炭、其他非金属矿原矿、黑色金属矿原矿、有色金属块原矿和盐列入了征税范围。我国目前资源税的征税范围仅包括矿产品、盐和水资源三大类，具体包括：

1. 原油。开采的天然原油征税，人造石油不征税。

2. 天然气。专门开采的天然气和与原油同时开采的天然气征税，煤矿生产的天然气暂不征税。

3. 煤炭。原煤征税，洗煤、选煤和其他煤炭制品不征税。

4. 其他非金属矿原矿。是指原油、天然气、煤炭和井矿盐以外的非金属矿原矿。

5. 黑色金属矿原矿。包括铁矿石、锰矿石和铬矿石。

6. 有色金属矿原矿。黑色金属矿原矿以外的其他有色金属矿原矿。

7. 盐。包括固体盐和液体盐：固体盐，包括海盐原盐、湖盐原盐和井矿盐；液体盐，指卤水，即氯化钠含量达到一定浓度的溶液，是用于生产碱和其他产品的原料。

8. 水资源。水资源的征税对象为地表水和地下水。

四、资源税税率

资源税采取从价定率或从量定额征收，因此税率形式有比例税率和定额税率两种。对《资源税税目税率幅度表》中列举名称的资源税品目和未列举名称的其他金属矿实行从价计征。对经营分散、多为现金交易且难以管控的黏土、沙石，按照便利征管原则，仍实行从量定额计征。

对《资源税税目税率幅度表》中未列举名称的其他非金属矿产品，按照从价计征为主，从量计征为辅的原则，由省级人民政府确定计征方式。税目、税率（额）具体情况见表 6-1。

表 6-1　资源税税目税率幅度表

税　目			征税对象	税　率
能源矿产	原油		原矿	6%
	天然气、页岩气、天然气水合物		原矿	6%
	煤		原矿或者选矿	2%～10%
	煤成（层）气		原矿	1%～2%
	铀、钍		原矿	4%
	油页岩、油砂、天然沥青、石煤		原矿或者选矿	1%～4%
	地热		原矿	1%～20%或者每立方米 1～30 元
金属矿产	黑色金属	铁、锰、铬、钒、钛	原矿或者选矿	1%～9%
	有色金属	铜、铅、锌、锡、镍、锑、镁、钴、铋、汞	原矿或者选矿	2%～10%
		铝土矿	原矿或者选矿	2%～9%
		钨	选矿	6.5%
		钼	选矿	8%
		金、银	原矿或者选矿	2%～6%
		铂、钯、钌、锇、铱、铑	原矿或者选矿	5%～10%
		轻稀土	选矿	7%～12%
		中重稀土	选矿	20%
		铍、锂、锆、锶、铷、铯、铌、钽、锗、镓、铟、铊、铪、铼、镉、硒、碲	原矿或者选矿	2%～10%
非金属矿产	矿物类	高岭土	原矿或者选矿	1%～6%
		石灰岩	原矿或者选矿	1%～6%或者每吨（或者每立方米）1～10 元
		磷	原矿或者选矿	3%～8%
		石墨	原矿或者选矿	3%～12%
		萤石、硫铁矿、自然硫	原矿或者选矿	1%～8%
		天然石英砂、脉石英、粉石英、水晶、工业用金刚石、冰洲石、蓝晶石、硅线石（矽线石）长石、滑石、刚玉、菱镁矿、颜料矿物、天然碱、芒硝、钠硝石、明矾石、砷、硼、碘、溴、膨润土、硅藻土、陶瓷土、耐火粘土、铁矾土、凹凸棒石粘土、海泡石粘土、伊利石粘土、累托石粘土	原矿或者选矿	1%～12%
		叶蜡石、硅灰石、透辉石、珍珠岩、云母、沸石、重晶石、毒重石、方解石、蛭石、透闪石、工业用电气石、白垩、石棉、蓝石棉、红柱石、石榴子石、石膏	原矿或者选矿	2%～12%
		其他粘土（铸型用粘土、砖瓦用粘土、陶粒用粘土、水泥配料用粘土、水泥配料用红土、水泥配料用黄土、水泥配料用泥岩、保温材料用粘土）	原矿或者选矿	1%～5%或者每吨（或者每立方米）0.1～5 元

（续表）

税目			征税对象	税率
非金属矿产	岩石类	大理岩、花岗岩、白云岩、石英岩、砂岩、辉绿岩、安山岩、闪长岩、板岩、玄武岩、片麻岩、角闪岩、页岩、浮石、凝灰岩、黑曜岩、霞石正长岩、蛇纹岩、麦饭石、泥灰岩、含钾岩石、含钾砂页岩、天然油石、橄榄岩、松脂岩、粗面岩、辉长岩、辉石岩、正长岩、火山灰、火山渣、泥炭	原矿或者选矿	1%～10%
		砂石（天然砂、卵石、机制砂石）	原矿或者选矿	1%～5%或者每吨（或者每立方米）0.1～5元
	宝玉石类	宝石、玉石、宝石级金刚石、玛瑙、黄玉、碧玺	原矿或者选矿	4%～20%
水气矿产	二氧化碳气、硫化氢气、氦气、氡气		原矿	2%～5%
	矿泉水		原矿	1%～20%或者每立方米1～30元
盐	钠盐、钾盐、镁盐、锂盐		选矿	3%～15%
	天然卤水		原矿	3%～15%或者每吨（或者每立方米）1～10元
	海盐			2%～5 %

轻稀土按地区执行不同的适用税率，其中，内蒙古为11.5%，四川为9.5%，山东为7.5%。

纳税人开采或者生产不同税目应税产品的，应当分别核算不同税目应税产品的销售额或者销售数量；未分别核算或者不能准确提供不同税目应税产品的销售额或者销售数量，从高适用税率。

五、资源税税收优惠

根据《资源税暂行条例》的规定，减免税项目如下：

1. 开采原油过程中用于加热、修井的原油，免税。

2. 纳税人开采或者生产应税产品过程中，因意外事故或者自然灾害等原因遭受重大损失的，由省、自治区、直辖市人民政府酌情决定减税或者免税。

3. 对衰竭期煤炭开采的煤炭，资源税减征30%。

4. 对鼓励利用的低品位矿、废石、尾矿、废渣、废水等提取的矿产品，由省级人民政府根据实际情况确定是否给予减税或者免税。

5. 从2007年1月1日起，对地面抽采煤层气暂不征收资源税。煤层气是指赋存于煤层及其围岩中与煤炭资源伴生的非常规天然气，也称煤矿瓦斯。

6. 自2010年6月1日起，纳税人在新疆开采原油、天然气，自用于连续生产原油、天然气的，不缴纳资源税；自用于其他方面的，视同销售，依照本规定计算缴纳资源税。有下列情形之一的，免征或者减征资源税：

（1）油田范围内运输稠油过程中用于加热的原油、天然气，免征资源税。

（2）稠油、高凝油和高含硫天然气资源税减征40%。

（3）三次采油资源税减征30%。三次采油，是指二次采油后继续以聚合物驱、三元复合驱、泡沫驱、二氧化碳驱、微生物驱等方式进行采油。

7. 水资源的税收优惠有下列情形的，予以免征或者减征水资源税：

（1）规定限额内的农业生产取用水，免征水资源税。

（2）取用污水处理再生水，免征水资源税。

（3）除接入城镇公共供水管网以外，军队、武警部队通过其他方式取用水的、免征水资源税。

（4）抽水蓄能发电取用水，免征水资源税。

（5）采油排水经分离净化后在封闭管道回注的免征水资源税。

（6）财政部、税务总局规定的其他免征或者减征水资源税情形。

六、资源税的计算

（一）资源税的计税依据

根据《国家税务总局关于发布<资源税征收管理规程>的公告》（国家税务总局公告2018年第13号）的规定，自2018年7月1日起，资源税应纳税额按照应税产品的计税销售额或者销售数量，乘以适用税率计算。

计税销售额或者销售数量包括应税产品实际销售和视同销售两部分。

纳税人开采或者生产不同税目应税产品的，应当分别核算不同税目应税产品的销售额或者销售数量；未分别核算或者不能准确提供不同税目应税产品的销售额或者销售数量的，从高适用税率。

1. 从价定率征收的计税依据

实行从价定率征收资源税的，以销售额作为计税依据。销售额是指纳税人销售应税产品向购买方收取的全部价款和价外费用，不包括收取的增值税销项税额。

另外，纳税人以人民币以外的货币结算销售额的，应折合成人民币计算。其销售额的人民币折合率可以选择销售额发生当天或者当月1日的人民币汇率中间价。纳税人应在事先确定采用何种折合率计算方法，确定后1年内不得变更。

2. 从量定额征收的计税依据

实行从量定额征收资源税的，是以应税产品的销售数量乘以适用的定额税率计算，计算公式为：

应纳税额=课税数量×单位税额

水资源税实行从量计征，除水力发电和火力发电贯流式（不含循环式）冷却取用水外，水资源税应纳税额的计算公式为：

应纳税额=实际取用水量×适用税率

水力发电和火力发电贯流式（不含循环式）冷却取用水应纳税额的计算公式为：

应纳税额=实际发电量×适用税率

（二）资源税应纳税额的计算

1. 根据应税产品的销售额和规定的适用税率计算应纳税额，具体计算公式：

应纳税额=销售额×适用税率

案例6-1：某油田6月销售原油20 000吨，开具增值税专用发票取得销售额10 000万元、增值税额 1 700 万元，按《资源税税目税率幅度表》的规定，其适用的单位税额为 6%。计算该油田本月应纳资源税税额。

应纳资源税税额=10 000×6%=600（万元）

2. 根据应税产品的销售量和规定的适用税率计算应纳税额

案例 6-2：某砂石厂 2018 年 3 月开采砂石 5 000 立方米，对外销售 4 000 立方米，当地砂石资源税税率为 3 元/立方米，计算该厂当月应纳资源税。

该厂应纳资源税=4 000×3÷10 000=1.2（万元）

七、资源税的会计处理

（一）账户设置

资源税纳税义务人开采或者生产并销售应税产品，应依据税法的规定，计算和缴纳资源税。为了反映和监督资源税额的计算和缴纳过程，纳税人应设置“应交税费——应交资源税”科目，贷方登记本期应缴纳的资源税额，借方登记企业实际缴纳或抵扣的资源税额，贷方余额表示企业应缴而未缴的资源税额。

企业按规定计算出对外销售应税产品应纳资源税额时，借记“税金及附加”科目，贷记“应交税费——应交资源税”科目；企业计算出自产自用应税产品应缴纳的资源税时，借记“生产成本”或“制造费用”科目，贷记“应交税费——应交资源税”科目；独立矿山、联合企业收购未税矿产品，按实际支付的收购款，借记“材料采购”等科目，贷记“银行存款”等科目，按代扣代缴的资源税，借记“材料采购”等科目，贷记“应交税费——应交资源税”科目；纳税义务人按规定上缴资源税时，借记“应交税费——应交资源税”科目，贷记“银行存款”科目。

企业外购液体盐加工成固体盐，在购入液体盐时，按允许抵扣的资源税，借记“应交税费——应交资源税”或“待扣税费”科目，按外购价款扣除允许抵扣资源税后的数额，借记“材料采购”等科目，按应支付的全部价款，贷记“银行存款”“应付账款”“应付票据”等科目；企业加工成固体盐销售时，按计算出的销售固体盐应缴的资源税，借记“税金及附加”科目，贷记“应交税费——应交资源税”科目，而将销售固体盐应纳资源税抵扣液体盐已纳资源税后的差额上缴时，借记“应交税费——应交资源税”科目，贷记“银行存款”科目。

纳税人与税务机关结算上月税款，补缴时，借记“应交税费——应交资源税”科目，贷记“银行存款”科目；退回税款时，借记“银行存款”科目，贷记“应交税费——应交资源税”科目。

（二）资源税的会计处理

案例 6-3：某油田本期开采原油 200 000 吨，对外销售 150 000 吨，50 000 吨全部用于自办油厂，每吨单价为 5 元，其适用的单位税额为 6%。该油田应做的会计分录如下：

销售原油应纳税额=150 000×5×6%=45 000（元）

借：税金及附加　　45 000

　　贷：应交税费——应交资源税　　45 000

借：应交税费——应交资源税　　45 000
　　贷：银行存款　　45 000

案例 6-4：承上例

自用原油应纳税额=50 000×5×6%=15 000（元）

借：生产成本　　15 000
　　贷：应交税费——应交资源税　　15 000
借：应交税费——应交资源税　　15 000
　　贷：银行存款　　15 000

八、资源税的纳税申报

（一）资源税的纳税期限和纳税地点

按照税法规定，纳税人开采或者生产资源税应税产品，应当向应税产品的开采或者生产所在地主管税务机关缴纳；纳税人在本省、自治区、直辖市范围内开采或者生产应税产品，其纳税地点需要调整的，由省、自治区、直辖市税务机关决定；跨省开采资源税应税产品的单位，其下属生产单位与核算单位不在同一省、自治区、直辖市的，对其开采的矿产品，一律在开采地纳税，其应纳税款由独立核算、自负盈亏的单位，按照开采地的实际销售量（或者自用量）及适用的单位税额计算划拨；扣缴义务人代扣代缴的资源税，应当向收购地主管税务机关缴纳。

纳税期限是纳税人发生纳税义务的缴纳税款的期限。资源税的纳税期限为 1 日、3 日、5 日、10 日、15 日或者 1 个月，由主管税务机关根据实际情况具体核定；不能按固定期限计算纳税的，可以按次计算纳税。

纳税人以 1 个月为一期纳税的，自期满之日起 10 日内申报纳税；以 1 日、3 日、5 日、10 日或者 15 日为一期纳税的，自期满之日起 5 日内预缴税款，于次月 1 日起 10 日内申报纳税并结清上月税款。

扣缴义务人的解缴税款期限，比照前两款的规定执行。

（二）资源税的纳税申报

纳税需填写《资源税纳税申报表》，具体格式见表 6-2。

表 6-2　资源税纳税申报表

纳税人识别号：□□□□□□□□□□□□□□□□□□□□□□□□
纳税人名称：（公章）
税款所属期限：自　年　月　日至　年　月　日
填表日期：　年　月　日　　　　金额单位：元（列至角分）

产品名称		课税单位	课税数量	税率	本期应纳税额	本期已纳税额	本期应补（退）税额	备注
1		2	3	4	5=3×4	6	7=5-6	
应纳税项目								

（续表）

<table>
<tr><th colspan="2">产品名称</th><th>课税单位</th><th>课税数量</th><th>税率</th><th>本期应纳税额</th><th>本期已纳税额</th><th>本期应补（退）税额</th><th rowspan="2">备注</th></tr>
<tr><td colspan="2">1</td><td>2</td><td>3</td><td>4</td><td>5=3×4</td><td>6</td><td>7=5-6</td></tr>
<tr><td rowspan="5">减免税项目</td><td></td><td></td><td></td><td></td><td></td><td></td><td></td><td></td></tr>
<tr><td></td><td></td><td></td><td></td><td></td><td></td><td></td><td></td></tr>
<tr><td></td><td></td><td></td><td></td><td></td><td></td><td></td><td></td></tr>
<tr><td></td><td></td><td></td><td></td><td></td><td></td><td></td><td></td></tr>
<tr><td></td><td></td><td></td><td></td><td></td><td></td><td></td><td></td></tr>
<tr><td rowspan="6" colspan="3">纳税人或代理人声明：
此纳税申报表是根据国家税收法律的规定填报的，我确信它是真实的、可靠的、完整的。</td><td colspan="6">如纳税人填报，由纳税人填写以下各栏</td></tr>
<tr><td>经办人
（签章）</td><td></td><td>会计主管
（签章）</td><td></td><td>法定代表人
（签章）</td><td></td></tr>
<tr><td colspan="6">如委托代理人填报，由代理人填写以下各栏</td></tr>
<tr><td>代理人名称</td><td colspan="3"></td><td rowspan="3" colspan="2">代理人（公章）</td></tr>
<tr><td>经办人（签章）</td><td colspan="3"></td></tr>
<tr><td>联系电话</td><td colspan="3"></td></tr>
<tr><td colspan="9">以下由税务机关填写</td></tr>
<tr><td>受理人</td><td colspan="2"></td><td>受理日期</td><td colspan="2"></td><td colspan="2">受理税务机关（签章）</td><td></td></tr>
</table>

任务二　掌握土地增值税的核算

一、土地增值税概述

土地增值税是对转让国有土地使用权、地上建筑物及其附着物（以下简称转让房地产）并取得收入的单位和个人，就其转让房地产所取得的增值额征收的一种税。

征收土地增值税，有利于增强国家对房地产开发和房地产市场调控力度，有利于抑制炒买炒卖土地投机获取暴利的行为，同时也可以规范国家参与土地增值收益的分配方式，增加国家财政收入。

我国现行土地增值税的基本规范，是 1993 年 12 月 13 日国务院颁布的、自 1994 年 1 月 1 日起施行的《中华人民共和国土地增值税暂行条例》（以下简称《土地增值税暂行条例》）。

（一）土地增值税纳税人

土地增值税的纳税人，是指转让国有土地使用权、地上的建筑及其附着物并取得收入的单位和个人。单位包括各类企业、事业单位、国家机关和社会团体及其他组织；个人包括个体经营者。

概括地讲，不论法人与自然人、不论经济性质、不论内资与外资、不论部门与单位，只要有偿转让房地产，都是土地增值税的纳税人。

（二）土地增值税的征收范围

1. 土地增值税的征税范围包括：转让国有土地使用权、地上的建筑物及其附着物连同国有土地使用权一并转让。

2. 土地增值税征税范围的具体规定：

（1）以出售方式转让国有土地使用权、地上的建筑物及其附着物，应缴纳土地增值税。

（2）以继承、赠与方式转让房地产的，不征收土地增值税。

（3）房地产的出租，不征收土地增值税。

（4）房地产的抵押，抵押期间，不征收土地增值税；抵押期满后，若该房地产因抵债而发生权属转让，则应缴纳土地增值税。

（5）房地产的交换，应征收土地增值税。

（6）以房地产进行投资、联营、暂免征收土地增值税。

（7）合作建房，建成后按比例分房自用的，暂免征收土地增值税；建成后转让的，应征收土地增值税。

（8）企业兼并转让房地产，暂免征收土地增值税。

（9）房地产的代建行为，不征收增值税。

（10）房地产的重新评估增值，未发生房地产权属变更，不征收土地增值税。

（三）土地增值税税率

土地增值税实行四级超率累进税率，具体见表6-3：

表6-3　土地增值税四级超率累进税率表

级　数	增值额与扣除项目金额的比率	税率（%）	速算扣除系数（%）
1	不超过50%（含）的部分	30	0
2	超过50%～100%（含）的部分	40	5
3	超过100%～200%（含）的部分	50	15
4	超过200%的部分	60	35

（四）土地增值税税收优惠

根据税法规定，土地增值税的优惠项目主要体现在以下几个方面：

（1）纳税人建造普通标准住宅出售，增值额未超过扣除项目金额20%的，免征土地增值税；增值额超过扣除项目金额20%的，应就其全部增值额按规定纳税；

（2）因国家建设需要依法征用、收回的房地产，免征土地增值税；

（3）对个人销售住房暂免征收土地增值税；

（4）对企业改制、资产整合过程中涉及的土地增值税予以免征。

二、土地增值税应纳税额的计算

（一）土地增值税的计税依据

土地增值税以土地增值额为计税依据，是纳税人转让房地产所取得的收入减除规定的扣除项目金额后的余额，即：

增值额=转让房地产所取得的收入-准予扣除项目金额

1. 转让房地产所取得的收入

纳税人转让房地产所取得的收入，包括转让房地产的全部价款及有关的经济收益，具体指货币收入、实物收入和其他收入。

（1）货币收入。货币收入是指纳税人转让房地产而取得的现金、银行存款、支票、银行本票、汇票等各种信用票据和国库券、金融债券、企业债券、股票等有价证券。这些类型的收入其实质都是转让方因转让土地使用权，房屋产权而向取得方收取的价款。货币收入一般比较容易确定。

（2）实物收入。实物收入是指纳税人转让房地产而取得的各种实物形态的收入，如钢材、水泥等建材，房屋、土地等不动产等。实物收入的价值不太容易确定，一般要对这些实物形态的财产进行估价。

（3）其他收入。其他收入是指纳税人转让房地产而取得的无形资产收入或具有财产价值的权利，如专利权、商标权、著作权、专有技术使用权、土地使用权、商誉等。这种类型的收入比较少见，其价值需要进行专门的评估。

2. 准予扣除项目

（1）取得土地使用权所支付的金额。取得土地使用权所支付的金额，是指纳税人为取得土地使用权所支付的地价款和按国家统一规定缴纳的有关费用。

① 纳税人为取得土地使用权所支付的地价款。如果是以协议、招标、拍卖等出让方式取得土地使用权的，地价款为纳税人所支付的土地出让金；如果是以行政划拨方式取得土地使用权的，地价款为按照国家有关规定补交的土地出让金；如果是以转让方式取得土地使用权的，地价款为向原土地使用权人实际支付的价款。

② 纳税人在取得土地使用权时按国家统一规定缴纳的有关费用。它是指纳税人在取得土地使用权过程中为办理有关手续，按国家统一规定缴纳的有关登记、过户手续费。

（2）房地产开发成本。房地产开发成本，是指纳税人房地产开发项目实际发生的成本，包括土地征用及拆迁补偿费、前期工程费、建筑安装工程费、基础设施费、公共配套设施费、开发间接费用等。

① 土地征用及拆迁补偿费。包括土地征用费、耕地占用税、劳动力安置费及有关地上、地下附着物拆迁补偿的净支出、安置动迁用房支出等。

② 前期工程费。包括规划、设计、项目可行性研究和水文、地质、勘查、测绘、“三通一平”等支出。

③ 建筑安装工程费。指以出包方式支付给承包单位的建筑安装工程费，以自营方式发生的建筑安装工程费。

④ 基础设施费。包括开发小区内道路、供水、供电、供气、排污、排洪、通讯、照明、环卫、绿化等工程发生的支出。

⑤ 公共配套设施费。包括不能有偿转让的开发小区内公共配套设施发生的支出。

⑥ 开发间接费用。指直接组织、管理开发项目发生的费用，包括工资、职工福利费、折旧费、修理费、办公费、水电费、劳动保护费、周转房摊销等。

（3）房地产开发费用。房地产开发费用，是指与房地产开发项目有关的营业费用、管理费用、财务费用。

① 纳税人能够按转让房地产项目计算分摊利息支出，并能提供金融机构的贷款证明的，其允许扣除的房地产开发费用为：

利息+(取得土地使用权所支付的金额+房地产开发成本)×5%以内（注：利息最高不能超过按商业银行同类同期贷款利率计算的金额）

② 纳税人不能按转让房地产项目计算分摊利息支出或不能提供金融机构贷款证明的，其允许扣除的房地产开发费用为：

(取得土地使用权所支付的金额+房地产开发成本)×10%以内

上述计算扣除的具体比例，由各省、自治区、直辖市人民政府规定。

（4）旧房及建筑物的评估价格。旧房及建筑物的评估价格，是指在转让已使用的房屋及建筑物时，由政府批准设立的房地产评估机构评定的重置成本价乘以成新度折扣率后的价格。评估价格须经当地税务机关确认。

（5）与转让房地产有关的税金。与转让房地产有关的税金，是指在转让房地产时缴纳的城市维护建设税、印花税。因转让房地产缴纳的教育费附加，也可视同税金予以扣除。

（6）财政部规定的其他扣除项目。从事房地产开发的纳税人，可按取得土地使用权所支付的金额和房地产开发成本两项金额之和，加计 20%的扣除。

按照《土地增值税暂行条例》的规定，纳税人有下列情形之一的，按照房地产评估价格计算征收:

① 隐瞒、虚报房地产成交价格的；

② 提供扣除项目金额不实的；

③ 转让房地产的成交价格低于房地产评估价格，又无正当理由的。

（二）土地增值税应纳税额的计算

土地增值税按照纳税人转让房地产所取得的增值额和规定的税率计算征收。土地增值税的计算公式为：

应纳税额=∑(每级距的土地增值额×适用税率)

但在实际工作中，分步计算比较烦琐，一般可以采用速算扣除数的方法来计算。即：计算土地增值税税额，可按增值额乘以适用的税率减去扣除项目金额乘以速算扣除系数的简便方法计算，具体公式如下：

1. 增值额未超过扣除项目金额 50%：

土地增值税税额=增值额×30%

2. 增值额超过扣除项目金额 50%，未超过 100%：

土地增值税税额=增值额×40%−扣除项目金额×5%

3. 增值额超过扣除项目金额 100%，未超过 200%：

土地增值税税额=增值额×50%−扣除项目金额×15%

4. 增值额超过扣除项目金额 200%：

土地增值税金额=增值额×60%−扣除项目金额×35%

上述公式中的 5%、15%、35%分别为二、三、四级的速算扣除系数。

三、土地增值税的会计处理

（一）房地产开发企业的土地增值税的会计处理

房地产开发企业，是指主要经营房地产买卖业务的企业。对这类企业来说，房地产开发是企业的主要经营业务，土地增值税是为取得当期营业收入而支付的费用。在计提土地增值税时，借记“税金及附加”科目，贷记“应交税费——应交土地增值税”科目。实际上缴时，借记“应交税费——应交土地增值税”科目，贷记“银行存款”等科目。

案例 6-5：某房地产企业将新开发的商品房对外出售，取得转让收入 5 000 万元，应该缴纳土地增值税 260 万元，则企业关于土地增值税的会计处理是：

借：税金及附加　260
　　贷：应交税费——应交土地增值税　260

（二）非房地产企业转让或销售房地产缴纳土地增值税的会计处理

非房地产企业又可分为两种情况：一种是以房地产转让为兼营业务；另一种是转让自用房地产，即企业开发房地产的目的在于自用，作为固定资产管理，只是因某些情况将其出售。

1. 兼营房地产业务企业的土地增值税会计核算。兼营房地产业务的企业，取得房地产转让收入时，计入“其他业务收入”科目。同理，应缴纳的土地增值税也应作为为取得当期收入而发生的费用，企业计提应缴纳的土地增值税时，借记“其他业务支出”科目，贷记“应交税费——应交土地增值税”科目；实际缴纳时，应借记“应交税费——应交土地增值税”科目，贷记“银行存款”科目。

案例 6-6：兼营房地产业务的某金融公司，购入一栋楼房，支付价款 100 000 000 元。后来，该公司没有经过任何开发，取得转让收入 180 000 000 元，应交流转税 9 900 000 元。计算应纳土地增值税并进行会计处理。

扣除项目金额=100 000 000+100 000 000×10%+9 900 000=119 900 000（元）

土地增值额=180 000 000−119 900 000=60 100 000（元）

土地增值额占扣除项目金额比例=60 100 000÷119 900 000=50.125%

应纳土地增值税=60 100 000×40%−119 900 000×5%=24 040 000−5995 000=18 045 000（元）

借：银行存款　180 000 000
　　贷：其他业务收入　180 000 000
借：其他业务支出　18 045 000
　　贷：应交税费——应交土地增值税　18 045 000
借：应交税费——应交土地增值税　18 045 000
　　贷：银行存款　18 045 000

2. 转让自用房地产土地增值税的会计核算。自用房地产在取得时，会计应列为固定资产管理，记入“固定资产”科目，转让时应通过“固定资产清理”科目进行核算。计算转让房地产缴纳的土地增值税时，应借记“固定资产清理”科目，贷记“应交税费——应交土地增值税”科目进行核算。实际缴纳时，应借记“应交税费——应交土地增值税”科目，贷记“银行存款”科目。

案例 6-7：某非主营房地产的企业买进土地及建筑物，价值 4 200 000 元。3 年后，该企业将土地使用权和地上建筑物一并转让给甲企业，取得转让收入 5 500 000 元，应交流转税 300 000 元，转让时建筑物累计折旧 400 000 元。计算土地增值税应纳税额并进行会计处理。

增值额=5 500 000−4 200 000−300 000=1 000 000（元）

增值额占扣除项目金额比例=1 000 000÷4 500 000=22.22%

应纳税额=1 000 000×30%=300 000（元）

（1）转让时，结转固定资产清理：

借：固定资产清理　　3 800 000

　　累计折旧　　400 000

　　贷：固定资产　　4 200 000

（2）取得转让收入时：

借：银行存款　　5 500 000

　　贷：固定资产清理　　5 500 000

（3）计提应缴纳的土地增值税时：

借：固定资产清理　　300 000

　　贷：应交税费——应交土地增值税　　300 000

（4）缴纳应缴土地增值税时：

借：应交税费——应交土地增值税　　300 000

　　贷：银行存款　　300 000

（5）结转清理损益时：

借：固定资产清理　　1 400 000

　　贷：营业外收入　　1 400 000

四、土地增值税的纳税申报

（一）土地增值税的纳税地点和纳税期限

土地增值税的纳税人应向房地产所在地主管税务机关办理纳税申报。所称的房地产所在地，是指房地产的坐落地。纳税人转让的房地产坐落在两个或两个以上地区的，应按房地产所在地分别申报纳税。

纳税人应在转让房地产合同签订后的 7 日内，到房地产所在地主管税务机关办理纳税申报，并向税务机关提交房屋及建筑物产权、土地使用权证书，土地转让、房产买卖合同，房地产评估报告及其他与转让房地产有关的资料。

纳税人因经常发生房地产转让而难以在每次转让后申报的，经税务机关审核同意后，可以定期进行纳税申报，具体期限由税务机关根据情况确定。

纳税人在项目全部竣工结算前转让房地产取得的收入，由于涉及成本确定或其他原因，而无法据以计算土地增值税的，可以预征土地增值税；待该项目全部竣工、办理结算后再进行清算，多退少补。具体办法由各省、自治区、直辖市地方税务局根据当地情况制定。

（二）土地增值税的纳税申报

表 6-4　土地增值税纳税申报表

（从事房地产开发的纳税人适用）

填表日期：　　年　　月　　日

纳税人识别号：□□□□□□□□□□□□□□□□□□□□□□□　　金额单位：元（列至角分）

纳税人名称		税款所属时间	
项目		行次	金额
一、转让房地产收入总额　1=2+3		1	
其中	货币收入	2	
	实物收入及其他收入	3	
二、扣除项目金额合计　4=5+6+13+16+20		4	
1.取得土地使用权所支付的金额		5	
2.房地产开发成本　6=7+8+9+10+11+12		6	
其中	土地征用及拆迁补偿费	7	
	前期工程费	8	
	建筑安装工程费	9	
	基础设施费	10	
	公共配套设施费	11	
	开发间接费用	12	
3.房地产开发费用　13=14+15		13	
其中	利息支出	14	
	其他房地产开发费用	15	
4.与转让房地产有关的税金等　16=17+18+19		16	
其中	增值税	17	
	城市维护建设税	18	
	教育费附加	19	
5.财政部规定的其他扣除项目		20	
三、增值额　21=1-4		21	
四、增值额与扣除项目金额之比（%）22=21÷14		22	
五、适用税率（%）		23	
六、速算扣除系数（%）		24	
七、应缴土地增值税税额 25=21×23-4×24		25	
八、已缴土地增值税税额		26	
九、应补（退）土地增值税税额 27=25-26		27	

如纳税人填报，由纳税人填写以下各栏		如委托代理人填报，由代理人填写以下各栏				备注
会计主管（签章）	纳税人（公章）	代理人名称		代理人（公章）		
		代理人地址				
		经办人姓名		电话		
以下由税务机关填写						
收到申报表日期		接收人				

任务三　掌握城镇土地使用税的核算

一、城镇土地使用税概述

城镇土地使用税是国家在城市、县城、建制镇和工矿区范围内，对使用土地的单位和个人，以其实际占用的土地面积为计税依据，按照规定的税额计算征收的一种税。

征收城镇土地使用税，有利于通过经济手段，加强对土地的管理，变土地的无偿使用为有偿使用，促进合理、节约使用土地，提高土地使用效益；有利于适当调节不同地区、不同地段之间的土地级差收入，促进企业加强经济核算，理顺国家与土地使用者之间的分配关系。

我国现行城镇土地使用税的基本规范，是2006年12月31日国务院修改并颁布的《中华人民共和国城镇土地使用税暂行条例》（以下简称《城镇土地使用税暂行条例》），2013年12月4日国务院第32次会议做了部分修改（2013年12月7日起实施）。

（一）城镇土地使用税的纳税人

城镇土地使用税的纳税人，是指在税法规定的征税范围内使用土地的单位和个人。

所称单位，包括国有企业、集体企业、私营企业、股份制企业、外商投资企业、外国企业以及其他企业和事业单位、社会团体、国家机关、军队以及其他单位；所称个人，包括个体工商户以及其他个人。

国家对城镇土地使用税的纳税人，根据用地者的不同情况分别确定为以下几类：

1. 拥有土地使用权的单位和个人。

2. 拥有土地使用权的单位和个人不在土地所在地的，其土地的实际使用人或代管人为纳税人。

3. 土地使用权未确定或权属纠纷未解决的，以实际使用人为纳税人。

4. 土地使用权共有的，共有各方都是纳税人，由共有各方分别纳税。土地使用权共有的各方，应按其实际使用的土地面积占总面积的比例，分别计算缴纳土地使用税。

外商投资企业和外国企业暂不适用城镇土地使用税，不是城镇土地使用税的纳税人。

（二）城镇土地使用税的税率

城镇土地使用税采用定额税率，即采用有幅度的差别税额，按大、中、小城市和县城、建制镇、工矿区分别规定每平方米土地使用税年应纳税额。具体标准如下：

1. 大城市1.5元至30元；

2. 中等城市1.2元至24元；

3. 小城市0.9元至18元；

4. 县城、建制镇、工矿区0.6元至12元。

经省、自治区、直辖市人民政府批准，经济落后地区城镇土地使用税的适用税额标准可以适当降低，但降低额不得超过规定税额的30%。经济发达地区城镇土地使用税的适用税额标准可以适当提高，但须报经财政部批准。

（三）城镇土地使用税的征税范围

城镇土地使用税的征税对象，是在我国境内的纳税区域内的土地。

城镇土地使用税的征税范围，包括在城市、县城、建制镇和工矿区的国家所有和集体所有的土地。

上述城市、县城、建制镇和工矿区分别按以下标准确认：

1. 城市是指经国务院批准设立的市。
2. 县城是指县人民政府所在地。
3. 建制镇是指经省、自治区、直辖市人民政府批准设立的建制镇。
4. 工矿区是指工商业比较发达，人口比较集中，符合国务院规定的建制镇标准，但尚未设立建制镇的大中型工矿企业所在地，工矿区须经省、自治区、直辖市人民政府批准。

（四）城镇土地增值税的税收优惠

下列土地免缴土地使用税：

1. 国家机关、人民团体、军队自用的土地；
2. 由国家财政部门拨付事业经费的单位自用的土地；
3. 宗教寺庙、公园、名胜古迹自用的土地；
4. 市政街道、广场、绿化地带等公用用地；
5. 直接用于农、林、牧、渔业的生产用地；
6. 经批准开山填海整治的土地和改造的废弃土地，从使用的月份起免缴土地使用税 5 年至 10 年；
7. 由财政部另行规定免税的能源、交通、水利设施用地和其他用地。

二、城镇土地使用税应纳税额的计算

（一）城镇土地使用税的计税依据

城镇土地使用税以纳税人实际占用的土地面积为计税依据，依照规定税额计算征收。

纳税人实际占用的土地面积按下列办法确定：

1. 由省、自治区、直辖市人民政府确定的单位组织测定土地面积的，以测量的面积为准。
2. 尚未组织测量，但纳税人持有政府部门核发的土地使用证书的，以证书确认的土地面积为准。
3. 尚未核发土地使用证书的，应由纳税人据实申报土地面积，据以纳税，待核发土地使用证以后再作调整。

（二）城镇土地使用税应纳税额的计算

城镇土地使用税应纳税额的计算公式为：

全年应纳税额=实际占用应税土地面积(平方米)×单位税额

案例 6-8：某企业位于某大城市，按地段划分适用单位税额为每平方米 15 元，该企业实际占用土地面积为 10 000 平方米，计算全年应纳城镇土地使用税税额。

全年应纳城镇土地使用税额=10 000×15=150 000（元）

三、城镇土地使用税的会计处理

缴纳城镇土地使用税的单位，年度终了计算应缴城镇土地使用税时，借记“税金及附加”科目，贷记“应交税费——应交城镇土地使用税”科目。实际上缴时，借记“应交税费——应交城镇土地使用税”科目，贷记“银行存款”科目。

案例 6-9：某商业企业占地 10 000 平方米，其中企业办的学校自用地为 3 000 平方米，当地政府核定的土地使用税税额为 2 元/平方米。计算该企业应纳城镇土地使用税额并进行会计处理。

应纳城镇土地使用税额=(10 000−3 000)×2=14 000（元）

借：税金及附加	14 000	
贷：应交税费——应交城镇土地使用税		14 000
借：应交税费——应交城镇土地使用税	14 000	
贷：银行存款		14 000

四、城镇土地使用税的纳税申报

（一）城镇土地使用税的纳税地点和纳税期限

城镇土地使用税由土地所在地的税务机关征收。土地管理机关应当向土地所在地的税务机关提供土地使用权属资料。

纳税人使用的土地不属于同一省（自治区、直辖市）管辖范围的，应由纳税人分别向土地所在地的税务机关缴纳土地使用税。

在同一省（自治区、直辖市）管辖范围内，纳税人跨地区使用的土地，其纳税地点由各省（自治区、直辖市）税务局确定。

城镇土地使用税按年计算、分期缴纳。缴纳期限由省、自治区、直辖市人民政府确定。

新征用的土地，依照下列规定缴纳城镇土地使用税：

1. 征用的耕地，自批准征用之日起满 1 年时开始缴纳城镇土地使用税；
2. 征用的非耕地，自批准征用次月起缴纳城镇土地使用税。

（二）城镇土地使用税的纳税申报

城镇土地使用税的纳税人应按照条例的有关规定及时办理纳税申报，并如实填写《城镇土地使用税纳税申报表》（见表 6-5）。

表 6-5　城镇土地使用税纳税申报表

填表日期：　年　月　日

纳税人识别号：□□□□□□□□□□□□□□□□□□□□　　金额单位：元（列至角分）

<table>
<tr><td colspan="3">纳税人名称</td><td colspan="6"></td><td colspan="2">税款所属时间</td><td colspan="4"></td></tr>
<tr><td colspan="4">房地产坐落地点</td><td colspan="11"></td></tr>
<tr><td rowspan="2">坐落地点</td><td rowspan="2">上期占地面积</td><td rowspan="2">本期增减</td><td rowspan="2">本期实际占地面积</td><td rowspan="2">法定免税面积</td><td rowspan="2">应税面积</td><td colspan="2">土地等级</td><td colspan="2">适用税率</td><td rowspan="2">全年应缴税额</td><td rowspan="2">缴纳次数</td><td colspan="3">本期</td></tr>
<tr><td>I</td><td>II</td><td>I</td><td>II</td><td>每次应纳税额</td><td>已纳税额</td><td>应补应退税额</td></tr>
<tr><td>1</td><td>2</td><td>3</td><td>4=2+3</td><td>5</td><td>6=4−5</td><td>7</td><td>8</td><td>9</td><td>10</td><td>11=7×9+8×10</td><td>12</td><td>13=11÷12</td><td>14</td><td>15=11−14</td></tr>
<tr><td></td><td></td><td></td><td></td><td></td><td></td><td></td><td></td><td></td><td></td><td></td><td></td><td></td><td></td><td></td></tr>
<tr><td></td><td></td><td></td><td></td><td></td><td></td><td></td><td></td><td></td><td></td><td></td><td></td><td></td><td></td><td></td></tr>
<tr><td></td><td></td><td></td><td></td><td></td><td></td><td></td><td></td><td></td><td></td><td></td><td></td><td></td><td></td><td></td></tr>
<tr><td></td><td></td><td></td><td></td><td></td><td></td><td></td><td></td><td></td><td></td><td></td><td></td><td></td><td></td><td></td></tr>
<tr><td>合计</td><td></td><td></td><td></td><td></td><td></td><td></td><td></td><td></td><td></td><td></td><td></td><td></td><td></td><td></td></tr>
<tr><td colspan="6">如纳税人填报，由纳税人填写以下各栏</td><td colspan="8">如委托代理人填报，由代理人填写以下各栏</td><td>备注</td></tr>
<tr><td colspan="3" rowspan="3">会计主管
（签章）</td><td colspan="3" rowspan="3">纳税人
（公章）</td><td colspan="3">代理人名称</td><td colspan="2"></td><td colspan="3" rowspan="2">代理人（公章）</td><td rowspan="3"></td></tr>
<tr><td colspan="3">代理人地址</td><td colspan="2"></td></tr>
<tr><td colspan="3">经办人姓名</td><td colspan="2"></td><td>电话</td><td colspan="2"></td></tr>
<tr><td colspan="15">以下由税务机关填写</td></tr>
<tr><td colspan="4">收到申报表日期</td><td colspan="2"></td><td colspan="3">接收人</td><td colspan="6"></td></tr>
</table>

任务四　熟悉环境保护税的核算

环境保护税是由英国经济学家庇古最先提出的，他的观点已经为西方发达国家普遍接受。欧美各国的环保政策逐渐减少直接干预手段的运用，越来越多地采用生态税、绿色环保税等多种特指税种来维护生态环境，针对污水、废气、噪音和废弃物等突出的“显性污染”进行强制征税。2018 年 1 月 1 日起，《中华人民共和国环境保护税法》（以下简称《环境保护税法》）正式施行，标志着中国有了首个以环境保护为目标的税种。依照规定，环境保护税按季申报缴纳，2018 年 4 月 1 日至 15 日是环保税首个征期。

一、环境保护税概述

（一）纳税人

在我国领域和我国管辖的其他海域，直接向环境排放应税污染物的企业、事业单位和其他生产经营者为环境保护税的纳税人，应当依照《环境保护税法》规定缴纳环境保护税，按照规定，征收环境保护税，不再征收排污费。

（二）征税范围

环境保护税的征税范围是《环境保护税法》所附《环境保护税税目税额表》《应税污染物和当量值表》所规定的大气污染物、水污染物、固体废物和噪声等应税污染物。

1. 有下列情形之一的，不属于直接向环境排放污染物，不缴纳相应污染物的环境保护税：

（1）企业、事业单位和其他生产经营者向依法设立的污水集中处理、生活垃圾集中处理场所排放应税污染物的。

（2）企业、事业单位和其他生产经营者在符合国家和地方环境保护标准的设施、场所贮存或者处置固体废物的。

（3）达到省级人民政府确定的规模标准的畜禽养殖场，依法对畜禽养殖废弃物进行综合利用和无害化处理的，不属于直接向环境排放污染物，不缴纳环境保护税。

（三）环境保护税的税率

环境保护税属于定额税率，其税目由四大类构成，主要是对大气污染物、水污染物、固体废物、噪声等四类污染物征收环境保护税。

应税大气污染物和水污染物的具体适用税额的确定和调整，由省、自治区、直辖市人民政府统筹考虑本地区环境承载能力、污染物排放现状和经济社会生态发展目标要求，在本法所附《环境保护税税目税额表》（见表 6-6）规定的税额幅度内提出，报同级人民代表大会常务委员会决定，并报全国人民代表大会常务委员会和国务院备案。

表 6-6 环境保护税税目税额表

<table>
<tr><th colspan="2">税　目</th><th>计税单位</th><th>税　额</th><th>备　注</th></tr>
<tr><td colspan="2">大气污染物</td><td>每污染当量</td><td>1.2 元至 12 元</td><td rowspan="12">①一个单位边界上有多处噪声超标，根据最高一处超标升级计算应纳税额；当沿边界长度超过 100 米有两处以上噪声超标，按照两个单位计算应纳税额。
②一个单位有不同地点作业场所的，应当分别计算应纳税额，合并计征。
③昼、夜均超标的环境噪声，昼、夜分别计算应纳税额，累计计征。
④声源一个月内超标不足 15 天的，减半计算应纳税额。
⑤夜间频繁突发和夜间偶然突发厂界超标噪声，按等效声级和峰值噪声两种指标中超标分贝值高的一项计算应纳税额。</td></tr>
<tr><td colspan="2">水污染物</td><td>每污染当量</td><td>1.4 元至 14 元</td></tr>
<tr><td rowspan="4">固体废物</td><td>煤矸石</td><td>每吨</td><td>5 元</td></tr>
<tr><td>尾矿</td><td>每吨</td><td>15 元</td></tr>
<tr><td>危险废物</td><td>每吨</td><td>1 000 元</td></tr>
<tr><td>冶炼渣、粉煤灰、炉渣、其他固体废弃物（含半固态、液态废物）</td><td>每吨</td><td>25 元</td></tr>
<tr><td rowspan="6">噪声</td><td rowspan="6">工业噪声</td><td>超标 1～3 分贝</td><td>每月 350 元</td></tr>
<tr><td>超标 4～6 分贝</td><td>每月 700 元</td></tr>
<tr><td>超标 7～9 分贝</td><td>每月 1 400 元</td></tr>
<tr><td>超标 10～12 分贝</td><td>每月 2 800 元</td></tr>
<tr><td>超标 13～15 分贝</td><td>每月 5 600 元</td></tr>
<tr><td>超标 15 分贝以上</td><td>每月 11 200 元</td></tr>
</table>

（四）计税依据

应税污染物的计税依据，按照下列方法确定：

1. 应税大气污染物按照污染物排放量折合的污染当量数确定；
2. 应税水污染物按照污染物排放量折合的污染当量数确定；
3. 应税固体废物按照固体废物的排放量确定；
4. 应税噪声按照超过国家规定标准的分贝数确定。

（五）应纳税额的计算

1. 应税大气污染物的应纳税额=污染当量数×具体适用税额；

2. 应税水污染物的应纳税额=污染当量数×具体适用税额；

3. 应税固体废物的应纳税额=固体废物排放量×具体适用税额；

4. 应税噪声的应纳税额超过国家规定标准的分贝数对应的具体适用税额。

应税大气污染物、水污染物、固体废物的排放量和噪声的分贝数，按照下列方法和顺序计算：

1. 纳税人安装使用符合国家规定和监测规范的污染物自动监测设备的，按照污染物自动监测数据计算；

2. 纳税人未安装使用污染物自动监测设备的，按照监测机构出具的符合国家有关规定和监测规范的监测数据计算；

3. 因排放污染物种类多等原因不具备监测条件的，按照国务院环境保护主管部门规定的排污系数、物料衡算方法计算；

4. 不能按上述第 1 项至第 3 项规定的方法计算的，按照省、自治区、直辖市人民政府环境保护主管部门规定的抽样测算的方法核定计算。

案例 6-10：某餐饮公司，通过安装水流量计测得 2018 年 2 月排放污水量为 60 吨，污染当量数为 120。假设当地水污染物适用税额为每污染当量 2.8 元，当月应纳环境保护税税额计算如下：

应纳税额=120×2.8=336（元）

（六）税收优惠

下列情形，暂予免征环境保护税：

1. 农业生产（不包括规模化养殖）排放应税污染物的；

2. 机动车、铁路机车、非道路移动机械、船舶和航空器等流动污染源排放应税污染物的；

3. 依法设立的城乡污水集中处理、生活垃圾集中处理场所排放相应应税污染物，不超过国家和地方规定的排放标准的；

4. 纳税人综合利用的固体废物，符合国家和地方环境保护标准的；

5. 国务院批准免税的其他情形。

纳税人排放应税大气污染物或者水污染物的浓度值低于国家和地方规定的污染物排放标准 30%的，减按 75%征收环境保护税。纳税人排放应税大气污染物或者水污染物的浓度值低于国家和地方规定的污染物排放标准 50%的，减按 50%征收环境保护税。

二、环境保护税征收管理

（一）申报管理

1. 纳税义务发生时间为纳税人排放应税污染物的当日。环境保护税按月计算，按季申报缴纳。不能按固定期限计算缴纳的，可以按次申报缴纳。

2. 纳税人按季申报缴纳的，应当自季度终了之日起 15 日内，向税务机关办理纳税申报并缴纳税款。纳税人按次申报缴纳的，应当自纳税义务发生之日起 15 日内，向税务机关办理纳税申报并缴纳税款。

3. 纳税人应当依法如实办理纳税申报，对申报的真实性和完整性承担责任。

（二）征收管理

1. 纳税人应当向应税污染物排放地的税务机关申报缴纳环境保护税。

2. 生态环境主管部门和税务机关应当建立涉税信息共享平台和工作配合机制。

3. 生态环境主管部门应当将排污单位的排污许可、污染物排放数据、环境违法和受行政处罚情况等环境保护相关信息，定期交送税务机关。

4. 税务机关发现纳税人的纳税申报数据资料异常或者纳税人未按照规定期限办理纳税申报的，可以提请生态环境主管部门进行复核，生态环境主管部门应当自收到税务机关的数据资料之日起 15 日内向税务机关出具复核意见。税务机关应当按照生态环境主管部门复核的数据资料调整纳税人的应纳税额。

任务案例实施

案例解析:

该企业当月应纳资源税=15×150×6%+10×16 500×5%=8 385（万元）

项目小结:

资源税是对在我国境内开采矿产品、盐和水资源的单位和个人取得的级差收入征收的一种税。企业因开采或销售应税资源而缴纳的资源税应计入企业生产经营成本费用，在会计处理中应通过“税金及附加”和“应交税费——应交资源税”科目进行核算。

土地增值税是对转让国有土地使用权、地上建筑物及其附属物并取得收入的单位和个人，就其转让房地产所得的增值额征收的一种税。会计处理分房地产企业与非房地产企业两种不同的处理方法。

城镇土地使用税是以城镇土地为征收对象，对拥有土地使用权的单位和个人征收的一种税。期末按规定计算当期应缴城镇土地使用税时，借记“税金及附加”科目，贷记“应交税费——应交城镇土地使用税”科目。

2018 年 1 月 1 日起，《中华人民共和国环境保护税法》正式施行，标志着中国有了首个以环境保护为目标的税种。

知识拓展

煤炭资源税的前世

我国于 1984 年开征资源税，设立资源税的初衷是为了调节资源开采中的级差收入、促进资源合理开发利用。最初，主要对开采天然气、石油、煤炭的企业开征，按照销售利润率超过12%的利润部分征税。1994年，我国对原有资源税进行了改革，形成现有资源税，征税范围扩至7个税目：原油、天然气、煤炭、其他非金属原矿、黑色金属原矿、有色金属原矿、盐，全部实行从量计征。其中，煤炭指原煤，不包括洗煤、选煤及其他原煤的加工产品。

目前煤炭资源税税率为每吨0.3～5元/吨，2011年11月1日开始，原油和天然气采用从价定率，税率为销售额的5%～10%。剩余税目为从量定额征收，目前炼焦煤需缴纳资源税8元/吨，动力煤的税额标准根据省份的不同略有差异，一般在2～4元/吨，这大约相当于坑口煤价的1%。

表6-7 资源税前世演变表

日　期	征收对象	征收标准
1984年	天然气、石油、煤炭	销售利润率超过12%的利润部分征税
1994年	原油、天然气、煤炭、其他非金属原矿、黑色金属原矿、有色金属原矿、盐	从量定额征收，其中炼焦煤资源税为8元/吨，动力煤资源税为2～4元/吨不等
2011年11月	原油和天然气	采用从价定率，税率为销售额的5%～10%

煤炭资源税从量计征与市场价格变动脱离，资源浪费严重。

煤炭资源税从量计征对销售价格的变动缺乏直接影响。从量计征的做法与市场价格变动脱离，不论价格是大涨还是大跌，资源税的征收标准是一样的，也就与实际的供需情况相脱离，既不能反映真实的市场情况，也不能对市场发挥调节作用。同时，也不利于体现资源的稀缺性，资源浪费严重。由于是从量计征，一些煤炭企业在实际产量和销售量上做文章，实际数量远大于上报数量；由于优质煤炭资源相比质量次之的煤炭品种有价格优势，企业常常采肥丢瘦，资源浪费严重。

煤炭资源税的今生

2014年9月29日国务院总理李克强主持召开国务院常务会议，决定实施煤炭资源税改革，推进清费立税、减轻企业负担。会议决定从2014年12月1日起，在全国将煤炭资源税由从量计征改为从价计征，税率由省级政府在规定幅度内确定。

目前推行煤炭资源税改革，正是基于当前煤炭价格变化较大，煤炭价格已经处于相对低位，这为煤炭资源税从价计征提供了基础，现行的从量计征标准已不适应当前煤炭市场的发展，正是因为资源税从量计征偏低，造成了部分地区煤炭资源浪费严重的现象，所以煤炭资源税改革势在必行。

资源税从价计征能直接反映市场，促进资源的合理开采。

资源税从价计征是未来发展趋势，也是煤炭资源税改革的必由之路。煤炭资源税由从量计征改为从价计征，所带来的影响是巨大的，优势非常明显。

首先，能真实的反映煤炭价格的波动程度。从量计征和从价计征的主要区别在于:从量计征最大的局限在于不能真实地反映煤炭的价格变动状况；实施从价计征后，资源税征收的多少直接跟现行的煤炭价格相关联，与煤炭市场价格呈现正相关的关系。

其次，从量计征改为从价计征后，将促进煤炭资源的合理开采。公平的税负会使煤炭企业不得不权衡销售价、开采成本、税费、资金流之间的利弊关系，促使其投入更多的资金用于煤炭资源的深入开采，有效减少在采矿过程中采肥丢瘦、采厚弃薄、采易弃难等现象。随着价格的逐渐提高，从价计征的调控作用就体现得更加明显，有效减少了煤炭资源开采中的浪费现象。

再次，由于煤炭资源税是地方税种，改为从价计征后，还会带来地方收入的增加，可以有效缓解目前地方财政普遍紧张的情况。这也是目前甘肃、内蒙古等多省区着力推进煤炭资源税改革的动力所在。

清费为资源税从价计征扫除障碍。

表 6-8　清费一览表

项　　目	清费内容	标　　准
12 月 1 日起	资源补偿费	煤炭、原油、天然气矿产资源补偿费税率由 1%降为 0
12 月 1 日起	价格调节基金	煤炭、原油、天然气价格调节基金由 1.5%降为 0
12 月 1 日起	可持续发展基金	山西省的煤炭可持续发展基金 23 元/吨起
12 月 1 日起	环境治理保证金	10 元/吨
12 月 1 日起	转产发展基金	5 元/吨
12 月 1 日起	煤炭出省费	17 元/吨
合计	——	55 元/吨以上

财政部、国家发展改革委于 2014 年 11 月 11 日对外发布消息，自 2014 年 12 月 1 日起，将在全国范围统一将煤炭、原油、天然气矿产资源补偿费费率降为零，并停止征收煤炭、原油、天然气价格调节基金。2014 年 12 月 1 日起一并取消的收费还包括山西省的煤炭可持续发展基金、青海省的原生矿产品生态补偿费、新疆维吾尔自治区的煤炭资源地方经济发展费。另外，山西将全部取消对相关企业的煤炭、焦炭公路运销管理行政授权，全部撤销省内煤炭、焦炭公路检查站和稽查点。

此次国家全面清理并取消部分涉及煤炭、原油、天然气的收费基金，旨在为 2014 年 12 月 1 日将实行的煤炭资源税改革铺路，通过清费立税，确保改革不增加煤炭企业总体负担。

资源税从价计征后，煤企负担不会明显上升

按照目前从量计征的方式，炼焦煤需缴纳资源税 8 元/吨，动力煤的税额标准根据省份的不同略有差异，在 2～4 元/吨。拟议中的煤炭资源税率初步定在 2%～10%之间，各省可在该区间内自行选择最终征收率，如果最低限为 2%，则完全不能体现出从价计征的调节作用；如果税率过高的话，煤企负担也会相应增加，所以合理的税负征收标准就显得尤为重要。

表 6-9　炼焦煤企业税费对比表

单位：元/吨

项　　目	从量计征	从价计征
相关杂费	50～60	0
资源税	8	56
费用合计	58～68	56

我们以山西柳林4号主焦煤为例，来对比一下从量计征和从价计征的变化情况，目前煤价是800元/吨，按照税率7%来计算。通过上表的计算对比，我们可以看出，在清费利税后，资源税从价计征，几乎不增加煤炭企业的负担。

知识测试与能力训练

强化训练6-1　同步考试真题

一、单项选择题

1. 土地增值税实行（　　）税率。（2013年机考）

A. 比例税率　　B. 全额累进税率

C. 超额累进税率　　D. 超率累进税率

2. 资源税纳税人开采或者生产应税产品销售的，课税数量为（　　）。（2014年注会）

A. 销售数量　　B. 开采数量

C. 生产数量　　D. 实际产量

3. 纳税人以自产的液体盐加工固体盐，则（　　）。（2014年税法）

A. 所耗用液体盐的已纳资源税额准予抵扣

B. 按照液体盐、固体盐征两道资源税

C. 按照液体盐的课税数量计算缴纳资源税

D. 按照固体盐的课税数量计算缴纳资源税

二、多项选择题

1. 下列自产应税产品中，应当视同销售征收资源税的有（　　）。（2014年注会）

A. 用于非生产项目　　B. 用于生产应税产品

C. 用于生产非应税产品　　D. 用于出口销售

2. 下列各项中，应征收资源税的有（　　）。（2013年注会）

A. 进口的天然气　　B. 专门开采的天然气

C. 煤矿生产的天然气　　D. 与原油同时开采的天然气

3. 甲企业2011年实际占地面积为5 000平方米，2011年4月30日该企业为扩大生产，根据有关部门的批准，新征用非耕地2 500平方米，新征用耕地1 500平方米。该企业所处地段适用城镇土地使用税年税额5元/平方米，耕地占用税20元/平方米。则下列说法正确的有（　　）。（2014年注会）

A. 该企业2011年应缴纳城镇土地使用税34 375元

B. 该企业2011年应缴纳耕地占用税30 000元

C. 该企业2012年应缴纳城镇土地使用税43 125元

D. 该企业2012年应缴纳城镇土地使用税30 500元

强化训练 6-2　同步模拟训练题

一、单项选择题

1. 下列各项中，属于资源税扣缴义务人的是（　　）。

A. 收购已税矿产品的单位　　B. 收购未税矿产品的单位和个人

C. 收购未税矿产品的单位　　D. 收购已税矿产品的单位和个人

2. 下列各项中，不征收资源税的是（　　）。

A. 天然气　　B. 人造原油

C. 海盐　　D. 金属矿产品原矿

3. 某油田 10 月份对外销售原油，确认销售额 300 000 元，假定适用税率为 8%，应纳资源税为（　　）元。

A. 12 000　　B. 29 700

C. 24 000　　D. 30 000

4. 某油田开采原油 80 万吨，2017 年销售原油 70 万吨，非生产性自用 5 万吨，另有 2 万吨采油过程中用于加热和修理油井，3 万吨代收。已知该油田每吨原油不含税售价为 5 000 元，使用的资源税税率为 6%，则该油田当年应纳的资源税税额为（　　）元。

A. 21 000　　B. 22 500

C. 23 100　　D. 24 000

5. 某企业将自己生产的煤炭对外销售，按规定计算的应缴资源税应计入（　　）。

A. 销售费用　　B. 生产成本

C. 制造费用　　D. 税金及附加

6. 下列各项中应征收土地增值税的是（　　）。

A. 个人之间互换自有居住用品房

B. 抵押期满权属转让给债权人的房地产

C. 赠与社会公益事业的房地产

D. 兼并企业从被兼并企业得到房地产

7. 纳税人建造普通标准住宅出售，增值税未超过扣除项目金额（　　）的，免征土地增值税。

A. 10%　　B. 20%

C. 30%　　D. 40%

8. 城镇土地使用税纳税人以（　　）的土地面积为计税依据。

A. 拥有　　B. 实际占用

C. 自用　　D. 被税务机关认定

9. 纳税人使用应税土地，应向（　　）纳税。

A. 税务机关确定的地点　　B. 土地所在地税务机关

C. 纳税人居住地税务机关　　D. 拥有土地使用权的单位所在地税务机关

10. 下列行为属于土地增值税征税范围的是（　　）。

A. 村委会自行转让土地　　B. 企业以房地产抵债
C. 事业单位出租闲置房产　　D. 政府向国有企业划转土地使用权

11. 根据《环境保护税法》，下列情形中，减征环境保护税的是（　　）。
A. 纳税人排放应税大气污染物或者水污染物的浓度值低于国家和地方规定的污染物排放标准30%的
B. 机动车、铁路机车、非道路移动机械、船舶和航空器等流动污染源排放应税污染物的
C. 依法设立的城乡污水集中处理、生活垃圾集中处理场所排放相应应税污染物，不超过国家和地方规定的排放标准的
D. 纳税人综合利用的固体废物，符合国家和地方环境保护标准的

二、多项选择题

1. 资源税的税目共有7个，其中包括（　　）。
A. 天然气　　B. 天然矿泉水　　C. 海盐　　D. 煤炭制品

2. 下列各项中，属于资源税纳税人的有（　　）。
A. 开采原煤的国有企业　　B. 进口铁矿石的私营企业
C. 开采石灰石的个体经营者　　D. 开采天然原油的外商投资企业

3. 下列关于资源税课税数量的说法中，正确的有（　　）。
A. 某油田自产自用的天然气，以自用数量为课税数量
B. 某煤矿对外销售的原煤，以销售数量为课税数量
C. 某盐场以自产液体盐加工固体盐后销售的，以使用的液体盐数量为课税数量
D. 某铁矿山自产自用的铁矿石，以实际移送使用数量为课税数

4. 下列各项中，不征收资源税的是（　　）。
A. 人造石油　　B. 已纳税原煤加工的洗选煤
C. 蜂窝煤　　D. 提取地下卤水晒制的盐

5. 下列各项中，不属于土地增值税征收范围的有（　　）。
A. 房地产评估增值　　B. 房地产的出租
C. 房地产的继承　　D. 企业兼并转让房地产

6. 下列属于土地增值税免税项目的有（　　）。
A. 个人转让自用满3年的自用住房
B. 个人转让自用满5年的自用住房
C. 开发转让项目增值额未超过扣除项目金额20%的
D. 出售普通标准住宅增值额占扣除项目金额18%的

7. 在计算土地增值税时，允许作为扣除项目的有（　　）。
A. 取得土地使用权所支付的金额　　B. 开发土地的成本、费用
C. 新建房及配套设施的成本、费用　　D. 与转让房地产有关的税金

8. 下列各项中，可以免缴城镇土地使用税的有（　　）。
A. 财政拨付事业经费单位的食堂用地　　B. 名胜古迹场所设立的照相馆用地
C. 公园内设立的影剧院用地　　D. 宗教寺庙人员的生活用地

9. 根据《城镇土地使用税暂行条例》规定，下列地区中，开征土地使用税的有（　　）。

A. 城市　　B. 农村

C. 工矿区　　D. 县城、建制镇

10. 下列情形中，应征收土地增值税的有（　　）。

A. 房产所有人将房屋产权赠与直系亲属

B. 个人之间互换自有居住房地产

C. 企业将自有土地使用权交换其他企业股权

D. 企业之间等价互换自有的房地产

E. 房地产评估增值

11. 下列关于环境保护税应纳税额计算的表述中，正确的有（　　）。

A. 应税大气污染物的应纳税额为污染排放量乘以具体适用税额

B. 应税水污染物的应纳税额为污染当量数乘以具体适用税额

C. 应税固体废物的应纳税额为固体废物排放量乘以具体适用税额

D. 应税噪声的应纳税额为超过国家规定标准的分贝数对应的具体适用税额

三、判断题

1. 资源税是对开采、生产所有自然资源的单位和个人征收的一种税。（　　）

2. 我国目前资源税的征税范围仅包括矿产品。（　　）

3. 企业计算出自产自用应税产品应缴纳的资源税时，借记“税金及附加”科目，贷记“应交税费——应交资源税”科目。（　　）

4. 资源税纳税人开采或者生产应税产品销售的，以销售数量为课税数量；纳税人开采或者生产应税产品自用（非生产用，下同）的，以自用数量为课税数量；纳税人不能准确提供其自用数量的，应以应税产品的产量或主管税务机关确定的折算比换算成的数量为课税数量。（　　）

5. 按照税法规定，纳税人应缴纳的资源税，应当向应税产品的开采或者生产所在地主管税务机关缴纳。（　　）

6. 土地增值税的收入形式仅包括货币收入。（　　）

7. 个人因工作调动或改善居住条件而转让原自用住房，经向税务机关申报核准，凡居住满三年或三年以上的，免予征收土地增值税。（　　）

8. 计算出售、转让房地产缴纳的土地增值税时，应借记“固定资产清理”科目，贷记“应交税费——应交土地增值税”科目进行核算。（　　）

9. 城镇土地使用税是以城镇土地为征收对象，对拥有土地使用权的单位和个人征收的一种税。期末按规定计算当期应缴城镇土地使用税时，借记“管理费用”科目，贷记“应交税费——应交城镇土地使用税”科目。（　　）

10.城镇土地使用税实行按年征收、分期预缴的征收方法，具体纳税期限由省、自治区、直辖市人民政府确定。（　　）

四、业务训练题

1. 某油气田开采企业 2018 年 3 月销售天然气 90 万立方米，取得不含增值税收入 1 350 000 元，另向购买方收取手续费 1 695 元，延期付款利息 2 260 元，假设天然气的资源税税率为10%。计算该企业2018年3月销售天然气应缴纳的资源税并进行会计处理。

2. 某房地产开发公司转让写字楼一栋，获得货币收入11 000万元，公司为取得土地使用权支付的金额为800万元，开发土地、建房及配套设施支付2 500万元，开发费用计500万元，转让房地产有关税金858万元。计算应纳土地增值税并进行会计处理。

3. 某企业实际占地面积共为25 000平方米，其中5 000平方米为厂区以外的绿化区，企业子弟学校占地1 000平方米。另外，该企业出租土地一块计2 000平方米给其他单位使用，还借出1 000平方米给部队作训练场地（该企业所处地段适用年税额为2元/平方米）。计算该企业应缴纳多少城镇土地使用税并进行会计处理。

强化训练6-3　同步复习思考题

1. 何谓资源税？
2. 简述资源税的征税对象包括哪些？
3. 我国土地增值税的范畴？
4. 我国现行资源税优惠政策有哪些？
5. 资源税税目都有哪些？
6. 环境保护税的征税范围包括哪些？

项目七　其他税种会计

知识与能力目标

1. 掌握其他各种税种的征税对象；
2. 掌握其他各种税种依据的确定；
3. 熟悉其他各种税种的优惠政策；
4. 掌握其他各种税种的会计核算；
5. 了解其他各种税种的纳税申报。

任务案例

案例： 甲外贸公司（增值税一般纳税人）2019 年 9 月发生以下经济业务：（1）经批准从境外进口小汽车 20 辆，成交价格共计 450 万元，运抵我国关境内输入地点起卸前的运输费用 40 万元，保险费用 10 万元，向海关缴纳了相关税款，并取得完税凭证。（2）当月售出小汽车 18 辆，取得不含税销售额 1 600 万元。公司自用 2 辆作为固定资产。已知：该批小汽车适用的关税税率为 60%，增值税税率为 13%，消费税税率为 25%。

任务思考： 甲公司应缴纳多少车辆购置税？

任务一　掌握城市维护建设税及教育费附加的核算

城市维护建设税是国家对缴纳增值税、消费税（以下简称“两税”）的单位和个人征收的一种附加税。现行城市维护建设税的基本规范，是 1985 年 2 月 8 日国务院发布并于同年 1 月 1 日实施的《中华人民共和国城市维护建设税暂行条例》。

一、城市维护建设税的纳税义务人

城市维护建设税的纳税义务人，是指负有缴纳“两税”义务的单位和个人，包括国有企业、集体企业、私营企业、股份制企业、其他企业和行政单位、事业单位、军事单位、社会团体、其他单位，以及个体工商户和其他个人。

自2010年12月1日起，对外商投资企业、外国企业及外籍个人征收城市维护建设税。

二、城市维护建设税的税率

城市维护建设税按纳税人所在地的不同，设置了三档地区差别比例税率，即：

（一）纳税人所在地在市区的，税率为7%；

（二）纳税人所在地在县城、镇的，税率为5%；

（三）纳税人所在地不在市区、县城或者镇的，税率为1%。

城市维护建设税的适用税率，应当按纳税人所在地的规定税率执行。但是，由受托方代扣代缴、代收代缴“两税”的单位和个人，其代扣代缴、代收代缴的城市维护建设税按受托方所在地适用税率执行；流动经营等无固定纳税地点的单位和个人，在经营地缴纳“两税”的，其城市维护建设税的缴纳按经营地适用税率执行。

三、城市维护建设税的计税依据

城市维护建设税没有自己独立的征税对象，它以纳税人实际缴纳的“两税”税额为计税依据，附加于“两税”税额。纳税人违反“两税”有关税法而加收的滞纳金和罚款，是税务机关对纳税人违法行为的经济制裁，不作为城市维护建设税的计税依据，但纳税人在被查补“两税”和被处以罚款时，应同时对其偷漏的城市维护建设税进行补税、征收滞纳金和罚款。

四、城市维护建设税的税收优惠

城市维护建设税原则上不单独减免，但因城市维护建设税具有附加税性质，当主税发生减免时，城市维护建设税相应发生税收减免。城市维护建设税的税收减免具体有以下几种情况：

（一）城市维护建设税按减免后实际缴纳的“两税”税额计征，即随“两税”的减免而减免。

（二）对于因减免税而需进行“两税”退库的，城市维护建设税也可同时退库。

（三）海关对进口产品代征的增值税、消费税，不征收城市维护建设税。

（四）对“两税”实行先征后返、先征后退、即征即退办法的，除另有规定外，对随“两税”附征的城市维护建设税和教育费附加，一律不予退（返）还。

五、城市维护建设税的会计处理

企业核算应缴纳城市维护建设税时，应设置“应交税费——应交城市维护建设税”科目，根据不同情况，对应“税金及附加”“固定资产清理”等科目。

案例 7-1：某生产企业为增值税一般纳税人，位于市区，经营内销和出口业务，2010年5月实际缴纳增值税20万元。另外，进口货物缴纳增值税18万元，缴纳消费税20万元。该企业应如何进行会计处理？

【解析】应交城市维护建设税=20×7%=1.4（万元）

借：税金及附加　　14 000

　　贷：应交税费——应交城市维护建设税　　14 000

六、城市维护建设税的纳税申报

（一）纳税时间

由于城市维护建设税是纳税人缴纳“两税”时同时缴纳的，所以城市维护建设税的纳税环节，实际就是纳税人缴纳“两税”的环节。纳税人只要发生“两税”的纳税义务，就要在同样的环节，计算缴纳城市维护建设税。

（二）纳税地点

城市维护建设税以纳税人实际缴纳的“两税”税额为计税依据，分别与“两税”同时缴纳。所以，纳税人缴纳“两税”的地点，就是该纳税人缴纳城市维护建设税的地点。但是，属于下列情况的，纳税地点为：

1. 代扣代缴、代收代缴“两税”的单位和个人，同时也是城市维护建设税的代扣代缴、代收代缴义务人，其城市维护建设税的纳税地点在代扣代收地；

2. 跨省开采的油田，下属生产单位与核算单位不在一个省内的，其生产的原油，在油井所在地缴纳增值税，其应纳税款由核算单位按照各油井的产量和规定税率，计算汇拨各油井缴纳。所以，各油井应纳的城市维护建设税，应由核算单位计算，随同增值税一并汇拨油井所在地，由油井在缴纳增值税的同时，一并缴纳城市维护建设税；

3. 对管道局输油部分的收入，由取得收入的各管道局于所在地缴纳营业税。所以，其应纳城市维护建设税，也应由取得收入的各管道局于所在地缴纳营业税时一并缴纳；

4. 对流动经营等无固定纳税地点的单位和个人，应随同“两税”在经营地按适用税率缴纳。

表 7-1　城市维护建设税纳税申报表

纳税人识别号：□□□□□□□□□□□□□□□□□□　　金额单位：元（列至角分）

<table>
<tr><td>纳税人名称</td><td colspan="2"></td><td>税款所属时期</td><td colspan="2"></td></tr>
<tr><td>计税依据</td><td>计税金额</td><td>税率</td><td>应纳税额</td><td>已纳税额</td><td>应补（退）税额</td></tr>
<tr><td>1</td><td>2</td><td>3</td><td>4=2×3</td><td>5</td><td>6=4−5</td></tr>
<tr><td>增值税</td><td></td><td></td><td></td><td></td><td></td></tr>
<tr><td>消费税</td><td></td><td></td><td></td><td></td><td></td></tr>
<tr><td>合计</td><td></td><td></td><td></td><td></td><td></td></tr>
<tr><td colspan="3">如纳税人填报，由纳税人填写以下各栏</td><td colspan="2">如委托代理人填报，由代理人填写以下各栏</td><td>备注</td></tr>
<tr><td rowspan="3">会计主管
（签章）</td><td colspan="2" rowspan="3">纳税人
（公章）</td><td>代理人名称</td><td rowspan="2">代理人
（公章）</td><td rowspan="3"></td></tr>
<tr><td>代理人地址</td></tr>
<tr><td>经办人</td><td>电话</td></tr>
<tr><td colspan="6">以下由税务机关填写</td></tr>
<tr><td>收到申报表日期</td><td colspan="2"></td><td>接收人</td><td colspan="2"></td></tr>
</table>

七、教育费附加和地方教育附加的有关规定

教育费附加和地方教育附加是对缴纳“两税”的单位和个人，就其实际缴纳的税额为计算依据征收的一种附加费。教育费附加是为加快地方教育事业，扩大地方教育经费的资金而征收的一项专用基金。

（一）教育费附加和地方教育附加的征收范围、计征依据及计征比率

教育费附加和地方教育附加对缴纳“两税”的单位和个人征收，以其实际缴纳的“两税”税款为计征依据，分别与“两税”同时缴纳。现行教育费附加征收比率为 3%，地方教育附加征收率为 2%。

（二）教育费附加和地方教育附加的减免规定

1. 对海关进口的产品征收的“两税”，不征收教育费附加。

2. 对由于减免“两税”而发生退税的，可同时退还已征收的教育费附加。但对出口产品退还“两税”的，不退还已征的教育费附加。

3. 对国家重大水利工程建设基金免征教育费附加。

（三）教育费附加和地方教育附加的计算

教育费附加和地方教育附加的计算公式为：

应纳教育费附加或地方教育附加=(实际缴纳的增值税额+实际缴纳的消费税额)×征收比率

（四）教育费附加和地方教育附加的会计核算

企业核算教育费附加和地方教育附加时，应设置“应交税费——应交教育费附加”“应交税费——应交地方教育附加”科目。企业计算出的教育费附加和地方教育附加，借记“税金及附加”“固定资产清理”等科目，贷记“应交税费——应交教育费附加”“应交税费——应交地方教育附加”科目。缴纳时，借记“应交税费——应交教育费附加”“应交税费——应交地方教育附加”科目，贷记“银行存款”等科目。

案例 7-2：某市区一家企业 8 月份实际缴纳增值税 10 000 元，缴纳消费税 20 000 元。计算该企业应缴纳的教育费附加并进行账务处理。

【解析】

应纳教育费附加=(10 000+20 000)×3%=30 000×3%=900（元）

应纳地方教育附加=(10 000+20 000)×3%=30 000×2%=600（元）

借：税金及附加　　1 500
　　贷：应交税费——应交教育费附加　　900
　　　　应交税费——应交地方教育附加　　600

任务二　掌握房产税的核算

房产税是以房产为征税对象，按房屋的计税价值或房产租金收入向房产所有人或经营人征收的一种财产税。现行房产税法的基本规范是 1986 年 9 月 15 日国务院发布的《中华

人民共和国房产税暂行条例》（以下简称《房产税暂行条例》）。

一、房产税的纳税义务人

房产税的纳税人，是指在我国征税范围内拥有房屋产权的单位和个人。其中：

（1）产权属国家所有的，由经营管理单位纳税；产权属集体和个人所有的，由集体单位和个人纳税。

（2）产权出典的，由承典人依照房产余值缴纳房产税。所谓产权出典，是指产权所有人将房屋、生产资料等的产权，在一定期限内典当给他人使用，而取得资金的一种融资业务。

（3）产权所有人、承典人不在房屋所在地的，由房产代管人或者使用人纳税。

（4）产权未确定及租典纠纷未解决的，亦由房产代管人或者使用人纳税。

（5）纳税单位和个人无租使用房产管理部门、免税单位及纳税单位的房产，由使用人代为缴纳房产税。

自 2009 年 1 月 1 日起，外商投资企业、外国企业和组织以及外籍个人，依照《房产税暂行条例》缴纳房产税。

二、房产税的征税对象

房产税的征税范围为城市、县城、建制镇和工矿区，不包括农村。

房产税的征税对象是房产。所谓房产，是指有屋面和围护结构（有墙或两边有柱），能够遮风避雨，可供人们在其中生产、学习、工作、娱乐、居住或储藏物资的场所。房地产开发企业建造的商品房，在出售前，不征收房产税；但对出售前房地产开发企业已使用或出租、出借的商品房应按规定征收房产税。

三、房产税的计税依据与税率

（一）计税依据

房产税的计税依据是房产的计税价值或房产的租金收入。按照房产计税价值征税的，称为从价计征；按照房产租金收入计征的，称为从租计征。

1. 从价计征

从价计征的房产税依照房产原值一次减除 10%～30%后的余值计算缴纳。各地扣除比例由当地省、自治区、直辖市人民政府确定。

（1）房产原值是指纳税人按照会计制度规定，在会计核算账簿“固定资产”科目中记载的房屋原价。自 2009 年 1 月 1 日起，对依照房产原值计税的房产，不论是否记载在会计账簿固定资产科目中，均应按照房屋原价计算缴纳房产税。房屋原价应根据国家有关会计制度规定进行核算。对纳税人未按国家会计制度规定核算并记载的，应按规定予以调整或重新评估。

（2）纳税人对原有房屋进行改建、扩建的，要相应增加房屋的原值。

房产余值是房产的原值减除规定比例后的剩余价值。

2. 从租计征

房产出租的，以房产出租取得的租金收入为房产税的计税依据。

房产的租金收入，是房屋产权所有人出租房产使用权所得的报酬，包括货币收入和实物收入。如果是以劳务或者其他形式为报酬抵付房租收入的，应根据当地同类房产的租金水平，确定一个标准租金额从租计征。

需要注意的是：

（1）对投资联营的房产，在计征房产税时应予以区别对待。共担风险的，按房产余值作为计税依据，计征房产税；对收取固定收入的，应由出租方按租金收入计征房产税。

（2）对融资租赁房屋的情况，在计征房产税时应以房产余值计算征收，租赁期内房产税的纳税人，由当地税务机关根据实际情况确定。

（3）新建房屋交付使用时，如中央空调设备已计算在房产原值中，则房产原值应包括中央空调设备；旧房安装空调设备，一般都作为单项固定资产入账，不应计入房产原值。

（二）税率

我国现行房产税采用的是比例税率。由于房产税的计税依据分为从价计征和从租计征两种形式，所以房产税的税率也有两种：

一种是从价计征，税率为 1.2%；另一种是从租计征，税率为 12%。从 2008 年 3 月 1 日起，对个人出租住房，不区分用途，按 4%的税率征收房产税。

四、房产税的税收优惠

目前，房产税的税收优惠政策主要有：

（一）国家机关、人民团体、军队自用的房产免征房产税。

（二）由国家财政部门拨付事业经费的单位的自用房产免征房产税。

（三）宗教寺庙、公园、名胜古迹自用的房产免征房产税。

（四）个人所有非营业用的房产免征房产税。

（五）对行使国家行政管理职能的中国人民银行总行（含国家外汇管理局）所属分支机构自用的房产，免征房产税。

（六）经财政部批准免税的其他房产。

五、应纳税额的计算

（一）从价计征的计算

从价计征是按房产的原值减除一定比例后的余值计征，其计算公式为：

应纳税额=应税房产原值×(1−扣除比例)×1.2%

案例 7-3：某企业的经营用房原值为 4 000 万元，按照当地规定允许减除 30%后余值计税，适用税率为 1.2%。请计算其应纳房产税税额。

【解析】应纳税额=4 000×(1−30%)×1.2% =33.6（万元）

（二）从租计征的计算

从租计征是按房产的租金收入计征，其计算公式为：

应纳税额=租金收入×12%(或 4%)

案例 7-4：某公司出租房屋 2 间，年租金收入为 50 000 元，适用税率为 12%。请计算其应纳房产税税额。

【解析】应纳税额=50 000 ×12% =6 000（元）

六、房产税的会计处理

企业对房产税的核算，应设置“应交税费——应交房产税”科目，计提房产税时，借记“税金及附加”等科目，贷记本科目，缴纳房产税时，借记本科目，贷记“银行存款”等科目。

案例 7-5：承接案例 7-4，企业应如何进行会计处理？

【解析】

月应纳税额=6 000÷12=500（元）

每月预提房产税时：

借：税金及附加　　900

　　贷：应交税费——应交房产税　　900

按季缴纳税款时：

借：应交税费——应交房产税　　2 700

　　贷：银行存款　　2 700

七、房产税的纳税申报

（一）纳税义务发生时间

1. 纳税人将原有房产用于生产经营，从生产经营之月起缴纳房产税。

2. 纳税人自行新建房屋用于生产经营，从建成之次月起缴纳房产税。

3. 纳税人委托施工企业建设的房屋，从办理验收手续之次月起缴纳房产税。

4. 纳税人购置新建商品房，自房屋交付使用之次月起缴纳房产税。

5. 纳税人购置存量房，自办理房屋权属转移、变更登记手续，房地产权属登记机关签发房屋权属证书之次月起，缴纳房产税。

6. 纳税人出租、出借房产，自交付出租、出借房产之次月起缴纳房产税。

7. 房地产开发企业自用、出租、出借本企业建造的商品房，自房屋使用或交付之次月起缴纳房产税。

8. 自 2009 年 1 月 1 日起，纳税人因房产的实物或权利状态发生变化而依法终止房产税纳税义务的，其应纳税款的计算应截止到房产的实物或权利状态发生变化的当月末。

（二）纳税期限

房产税实行按年计算、分期缴纳的征收方法，具体纳税期限由省、自治区、直辖市人民政府确定。

（三）纳税地点

房产税在房产所在地缴纳。房产不在同一地方的纳税人，应按房产的坐落地点分别向房产所在地的税务机关纳税。

（四）纳税申报

房产税的纳税人应按照条例的有关规定，及时办理纳税申报，并如实填写《房产税纳税申报表》（见表 7-2）。

表 7-2　房产税纳税申报表

填表日期：　　　　　　　　　　年　　月　　日

纳税人识别号：□□□□□□□□□□□□□□□□□□　　　　金额单位：元（列至角分）

纳税人名称		税款所属日期			
房产坐落地点		建筑面积（m^2）		房屋结构	

本期申报房产原值（评估值）	本期增减	本期实际房产原值	其中			扣除率（%）	以房产余值征计征房产税			以租金收入计征房产税			全年应缴纳税额	缴纳次数	本期		应补（退）税额
			从价计税的房产原值	从租计税的房产原值	税法规定的免税房产原值		房产余值	适用税率1.2%	应纳税额	租金收入	适用税率12%	应纳税额			应纳税额	已纳税额	
1	2	3=1+2	4=3−5−6	5=3−4−6	6	7	8=4−4×7	9	10=8×9	11	12	13=11×12	14=10+13	15	16=14+13	17	18=16−17
合计																	

如纳税人填报，由纳税人填写以下各栏		如委托代理人填报，由代理人填写以下各栏				备注
会计主管（签章）	纳税人（公章）	代理人名称		代理人（公章）		
		代理人地址				
		经办人		电话		
以下由税务机关填写						
收到申报日期		接收人				

任务三　掌握印花税的核算

印花税是对经济活动和经济交往中书立、领受应税凭证的行为征收的一种税。现行印花税法的基本规范，是 1988 年 8 月 6 日国务院发布并于同年 10 月 1 日实施的《中华人民共和国印花税暂行条例》。

一、印花税的纳税义务人

印花税的纳税义务人，是在中国境内书立、使用、领受印花税法所列举的凭证并应依法履行纳税义务的单位和个人。按照书立、使用、领受应税凭证的不同，可以分别确定为立合同人、立据人、立账簿人、领受人、使用人和各类电子应税凭证的签订人。

（一）立合同人

立合同人指合同的当事人。所谓当事人是指对凭证有直接权利义务关系的单位和个人，但不包括合同的担保人、证人、鉴定人。各类合同和具有合同性质的凭证的纳税人是立合同人。各类合同，是指根据原《中华人民共和国经济合同法》《中华人民共和国涉外经济合同法》和其他有关合同法规订立的合同。具有合同性质的凭证，是指具有合同效力的协议、契约、合约、单据、确认书及其他各种名称的凭证。

当事人的代理人有代理纳税的义务，他与纳税人负有同等的税收法律义务和责任。

（二）立据人

产权转移书据的纳税人是立据人。所谓立据人，是指土地、房屋权属转移过程中买卖双方的当事人。

（三）立账簿人

营业账簿的纳税人是立账簿人。所谓立账簿人，是指设立并使用营业账簿的单位和个人。

（四）领受人

权利、许可证照的纳税人是领受人。所谓领受人，是指领取或接受并持有该项凭证的单位和个人。

（五）使用人

在国外书立、领受，但在国内使用的应税凭证，其纳税人是使用人。

（六）各类电子应税凭证的签订人

各类电子应税凭证的签订人，即以电子形式签订的各类应税凭证的当事人。

对应税凭证，凡由两方或两方以上当事人共同书立的，其当事人各方都是印花税的纳税人，应各就其所持凭证的计税金额履行纳税义务。

二、印花税的税目与税率

（一）税目

印花税的税目，指印花税法明确规定的应当纳税的项目，它具体划定了印花税的征税范围。印花税共有 13 个税目，未列入税目的不征税。

（二）税率

1. 比例税率

印花税的比例税率分为 4 个档次，分别为 0.05‰、0.3‰、0.5‰、1‰。各类经济合同以及具有合同性质的凭证（包括以电子形式签订的各类应税凭证）、产权转移书据、营业账簿中记载资金的账簿，适用比例税率。这些凭证一般都载有金额，可按比例税率计算应纳税额，这既能保证财政收入，又能体现合理负担原则。

（1）适用 0.05‰税率的为“借款合同”。

（2）适用 0.3‰税率的为“购销合同”“建筑安装工程承包合同”“技术合同”。

（3）适用 0.5‰税率的为“加工承揽合同”“建筑工程勘察设计合同”“货物运输合同”“产权转移书据”“营业账簿”中记载的实收资本和资本公积；2018 年 4 月 25 日国务院常务会议决定，从 2018 年 5 月 1 日起，将对纳税人设立的资金账簿按实收资本和资本公积合计金额征收的印花税减半。

（4）适用 1‰税率的为“财产租赁合同”“仓储保管合同”“财产保险合同”。

（5）“股权转让书据”适用 1‰税率，包括 A 股和 B 股。

2.　定额税率

适用定额税率的是“权利、许可证照”和“营业账簿”中的其他账簿，采取按件规定固定税额，单位税额均为每件 5 元。2018 年 4 月 25 日国务院常务会议决定，从 2018 年 5 月 1 日起，对按件征收的其他账簿免征印花税。

在确定适用税率时，如果一份合同载有一个或几个经济事项，可以同时使用一个或几个税率分别计算贴花。但属于同一笔金额或几个经济事项金额未分开的，应按其中的较高税率计算纳税，而不是分别按多种税率贴花。

三、印花税的计税依据

（一）一般规定

印花税的计税依据为各种应税凭证上所记载的计税金额。具体规定为：

1. 购销合同的计税依据为合同记载的购销金额。

2. 加工承揽合同的计税依据是加工或承揽收入的金额。具体规定：

（1）对于由受托方提供原材料的加工、定做合同，凡在合同中分别记载加工费金额和原材料金额的，应分别按“加工承揽合同”和“购销合同”计税，两项税额相加数，即为合同应贴印花；若合同中未分别记载，则应就全部金额依照加工承揽合同计税贴花。

（2）对于由委托方提供主要材料或原料，受托方只提供辅助材料的加工合同，无论加工费和辅助材料金额是否分别记载，均以辅助材料与加工费的合计数，依照加工承揽合同计税贴花。对委托方提供的主要材料或原料金额不计税贴花。

3. 建设工程勘察设计合同的计税依据为收取的费用。

4. 建筑安装工程承包合同的计税依据为承包金额。

5. 财产租赁合同的计税依据为租赁金额；经计算，税额不足 1 元的，按 1 元贴花。

6. 货物运输合同的计税依据为取得的运输费金额（即运费收入），不包括所运货物的金额、装卸费和保险费等。

7. 仓储保管合同的计税依据为收取的仓储保管费用。

8. 借款合同的计税依据为借款金额。针对实际借贷活动中不同的借款形式，税法规定了不同的计税方法：

（1）凡是一项信贷业务既签订借款合同，又一次或分次填开借据的，只以借款合同所载金额为计税依据计税贴花；凡是只填开借据并作为合同使用的，应以借据所载金额为计税依据计税贴花。

（2）借贷双方签订的流动资金周转性借款合同，一般按年（期）签订，规定最高限额，借款人在规定的期限和最高限额内随借随还。为避免加重借贷双方的负担，对这类合同只以其规定的最高限额为计税依据，在签订时贴花一次，在限额内随借随还不签订新合同的，不再另贴印花。

（3）对借款方以财产作抵押，从贷款方取得一定数量抵押贷款的合同，应按借款合同贴花；在借款方因无力偿还借款而将抵押财产转移给贷款方时，应再就双方书立的产权书据，按产权转移书据的有关规定计税贴花。

（4）对银行及其他金融组织的融资租赁业务签订的融资租赁合同，应按合同所载租金总额，暂按借款合同计税。

（5）在贷款业务中，如果贷方系由若干银行组成的银团，银团各方均承担一定的贷款数额。借款合同由借款方与银团各方共同书立，各执一份合同正本。对这类合同，借款方与贷款银团各方应分别在所执的合同正本上，按各自的借款金额计税贴花。

（6）在基本建设贷款中，如果按年度用款计划分年签订借款合同，在最后一年按总概算签订借款总合同，且总合同的借款金额包括各个分合同的借款金额的，对这类基建借款合同，应按分合同分别贴花，最后签订的总合同，只就借款总额扣除分合同借款金额后的余额计税贴花。

9. 财产保险合同的计税依据为支付（收取）的保险费，不包括所保财产的金额。

10. 技术合同的计税依据为合同所载的价款、报酬或使用费。为了鼓励技术研究开发，对技术开发合同，只就合同所载的报酬金额计税，研究开发经费不作为计税依据。单对合同约定按研究开发经费一定比例作为报酬的，应按一定比例的报酬金额贴花。

11. 产权转移书据的计税依据为所载金额。

12. 营业账簿税目中记载资金的账簿的计税依据为“实收资本”与“资本公积”两项的合计金额。

其他账簿的计税依据为应税凭证件数。

13. 权利、许可证照的计税依据为应税凭证件数。

（二）特殊规定

1. 上述凭证以“金额”“收入”“费用”作为计税依据的，应当全额计税，不得做任何扣除。

2. 同一凭证，载有两个或两个以上经济事项而适用不同税目税率，如分别记载金额的，应分别计算应纳税额，相加后按合计税额贴花；如未分别记载金额的，按税率高的计税贴花。

3. 按金额比例贴花的应税凭证，未标明金额的，应按照凭证所载数量及国家牌价计算金额；没有国家牌价的，按市场价格计算金额，然后按规定税率计算应纳税额。

4. 应税凭证所载金额为外国货币的，应按照凭证书立当日国家外汇管理局公布的外汇牌价折合成人民币，然后计算应纳税额。

5. 应纳税额不足1角的，免纳印花税；1角以上的，其税额尾数不满5分的不计，满5

分的按1角计算。

6. 有些合同，在签订时无法确定计税金额，如技术转让合同中的转让收入，是按销售收入的一定比例收取或是按实现利润分成的；财产租赁合同，只是规定了月（天）租金标准而无租赁期限的。对这类合同，可在签订时先按定额5元贴花，以后结算时再按实际金额计税，补贴印花。

7. 应税合同在签订时纳税义务即已产生，应计算应纳税额并贴花。所以，不论合同是否兑现或是否按期兑现，均应贴花。对已履行并贴花的合同，所载金额与合同履行后实际结算金额不一致的，只要双方未修改合同金额，一般不再办理完税手续。

8. 对有经营收入的事业单位，凡属由国家财政拨付事业经费，实行差额预算管理的单位，其记载经营业务的账簿，按其他账簿定额贴花，不记载经营业务的账簿不贴花；凡属经费来源实行自收自支的单位，其营业账簿，应对记载资金的账簿和其他账簿分别计算应纳税额。

跨地区经营的分支机构使用的营业账簿，应由各分支机构于其所在地计算贴花。对上级单位核拨资金的分支机构，其记载资金的账簿按核拨的账面资金额计税贴花，其他账簿按定额贴花；对上级单位不核拨资金的分支机构，只就其他账簿按件定额贴花。为避免对同一资金重复计税贴花，上级单位记载资金的账簿，应按扣除拨给下属机构资金数额后的其余部分计税贴花。

9. 商品购销活动中，采用以货换货方式进行商品交易签订的合同，是反映既购又销双重经济行为的合同。对此，应按合同所载的购、销合计金额计税贴花。合同未列明金额的，应按合同所载购、销数量依照国家牌价或者市场价格计算应纳税额。

10. 施工单位将自己承包的建设项目，分包或者转包给其他施工单位所签订的分包合同或者转包合同，应按新的分包合同或转包合同所载金额计算应纳税额。

11. 对股票交易征收印花税，始于深圳和上海两地证券交易的不断发展。从2008年9月19日起，调整证券（股票）交易印花税征收方式，对立据出让方按1‰的税率征收证券（股票）交易印花税，对受让方不再征税。

12. 对国内各种形式的货物联运，凡在起运地统一结算全程运费的，应以全程运费作为计税依据，由起运地运费结算双方缴纳印花税；凡分程结算运费的，应以分程的运费作为计税依据，分别由办理运费结算的各方缴纳印花税。

对国际货运，凡由我国运输企业运输的，不论在我国境内、境外起运或中转分程运输，我国运输企业所持的一份运费结算凭证，均按本程运费计算应纳税额；托运方所持的一份运费结算凭证，按全程运费计算应纳税额。由外国运输企业运输进出口货物的，外国运输企业所持的一份运费结算凭证免纳印花税；托运方所持的一份运费结算凭证应缴纳印花税。国际货运运费结算凭证在国外办理的，应在凭证转回我国境内时按规定缴纳印花税。

四、印花税的税收优惠

（一）对已缴纳印花税凭证的副本或者抄本免税。

凭证的正式签署本已按规定缴纳了印花税，其副本或者抄本对外不发生权利义务关系，只是留存备查；但以副本或者抄本视同正本使用的，则应另贴印花。

（二）对财产所有人将财产赠予政府、社会福利单位、学校所立的书据免税。

社会福利单位，是指扶养孤老伤残的社会福利单位。

对上述书据免税，旨在鼓励财产所有人这种有利于发展文化教育事业，造福社会的捐赠行为。

（三）对国家指定的收购部门与村民委员会、农民个人书立的农副产品收购合同免税。

（四）对无息、贴息贷款合同免税。

（五）对外国政府或者国际金融组织向我国政府及国家金融机构提供优惠贷款所书立的合同免税。

该类合同是就具有援助性质的优惠贷款而成立的政府间协议，对其免税有利于引进和利用外资，以推动我国经济与社会的快速发展。

（六）对房地产管理部门与个人签订的用于生活居住的租赁合同免税。

（七）对农牧业保险合同免税。

对该类合同免税，是为了支持农村保险事业的发展，减轻农牧业生产的负担。

（八）对特殊货运凭证免税。

这类凭证有：

1. 军事物资运输凭证，即附有军事运输命令或使用专用的军事物资运费结算凭证。

2. 抢险救灾物资运输凭证，即附有县级以上（含县级）人民政府抢险救灾物资运输证明文件的运费结算凭证。

3. 新建铁路的工程临管线运输凭证，即为新建铁路运输施工所需物料，使用工程临管线专用的运费结算凭证。

（九）企业改制过程中有关印花税征免规定。

1. 资金账簿的印花税。

2. 各类应税合同的印花税。

3. 产权转移书据的印花税。

4. 股权分置试点改革转让的印花税。

（十）对与高校学生签订的高校学生公寓租赁合同，免征印花税。

2013 年 1 月 1 日至 2015 年 12 月 31 日已征的应予免征的房产税、印花税和营业税税款，分别从纳税人以后应纳的房产税、印花税和营业税税额中抵减或者予以退税。

五、应纳税额的计算

纳税人的应纳税额，根据应纳税凭证的性质，分别按比例税率或者定额税率计算。

（一）按比例税率计算：

应纳税额=应税凭证计税金额×适用税率

（二）按定额税率计算：

应纳税额=应税凭证件数×单位税额

案例 7-6：某企业 2019 年 2 月开业，领受房产权证、工商营业执照、土地使用证各 1 件，与其他企业订立转移专用技术使用权书据 1 份，所载金额为 80 万元；订立产品购销合同 1 份，所载金额为 150 万元；订立借款合同 1 份，所载金额为 40 万元；此外，该企业的营业账簿中“实收资本”科目载有资金 600 万元，其他营业账簿 20 本。至 12 月底，该企业“实收资本”所载资金增加为800万元。试计算该企业2019年2月应缴纳的印花税税额和12月应补缴的印花税。

【解析】

（1）企业领受权利、许可证照应纳税额：

应纳税额=3×5=15（元）

（2）企业订立产权转移书据应纳税额：

应纳税额=800 000×0.5‰=400（元）

（3）企业订立购销合同应纳税额：

应纳税额=1 500 000×0.3‰=450（元）

（4）企业订立借款合同应纳税额：

应纳税额=400 000×0.05‰=20（元）

（5）企业营业账簿中“实收资本”所载资金=6 000 000×0.05‰=3 000（元）

（6）企业其他营业账簿应纳税额：

应纳税额=20×5=100（元）

（7）2月企业应纳印花税税额：

15+400+450+20+3 000+100=3 985（元）

（8）12月资金账簿应补缴税额=(8 000 000−6 000 000)×0.05‰=1 000（元）

六、印花税的会计处理

企业缴纳印花税，一般是采用自行计算购买、贴花、注销的纳税办法，所以企业缴纳的印花税不通过“应交税费”科目核算，直接贷记“银行存款”“库存现金”科目。

案例7-7：承接案例7-6，该企业2月应如何进行会计处理？

【解析】

借：税金及附加　　3 985

　　贷：库存现金　　3 985

七、印花税的纳税申报

（一）纳税方法

印花税的纳税办法，根据税额大小、贴花次数以及税收征收管理的需要，分别采用以下三种纳税办法。

1. 自行贴花办法

这种办法，一般适用于应税凭证较少或者贴花次数较少的纳税人。纳税人在书立、领受或者使用印花税法列举的应税凭证的同时，纳税义务即已产生，应当根据应纳税凭证的性质和适用的税目税率自行计算应纳税额，自行购买印花税票，自行一次贴足印花税票并加以注销或划销，纳税义务才算全部履行完毕。

对已贴花的凭证，修改后所载金额增加的，其增加部分应当补贴印花税票。凡多贴印花税票者，不得申请退税或者抵用。

2. 汇贴或汇缴办法

这种办法，一般适用于应纳税额较大或者贴花次数频繁的纳税人。一份凭证应纳税额超过 500 元的，应向当地税务机关申请填写缴款书或者完税证，将其中一联粘贴在凭证上或者由税务机关在凭证上加注完税标记代替贴花。同一种类应纳税凭证，需频繁贴花的，纳税人可以根据实际情况自行决定是否采用按期汇总缴纳印花税的方式，汇总缴纳的期限为 1 个月。

3. 委托代征办法

这种办法主要是通过税务机关的委托，经由发放或者办理应纳税凭证的单位代为征收印花税税款。税务机关应与代征单位签订代征委托书。所谓发放或者办理应纳税凭证的单位，是指发放权利、许可证照的单位和办理凭证的鉴证、公证及其他有关事项的单位。

（二）纳税地点

印花税一般实行就地纳税。对于全国性商品物资订货会（包括展销会、交易会等）上所签订合同应纳的印花税，由纳税人回其所在地后及时办理贴花完税手续；对地方主办、不涉及省际关系的订货会、展销会上所签合同的印花税，其纳税地点由各省、自治区、直辖市人民政府自行确定。

（三）纳税申报

印花税的纳税人应按照条例的有关规定及时办理纳税申报，并如实填写《印花税纳税申报表》（见表 7-3）。

表 7-3 印花税纳税申报表

填表日期：　　　　　　　　　　　　年　　月　　日

纳税人识别号：□□□□□□□□□□□□□□□□□□　　　　　　　　金额单位：元（列至角分）

纳税人名称							税款所属时期			
应税凭证名称	件数	计税金额	适用税率	应纳税额	已纳税额	应补（退）税额	购花贴花情况			
							上期结转	本期购进	本期贴花	本期结存
1	2	3	4	5=2×4 或 5=3×4	6	7=5−6	8	9	10	11=8−9−10
如纳税人填报，由纳税人填写以下各栏				如委托代理人填报，由代理人填写以下各栏					备注	
会计主管（签章）		纳税人（签章）		代理人名称				代理人（签章）		
				代理人地址						
				经办人姓名				电话		
以下由税务机关填写										
收到申报表日期							接收人			

任务四　熟悉车辆购置税的核算

车辆购置税法是对在我国境内购置规定车辆的单位和个人征收的一种税。就其性质而言，属于直接税的范畴。现行车辆购置税法的基本规范，是于 2018 年 12 月 29 日第十三届全国人民代表大会常务委员会第七次会议通过，并于 2019 年 7 月 1 日起实施的《中华人民共和国车辆购置税法》。

一、车辆购置税的纳税义务人

车辆购置税的纳税人，是指在我国境内购置应税车辆的单位和个人。其中购置是指购买、进口、受赠、自产、获奖以及以拍卖、抵债、走私、罚没等方式取得并自用的行为。

二、车辆购置税的征税对象

车辆购置税以列举的车辆作为征税对象，未列举的车辆不纳税。其征税范围包括汽车、摩托车、电车、挂车、农用运输车，具体规定如下：

1. 汽车。

包括各类汽车。

2. 摩托车。

（1）轻便摩托车：最高设计时速不大于 50 km/h，发动机气缸总排量不大于 50 cm^3 的两个或三个车轮的机动车；

（2）二轮摩托车：最高设计车速大于 50 km/h，或发动机气缸总排量大于 50 cm^3 的两个车轮的机动车；

（3）三轮摩托车：最高设计车速大于 50 km/h，发动机气缸总排量大于 50 cm^3，空车质量不大于 400kg 的三个车轮的机动车。

3. 电车。

（1）无轨电车：以电能为动力，由专用输电电缆供电的轮式公共车辆；

（2）有轨电车：以电能为动力，在轨道上行驶的公共车辆。

4. 挂车。

（1）全挂车：无动力设备，独立承载，由牵引车辆牵引行驶的车辆；

（2）半挂车：无动力设备，与牵引车共同承载，由牵引车辆牵引行驶的车辆。

5. 农用运输车。

（1）三轮农用运输车：柴油发动机，功率不大于 7.4 kW，载重量不大于 500 kg，最高车速不大于 40 km/h 的三个车轮的机动车；

（2）四轮农用运输车：柴油发动机，功率不大于 28 kW，载重量不大于 1 500 kg，最高车速不大于 50 km/h 的四个车轮的机动车。

三、车辆购置税的税率与计税依据

（一）税率

车辆购置税实行统一比例税率，税率为10%。

（二）计税依据

车辆购置税实行从价定率、价外征收的方法计算应纳税额，应税车辆的价格就是车辆购置税的计税依据。但是，由于应税车辆购置的来源不同，应税行为的发生不同，计税价格的组成也就不一样。车辆购置税的计税依据有以下几种情况。

1. 购买自用应税车辆计税依据的确定

纳税人购买自用应税车辆的计税依据为纳税人购买应税车辆而支付给销售方的全部价款和价外费用（不含增值税）。价外费用是指销售方在价外向购买方收取的手续费、基金、违约金、包装费、运输费、保管费、代垫款项、代收款项和其他各种性质的价外收费。

2. 进口自用应税车辆计税依据的确定

纳税人进口自用的应税车辆以组成计税价格为计税依据，组成计税价格的计算公式为：

组成计税价格=关税完税价格+关税+消费税

3. 其他自用应税车辆计税依据的确定

纳税人自产自用、受赠使用、获奖使用和以其他方式取得并自用的应税车辆一般以国家税务总局核定的最低计税价格为计税依据。

4. 最低计税价格作为计税依据的确定

纳税人购买自用或者进口自用应税车辆，申报的计税价格低于同类型应税车辆的最低计税价格，又无正当理由的，按照最低计税价格征收车辆购置税。最低计税价格由国家税务总局依据全国市场的平均销售价格制定。根据纳税人购置应税车辆的不同情况，国家税务总局对以下几种特殊情形应税车辆的最低计税价格规定如下：

（1）对已缴纳并办理了登记注册手续的车辆，其底盘和发动机同时发生更换时，其最低计税价格按同类型新车最低计税价格的70%计算。

（2）免税、减税条件消失的车辆，其最低计税价格的确定方法为：

最低计税价格=同类型新车最低计税价格×[1-(已使用年限÷规定使用年限)]×100%

规定使用年限为：国产车辆按10年计算；进口车辆按15年计算。超过使用年限的车辆，不再征收车辆购置税。

（3）非贸易渠道进口车辆的最低计税价格，为同类型新车最低计税价格。

纳税人以外汇结算应税车辆价款的，按照申报纳税之日中国人民银行公布的人民币基准汇价，折合成人民币计算应纳税额。

四、税收优惠

（一）车辆购置税减免税规定

我国车辆购置税实行法定减免，减免税范围的具体规定如下：

1. 外国驻华使馆、领事馆和国际组织驻华机构及其外交人员自用车辆免税；
2. 中国人民解放军和中国人民武装警察部队列入军队武器装备订货计划的车辆免税；
3. 设有固定装置的非运输车辆免税；
4. 购置列入《新能源汽车车型目录》的新能源汽车免征车辆购置税；
5. 城市公交企业自2016年1月1日起至2020年12月31日止，购置的公共汽电车辆免征车辆购置税。

（二）车辆购置税的退税

纳税人已经缴纳车辆购置税但在办理车辆登记手续前，因下列原因需要办理退还车辆购置税的，由纳税人申请，征收机构审查后办理退还车辆购置税手续。

1. 公安机关车辆管理机构不予办理车辆登记注册手续的，凭公安机关车辆管理机构出具的证明办理退税手续。
2. 因质量等原因发生退回所购车辆的，凭经销商的退货证明办理退税手续。

五、应纳税额的计算

车辆购置税实行从价定率的方法计算应纳税额，计算公式为：

应纳税额=计税依据×税率

案例7-8：2017年7月王某从某汽车有限公司购买一辆小汽车供自己使用，支付了含增值税税款在内的款项234 000元，另支付代收临时牌照费550元、代收保险费1 000元，支付购买工具件和零配件价款3 000元，车辆装饰费1 300元。所支付的款项均由该汽车有限公司开具“机动车销售统一发票”和有关票据。请计算王某应纳车辆购置税税额。

【解析】

（1）计税依据＝(234 000+550+1 000+3 000+1 300)÷(1+17%)=205 000（元）

（2）应纳税额＝205 000×10%=20 500（元）

案例7-9：某客车制造厂将自产的一辆某型号的客车，用于本厂后勤服务，并按65 000元向主管税务机关申报纳税。经审核，国家税务总局对该车同类型车辆核定的最低计税价格为80 000元。计算该车应纳车辆购置税税额。

【解析】

应纳税额=80 000×10%=8 000（元）

六、车辆购置税的会计处理

企业购买、进口、自产、受赠、获奖以及以其他方式取得并自用的应税车辆应缴的车辆购置税，或者当初购买的属于减免税的车辆在转让或改变用途后，按规定应补缴的车辆购置税，在按规定期限缴纳车辆购置税后，根据有关凭证，借记“固定资产”科目，贷记

“银行存款”科目（也可以通过“应交税费”科目核算）。

案例 7-10：承接案例 7-9 该客车制造厂按规定开出转账支票一张，缴纳车辆购置税 8 000 元，应如何进行会计处理？

【解析】

借：固定资产　　　　8 000

　　贷：银行存款　　　　8 000

七、车辆购置税的纳税申报

（一）纳税申报

车辆购置税实行一车一申报制度。纳税人在办理纳税申报时应如实填写《车辆购置税纳税申报表》（见表 7-4），同时提供车主身份证明、车辆价格证明、车辆合格证明及税务机关要求提供的其他资料的原件和复印件，经车购办审核后，由税务机关保存有关复印件。

表 7-4　车辆购置税纳税申报表

填表日期：　　年　　月　　日

纳税人名称：　　　　　　　　　　　　　　　　　金额单位：元（列至角分）

<table>
<tr><td>纳税人证件名称</td><td colspan="2"></td><td>证件号码</td><td></td></tr>
<tr><td>联系电话</td><td></td><td>邮政编码</td><td></td><td>地址</td><td></td></tr>
<tr><td colspan="6">车辆基本情况</td></tr>
<tr><td>车辆类别</td><td colspan="5">1. 汽车□；2. 摩托车□；3. 电车□；4. 挂车□；5. 农用运输车□。</td></tr>
<tr><td>生产企业名称</td><td colspan="3">.</td><td>机动车销售统一发票（或有效凭证）价格</td><td></td></tr>
<tr><td>厂牌型号</td><td colspan="3"></td><td>关税完税价格</td><td></td></tr>
<tr><td>发动机号码</td><td colspan="3"></td><td>关税</td><td></td></tr>
<tr><td>车辆识别代号（车架号码）</td><td colspan="3"></td><td>消费税</td><td></td></tr>
<tr><td>购置日期</td><td colspan="3"></td><td>免（减）税条件</td><td></td></tr>
<tr><td>申报计税价格</td><td>计税价格</td><td colspan="2">税率</td><td>免税、减税额</td><td>应纳税额</td></tr>
<tr><td>1</td><td>2</td><td colspan="2">3</td><td>4=2×3</td><td>5=1×3 或 2×3</td></tr>
<tr><td></td><td></td><td colspan="2">10%</td><td></td><td></td></tr>
<tr><td></td><td></td><td colspan="2"></td><td></td><td></td></tr>
<tr><td colspan="3">申报人声明</td><td colspan="3">授权声明</td></tr>
<tr><td colspan="3">此纳税申报表是根据《中华人民共和国车辆购置税暂行条例》的规定填报的，我相信它是真实的、可靠的、完整的。
声明人签字：</td><td colspan="3">如果您已委托代理人办理申报，请填写以下资料：
为代理一切税务事宜，现授权（　　　），地址（　　　　　）为本纳税人的代理申报人，任何与本申报表有关的往来文件，都可交予此人。
授权人签字：</td></tr>
<tr><td rowspan="5">纳税人签名或盖章</td><td colspan="5">如委托代理人的，代理人应填写以下各栏</td></tr>
<tr><td>代理人名称</td><td colspan="2"></td><td colspan="2" rowspan="4">代理人（章）</td></tr>
<tr><td>地址</td><td colspan="2"></td></tr>
<tr><td>经办人</td><td colspan="2"></td></tr>
<tr><td>电话</td><td colspan="2"></td></tr>
<tr><td colspan="2">接收人：

接收日期：</td><td colspan="4">

主管税务机关（章）：</td></tr>
</table>

（二）纳税环节

车辆购置税的征税环节为使用环节，即最终消费环节。具体而言，纳税人应当在向公安机关等车辆管理机构办理车辆登记注册手续前，缴纳车辆购置税。

（三）纳税地点

纳税人购置应税车辆，应当向车辆登记注册地的主管税务机关申报纳税；购置不需办理车辆登记注册手续的应税车辆，应当向纳税人所在地主管税务机关申报纳税。车辆登记注册地是指车辆的上牌落籍地或落户地。

（四）纳税期限

纳税人购买自用的应税车辆，自购买之日起60日内申报纳税；进口自用的应税车辆，应当自进口之日起60日内申报纳税；自产、受赠、获奖和以其他方式取得并自用的应税车辆，应当自取得之日起60日内申报纳税。

任务五 熟悉车船税的核算

车船税是指对在中国境内车船管理部门登记的车辆、船舶依法征收的一种税。现行车船税法的基本规范，是于2011年2月25日第十一届全国人民代表大会常务委员会第十九次会议通过的《中华人民共和国车船税法》，自2012年1月1日起施行。

一、车船税的纳税义务人与征税范围

（一）纳税义务人

车船税的纳税义务人，是指在中华人民共和国境内属于税法规定的车辆、船舶（以下简称车船）的所有人或者管理人。

从事机动车第三者责任强制保险业务的保险机构为机动车车船税的扣缴义务人。

（二）征收范围

车船税的征收范围，是指在中华人民共和国境内属于税法规定的车辆、船舶（除规定减免的车船外）。

1. 依法应当在车船管理部门登记的机动车辆和船舶。

2. 依法不需要在车船管理部门登记、在单位内部场所行驶或者作业的机动车辆和船舶。

车船管理部门，是指公安、交通运输、农业、渔业、军队、武装警察部队等依法具有车船登记管理职能的部门；单位，是指依照中国法律、行政法规规定，在中国境内成立的行政机关、企业、事业单位、社会团体以及其他组织。

二、车船税的税目与税率

车船税实行定额税率。定额税率，也称固定税额，是税率的一种特殊形式。定额税率计算简便，是适宜于从量计征的税种。车船税的适用税额，依照车船税法所附的《车船税税目税额表》（见表 7-5）执行。

车辆的具体适用税额由省、自治区、直辖市人民政府依照车船税法所附的《车船税税目税额表》规定税额幅度和国务院的规定确定；船舶的具体适用税额由国务院在车船税法所附的《车船税税目税额表》规定税额幅度内确定。

表 7-5　车船税税目税额表

税　目		计税单位	年基准税额（元）	备　注
乘用车按发动机汽缸容量（排气量）分档	1.0 升（含）以下	每辆	60～360	核定载客人数 9 人（含）以下
	1.0 升以上至 1.6 升（含）		360～540	
	1.6 升以上至 2.0 升（含）		360～660	
	2.0 升以上至 2.5 升（含）		660～1 200	
	2.5 升以上至 3.0 升（含）		1 200～2 400	
	3.0 升以上至 4.0 升（含）		2 400～3 600	
	4.0 升以上		3 600～5 400	
商用车	客车	每辆	480～1 440	核定载客人数 9 人以上（包括电车）
	货车	整备质量每吨	16～120	1. 包括半挂牵引车、挂车、客货两用汽车、三轮汽车和低速载货汽车等 2. 挂车按照货车税额的 50%计算
挂车		整备质量每吨	按照货车税额的 50%计算	
其他车辆	专用作业车	整备质量每吨	16～120	不包括拖拉机
	轮式专用机械车		16～120	
摩托车		每辆	36～180	
船舶	机动船舶	净吨位每吨	3～6	拖船、非机动驳船分别按照机动船舶税额的 50%计算；游艇的税额另行规定
	游艇	艇身长度每米	600～2 000	

（一）机动船舶具体适用税额

1. 净吨位不超过 200 吨的，每吨 3 元；
2. 净吨位超过 201 吨至 2 000 吨的，每吨 4 元；
3. 净吨位超过 2 001 吨至 10 000 吨的，每吨 5 元；
4. 净吨位超过 10 001 吨的，每吨 6 元。

拖船按照发动机功率每 1 千瓦折合净吨位 0.67 吨计算征收车船税。

（二）游艇具体适用税额

1. 艇身长度不超过 10 米的，每米 600 元；
2. 艇身长度超过 10 米但不超过 18 米的，每米 900 元；
3. 艇身长度超过 18 米但不超过 30 米的，每米 1 300 元；
4. 艇身长度超过 30 米的，每米 2 000 元；

5. 辅助动力帆艇，每米 600 元。

三、税收优惠

（一）法定减免

1. 捕捞、养殖渔船。捕捞、养殖渔船是指在渔业船舶管理部门登记为捕捞船或者养殖船的渔业船舶。

2. 军队、武警专用的车船。军队、武警专用的车船是指按照规定在军队、武警车船管理部门登记，并领取军队牌照、武警牌照的车船。

3. 警用车船。警用车船是指公安机关、国家安全机关、监狱、劳动教养管理机关和人民法院、人民检察院领取警用牌照的车辆和执行警务的专用船舶。

4. 依照法律规定应当予以免税的外国驻华使馆、领事馆和国际组织驻华机构及其有关人员的车船。

5. 对节约能源、使用新能源的车船可以免征或减半征收车船税；对受严重自然灾害影响纳税困难以及其他特殊原因确需减免税的，可以减征或者免征车船税。

6. 省、自治区、直辖市人民政府根据当地实际情况，可以对公共交通车船，农村居民拥有并主要在农村地区使用的摩托车、三轮汽车和低速载货汽车定期减征或者免征车船税。

（二）特定减免

1. 经批准临时入境的外国车船和香港特别行政区、澳门特别行政区、台湾地区的车船，不征收车船税。

2. 按照规定缴纳船舶吨税的机动船舶，自车船税法实施之日起 5 年内免征车船税。

3. 依法不需要在车船登记管理部门登记的机场、港口、铁路站场内部行驶或者作业的车船，自车船税法实施之日起 5 年内免征车船税。

四、应纳税额的计算

1. 车船税采用从量定额征收，计算公式为：

乘用车、客车和摩托车的应纳税额=计税单位数量×适用年基准税额

货车、专用作业车和轮式专用机械车的应纳税额=整备质量吨位数×适用年基准税额

机动船舶的应纳税额=净吨位数×适用年基准税额

拖船和非机动驳船的应纳税额=净吨位数×适用年基准税额× 50%

游艇的应纳税额=艇身长度×适用年基准税额

2. 购置的新车船，购置当年的应纳税额自纳税义务发生的当月起按月计算。计算公式为：

应纳税额=适用年基准税额÷12×应纳税月份数

3. 在一个纳税年度内，已完税的车船被盗抢、报废、灭失的，纳税人可以凭有关管理机关出具的证明和完税凭证，向纳税所在地的主管税务机关申请退还自被盗抢、报废、灭失月份起至该纳税年度终了期间的税款。

4. 已办理退税的被盗抢车船失而复得的，纳税人应当从公安机关出具相关证明的当月

起计算缴纳车船税。

5. 已缴纳车船税的车船在同一纳税年度内办理转让过户的，不另纳税，也不退税。

案例 7-11：某运输公司拥有载货汽车 15 辆（货车载重净吨位全部为 10 吨），乘人大客车 10 辆，小客车 10 辆。计算该公司应纳车船税。（注：载货汽车每吨年税额 90 元，乘人大客车每辆年税额 1 200 元，小客车每辆年税额 800 元）

【解析】

（1）载货汽车应纳税额=90×15×10=13 500（元）

（2）乘人汽车应纳税额=1200×20=24 000（元）

（3）小客车应纳税额=800×10=8 000（元）

（3）全年应纳车船税额=13 500+24 000+8 000= 45 500（元）

五、车船税的会计处理

企业按规定计算的车船税，应借记“管理费用”科目，贷记“应交税费——应交车船税”科目，实际缴纳时，借记“应交税费——应交车船税”科目，贷记“银行存款”科目。也可以不通过“应交税费——应交车船税”科目，当实际缴纳车船税时，借记“管理费用”科目，贷记“银行存款”科目。

案例 7-12：承接案例 7-11 该运输公司应如何进行账务处理？

【解析】

借：管理费用　　45 500

　　贷：应交税费——应交车船税　　45 500

六、车船税的纳税申报

（一）纳税义务发生时间

车船税纳税义务发生时间为取得车船所有权或者管理权的当月。以购买车船的发票或其他证明文件所载日期的当月为准。

（二）纳税地点

车船税由地方税务机关负责征收。车船税的纳税地点为车船的登记地或者车船税扣缴义务人所在地。

扣缴义务人代收代缴车船税的，纳税地点为扣缴义务人所在地。

纳税人自行申报缴纳车船税的，纳税地点为车船登记地的主管税务机关所在地。

依法不需要办理登记的车船，纳税地点为车船的所有人或者管理人所在地。

（三）纳税申报

车船税按年申报，分月计算，一次性缴纳。纳税年度为公历 1 月 1 日至 12 月 31 日。

1. 机动车车船税扣缴义务人在代收车船税时，应当在机动车交通事故责任强制保险的保险单以及保费发票上注明已收税款的信息，作为代收税款凭证。

2. 已完税或者依法减免税的车辆，纳税人应当向扣缴义务人提供登记地的主管税务机关出具的完税凭证或者减免税证明。

3. 纳税人没有按照规定期限缴纳车船税的，扣缴义务人在代收代缴税款时，可以一并代收代缴欠缴税款的滞纳金。

4. 扣缴义务人已代收代缴车船税的，纳税人不再向车辆登记地的主管税务机关申报缴纳车船税。

5. 没有扣缴义务人的，纳税人应当向主管税务机关自行申报缴纳车船税。

6. 纳税人缴纳车船税时，应当提供反映排气量、整备质量、核定载客人数、净吨位、千瓦、艇身长度等与纳税相关信息的相应凭证以及税务机关根据实际需要要求提供的其他资料。

纳税人以前年度已经提供前款所列资料信息的，可以不再提供。

7. 车辆车船税的纳税人按照纳税地点所在的省、自治区、直辖市人民政府确定的具体适用税额缴纳车船税。

8. 扣缴义务人应当及时解缴代收代缴的税款和滞纳金，并向主管税务机关申报。扣缴义务人向税务机关解缴税款和滞纳金时，应当同时报送明细的税款和滞纳金扣缴报告。扣缴义务人解缴税款和滞纳金的具体期限，由省、自治区、直辖市地方税务机关依照法律、行政法规的规定确定。

《车船税纳税申报表》如表 7-6。

表 7-6 车船税纳税申报表

税款所属期限：自　　年　　月　　日至　　年　　月　　日　　填表日期：　　年　　月　　日

纳税人识别号：□□□□□□□□□□□□□□□□□□　　　　　　　　金额单位：元（列至角分）

纳税人名称								纳税人身份证照类型							
纳税人身份证照号码								居住（单位）地址							
纳税人身份证照号码								联系方式							
序号	（车辆）号牌号码/（船舶）登记号码	车船识别代码（车架号/船舶识别号）	征收品目	所属时间	计税单位	计税单位的数量	单位税额	年应缴税额	本年减免税额	减免项目名称	减免税证明号	当年应缴税额	本年已缴税额	本期年应补（退）税额	滞纳金
	1	2	3	4	5	6	7	8	9	10	11	12=8-9	13	14=12-13	15
合计	—	—		—	—	—	—			—	—				
申报车辆总数（辆）								申报船舶总数（艘）							
以下由申报人填写：															
纳税人声明	此纳税申报表是根据《中华人民共和国车船税法》和国家有关税收规定填报的，是真实的、可靠的、完整的。														
纳税人签章				代理人签章						代理人身份证					

任务六　了解契税的核算

契税是以在中华人民共和国境内转移土地、房屋权属为征税对象，向产权承受人征收的一种财产税。1997 年 7 月 7 日，国务院重新颁布了《中华人民共和国契税暂行条例》，并于 1997 年 10 月 1 日起施行。

一、契税的纳税义务人

契税的纳税义务人是境内转移土地、房屋权属，承受的单位和个人。境内是指中华人民共和国实际税收行政管辖范围内；土地、房屋权属是指土地使用权和房屋所有权。

二、契税的征税对象

契税的征税对象是境内转移的土地、房屋权属。具体包括以下五项内容：

（一）国有土地使用权出让

国有土地使用权出让是指土地使用者向国家交付土地使用权出让费用，国家将国有土地使用权在一定年限内让与土地使用者的行为。

对承受国有土地使用权所应支付的土地出让金，要计征契税。不得因减免土地出让金而减免契税。

（二）土地使用权的转让

土地使用权的转让是指土地使用者以出售、赠与、交换或者其他方式将土地使用权转移给其他单位和个人的行为。土地使用权的转让不包括农村集体土地承包经营权的转移。

（三）房屋买卖

房屋买卖即以货币为媒介，出卖者向购买者过渡房产所有权的交易行为。以下几种特殊情况，视同买卖房屋：

1. 以房产抵债或实物交换房屋。
2. 以房产作投资、入股。
3. 买房拆料或翻建新房，应照章征收契税。

（四）房屋赠与

房屋的赠与是指房屋产权所有人将房屋无偿转让给他人所有。

（五）房屋交换

房屋交换是指房屋所有者之间互相交换房屋的行为。

三、契税的税率

契税实行 3%～5%的幅度税率。实行幅度税率是考虑到我国经济发展的不平衡，各地经济差别较大的实际情况。因此，各省、自治区、直辖市人民政府可以在 3%～5%的幅度税率规定范围内，按照本地区的实际情况决定。

四、税收优惠

1. 国家机关、事业单位、社会团体、军事单位承受土地、房屋用于办公、教学、医疗、科研和军事设施的，免征契税。

2. 城镇职工按规定第一次购买公有住房，免征契税。

3. 因不可抗力灭失住房而重新购买住房的，酌情减免。不可抗力是指自然灾害、战争等不能预见、不可避免，并不能克服的客观情况。

4. 土地、房屋被县级以上人民政府征用、占用后，重新承受土地、房屋权属的，由省级人民政府确定是否减免。

5. 承受荒山、荒沟、荒丘、荒滩土地使用权，并用于农、林、牧、渔业生产的，免征契税。

6. 经外交部确认，依照我国有关法律规定以及我国缔结或参加的双边和多边条约或协定，应当予以免税的外国驻华使馆、领事馆、联合国驻华机构及其外交代表、领事官员和其他外交人员承受土地、房屋权属，免征契税。

五、应纳税额的计算

（一）计税依据

契税的计税依据为不动产的价格。由于土地、房屋权属转移方式不同，定价方法不同，因而具体计税依据视不同情况而决定。

1. 国有土地使用权出让、土地使用权出售、房屋买卖，以成交价格作为计税依据。

2. 土地使用权赠与、房屋赠与，由征税机关参照土地使用权出售、房屋买卖的市场价格确定。

3. 土地使用权交换、房屋交换，为所交换土地使用权、房屋的价格差额。

4. 以划拨方式取得的土地使用权，经批准转让房地产时，以补交的土地使用权出让费用或者土地收益为计税依据。

（二）应纳税额的计算方法

契税采用比例税率。当计税依据确定以后，应纳税额的计算公式为：

应纳税额=计税依据×税率

案例 7-13：居民甲有两套住房，将一套出售给居民乙，成交价格为 200 000 元；将另一套两室住房与居民丙交换成两套一室住房，并支付给居民丙换房差价款 60 000 元。试计算甲、乙、丙相关行为应缴纳的契税（假定税率为 4%）。

【解析】

（1）甲应缴纳契税=60 000×4%=2 400（元）

（2）乙应缴纳契税=200 000×4%=8 000（元）

（3）丙不缴纳契税。

六、契税的会计处理

企业取得土地使用权、房屋所有权时按规定应当缴纳的契税，借记“固定资产”“无形资产”“在建工程”等科目，贷记“应交税费——应交契税”科目。缴纳税金时，借记“应交税费——应交契税”科目，贷记“银行存款”科目。也可以不通过“应交税费——应交契税”科目，当实际缴纳契税时，借记“固定资产”“无形资产”科目，贷记“银行存款”科目。

案例 7-14：某企业以 900 万元取得一块土地使用权，当地规定契税税率为 3%，该企业应如何进行会计处理？

【解析】应纳契税=900×3%=27（万元）

借：无形资产——土地使用权　　　　270 000

　　贷：银行存款　　　　270 000

七、契税的纳税申报

（一）纳税义务发生时间

契税的纳税义务发生时间是纳税人签订土地、房屋权属转移合同的当天，或者纳税人取得其他具有土地、房屋权属转移合同性质凭证的当天。

（二）纳税期限

纳税人应当自纳税义务发生之日起 10 日内，向土地、房屋所在地的契税征收机关办理纳税申报，并在契税征收机关核定的期限内缴纳税款。

（三）纳税地点

契税在土地、房屋所在地的征收机关缴纳。

《契税纳税申报表》如表 7-7。

表 7-7　契税纳税申报表

填表日期：　年　月　日

纳税人识别号：□□□□□□□□□□□□□□□□□□　　金额单位：元（列至角分）；面积单位：平方米

<table>
<tr><td rowspan="4">承受方信息</td><td>名称</td><td colspan="2"></td><td colspan="3">□单位　□个人</td></tr>
<tr><td>登记注册类型</td><td colspan="2">身份证□　护照□　其他□</td><td>所属行业</td><td colspan="2"></td></tr>
<tr><td>身份证件类型</td><td colspan="2"></td><td>身份证件号码</td><td colspan="2"></td></tr>
<tr><td>联系人</td><td colspan="2"></td><td>联系方式</td><td colspan="2"></td></tr>
<tr><td rowspan="3">转让方信息</td><td>名称</td><td colspan="2"></td><td colspan="3">□单位　□个人</td></tr>
<tr><td>纳税人识别号</td><td></td><td>登记注册类型</td><td></td><td>所属行业</td><td></td></tr>
<tr><td>身份证件类型</td><td></td><td>身份证件号码</td><td></td><td>联系方式</td><td></td></tr>
<tr><td rowspan="3">土地房屋权属转移信息</td><td>合同签订日期</td><td></td><td>土地房屋坐落地址</td><td></td><td>权属转移对象</td><td>（设立下拉列框*）</td></tr>
<tr><td>权属转移方式</td><td>（设立下拉列框）</td><td>用途</td><td>（设立下拉列框）</td><td>家庭唯一住房</td><td>□90 平方米以上
□90 平方米及以下</td></tr>
<tr><td>权属转移面积</td><td></td><td>成交价格</td><td></td><td>成交单价</td><td></td></tr>
</table>

（续表）

税款征收信息	评估价格		计税价格		税率	
	计征税额		减免税额		应纳税额	
以下由纳税人填写：						
纳税人声明	此纳税申报表是根据《中华人民共和国契税暂行条例》和国家有关税收规定填报的，是真实的、可靠的、完整的。					
纳税人签章		代理人签章		代理人身份理证号		
以下由税务机关填写：						
受理人		受理日期	年　月　日	受理税务机关签章		

本表一式两份，一份纳税人留存，一份税务机关留存。

任务七　了解耕地占用税的核算

耕地占用税是对占用耕地建房或从事其他非农业建设的单位和个人，就其实际占用的耕地面积征收的一种税，它属于对特定土地资源占用课税。现行耕地占用税法的基本规范，是2018年12月29日第十三届全国人民代表大会常务委员会第七次会议通过的《中华人民共和国耕地占用税法》。

一、耕地占用税的纳税义务人和征税范围

耕地占用税的纳税义务人，是指在中华人民共和国境内占用耕地建设建筑物、构筑物或从事非农业建设的单位和个人。

耕地占用税的征税范围包括纳税人建设建筑物、构筑物或从事其他非农业建设而占用的国家所有和集体所有的耕地。在占用之前三年内属于上述范围的耕地或农用土地，也视为耕地。

二、耕地占用税的计税依据和税率

（一）计税依据

耕地占用税以纳税人实际占用耕地的面积为计税依据，以平方米为计量单位。

（二）税率

1. 人均耕地不超过1亩的地区（以县级行政区域为单位，下同），每平方米为10～50元；

2. 人均耕地超过1亩但不超过2亩的地区，每平方米为8～40元；

3. 人均耕地超过2亩但不超过3亩的地区，每平方米6～30元；

4. 人均耕地超过3亩以上的地区，每平方米5～25元。

经济特区、经济技术开发区和经济发达、人均耕地特别少的地区，适用税额可以适当提高，但最多不得超过上述规定税额的50%（见表7-8）。

表 7-8　各省、自治区、直辖市耕地占用税平均税额

单位：元

地　　区	每平方米平均税额
上海	45
北京	40
天津	35
江苏、浙江、福建、广东	30
辽宁、湖北、湖南	25
河北、安徽、江西、山东、河南、重庆、四川	22.5
广西、海南、贵州、云南、陕西	20
山西、吉林、黑龙江	17.5
内蒙古、西藏、甘肃、青海、宁夏、新疆	12.5

三、税收优惠

（一）免征耕地占用税

1. 军事设施占用耕地。

2. 学校、幼儿园、社会福利机构、医疗机构占用耕地。

学校范围，包括由国务院人力资源社会保障行政部门，省、自治区、直辖市人民政府或其人力资源社会保障行政部门批准成立的技工院校。

（二）减征耕地占用税

1. 铁路线路、公路线路、飞机场跑道、停机坪、港口、航道占用耕地，减按每平方米2元的税额征收耕地占用税。

2. 农村居民占用耕地新建自用住宅，按照当地适用税额减半征收耕地占用税。

农村烈士家属、残疾军人、鳏寡孤独以及革命老根据地、少数民族聚居区和边远贫困山区生活困难的农村居民，在规定用地标准以内新建自用住宅缴纳耕地占用税确有困难的，经所在地乡（镇）人民政府审核，报经县级人民政府批准后，可以免征或者减征耕地占用税。

免征或者减征耕地占用税后，纳税人改变原占地用途，不再属于免征或者减征耕地占用税情形的，应当按照当地适用税额补缴耕地占用税。

四、应纳税额的计算

耕地占用税以纳税人实际占用的耕地面积为计税依据，以每平方米土地为计税单位，按适用的定额税率计税。其计算公式为：

应纳税额=实际占用耕地面积（平方米）× 单位税额

案例 7-15：假设某市一家企业新占用 20 400 平方米耕地用于工业建设，所占耕地适用的定额税率为 20 元/平方米。计算该企业应纳的耕地占用税。

【解析】

应纳税额=20 400×20=408 000（元）

五、耕地占用税的会计处理

企业按规定计算缴纳的耕地占用税，借记“在建工程”科目，贷记“银行存款”科目。待工程完工后，再借记“固定资产”科目，贷记“在建工程”科目。

案例 7-16：承接案例 7-15 该企业应如何进行会计处理？

【解析】

借：在建工程　　　　408 000

　　贷：银行存款　　　　408 000

六、耕地占用税的纳税申报

耕地占用税由地方税务机关负责征收。土地管理部门在通知单位或者个人办理占用耕地手续时，应当同时通知耕地所在地同级地方税务机关。获准占用耕地的单位或者个人应当在收到土地管理部门的通知之日起 30 日内缴纳耕地占用税。土地管理部门凭耕地占用税完税凭证或者免税凭证和其他有关文件发放建设用地批准书。

任务八　关税

一、关税的概念

关税（customs duties；tariff）是指进出口货物经过一国关境时，由政府设置的海关向进出口商课征的一种税收。关税有两个主要特点：第一，关税的征收对象是进出境的货物和物品；第二，关税具有涉外性，是对外贸易政策的重要手段。由于关税在商品的流通过程中征收，进出口商可以把关税税额作为成本的一部分追加到进出口商品上，最终将关税负担转嫁给消费者，因此关税是一种间接税。

关税的征收是通过海关来执行的。海关是设立在关境上的国家行政管理机构，其职责是依照国家法令，对进出口货物、货币、金银、行李、邮件、运输工具等进行监督管理、征收关税、查禁走私、临时保管通关货物和编制进出口统计等。

海关执行海关法令规章、行使管辖权、征收关税的领域称为关境（customs territory；customs frontier），亦称税境或关税领域。货物只有在进出关境时才被视为进出口货物而征收关税。一般情况下，一国关境与国境重合，但也有不一致的情况。自由港、出口加工区、保税区等经济特区虽在国境之内，但却在关境之外，因此设有经济特区的国家关境小于国境。另一种情况，当几个国家结成关税同盟（如欧盟），对内取消一切贸易限制，对外建立统一的关税制度，则这些国家的关境大于国境。

我国关税的相关法律、法规主要包括国务院颁布的《中华人民共和国进出口关税条例》（以下简称《进出口关税条例》）、《中华人民共和国海关进出口税则》（以下简称《海关进出口税则》以及 1987 年 1 月 22 日第六届全国人民代表大会常务委员会第十九次会议通过，经 2000 年 7 月 8 日第九届全国人民代表大会常务委员会第十六次会议修正的《中华人民共和国海关法》（以下简称《海关法》）。

二、关税的课税对象和税目

关税的课税对象是进出境的货物、物品。凡准许进出口的货物，除国家另有规定的以外，均应由海关征收进口关税或出口关税。对从境外采购进口的原产于中国境内的货物，也应按规定征收进口关税。

关税的税目、税率都由《海关进出口税则》规定。它包括三个主要部分：归类总规则、进口税率表、出口税率表，其中归类总规则是进出口货物分类的具有法律效力的原则和方法。

进出口税则中的商品分类目录为关税税目。按照税则归类总规则及其归类方法，每种商品都能找到一个最适合的对应税目。

三、关税的纳税人及税率

（一）关税的纳税人

贸易性商品的纳税人是经营进出口货物的收、发货人。具体包括：（1）外贸进出口公司；（2）工贸或农贸结合的进出口公司；（3）其他经批准经营进出口商品的企业。

物品的纳税人包括：（1）入境旅客随身携带的行李、物品的持有人；（2）各种运输工具上服务人员入境时携带自用物品的持有人；（3）馈赠物品以及其他方式入境个人物品的所有人；（4）个人邮递物品的收件人。接受纳税人委托办理货物报关等有关手续的代理人，可以代办纳税手续。

（二）关税的税率

1. 税率的种类

关税的税率分为进口税率和出口税率两种。其中进口税率又分为普通税率、最惠国税率、协定税率、特惠税率、关税配额税率和暂定税率。进口货物适用何种关税税率是以进口货物的原产地为标准的。进口关税一般采用比例税率，实行从价计征的办法，但对啤酒、原油等少数货物则实行从量计征。我国目前仅对录像机、放像机、摄像机等实行从价加从量的复合税率。

（1）普通税率。对原产于未与我国共同适用最惠国条款的世界贸易组织成员国或地区，未与我国订有相互给予最惠国待遇、关税优惠条款贸易协定和特殊关税优惠条款贸易协定的国家或者地区的进口货物，以及原产地不明的货物，按照普通税率征税。

（2）最惠国税率。对原产于与我国共同适用最惠国条款的世界贸易组织成员国或地区的进口货物，原产于与我国签订含有相互给予最惠国待遇的双边贸易协定的国家或者地区的进口货物，以及原产于我国的进口货物，按照最惠国税率征税。

（3）协定税率。对原产于与我国签订含有关税优惠条款的区域性贸易协定的国家或地区的进口货物，按协定税率征税。

（4）特惠税率。对原产于与我国签订含有特殊关税优惠条款的贸易协定的国家或地区的进口货物，按特惠税率征收。

（5）关税配额税率。是指关税配额限度内的税率。关税配额是进口国限制进口货物数量的措施，把征收关税和进口配额相结合以限制进口。对于在配额内进口的货物可以适用较低的关税配额税率，对于配额之外的则适用较高税率。

（6）暂定税率。是在最惠国税率的基础上，对于一些国内需要降低进口关税的货物，以及出于国际双边关系的考虑需要个别安排的进口货物，可以实行暂定税率。

2. 税率的确定

进出口货物应当依照《海关进出口税则》规定的归类原则归入合适的税号，按照适用的税率征税。

（1）进出口货物，应当按照收、发货人或者他们的代理人申报进口或者出口之日实施的税率征税；

（2）进口货物到达前，经海关核准先行申报的，应当按照装载此货物的运输工具申报进境之日实施的税率征税；

（3）进出口货物的补税和退税，适用该进出口货物原申报进口或者出口之日所实施的税率，但下列情况除外：

① 按照特定减免税办法批准予以减免税的进口货物，后因情况改变经海关批准转让或出售需予补税的，应按其原进口之日实施的税率征税。

② 加工贸易进口料、件等属于保税性质的进口货物，如经批准转为内销，应按向海关申报转为内销当日实施的税率征税；如未经批准擅自转为内销的，则按海关查获日期所施行的税率征税。

③ 对经批准缓税进口的货物以后交税时，不论是分期或一次交清税款，都应按货物原进口之日实施的税率计征税款。

④ 分期支付租金的租赁进口货物，分期付税时，都应按该项货物原进口之日实施的税率征税。

⑤ 溢卸、误卸货物事后确定需予征税时，应按其原运输工具申报进口日期所实施的税率征税。如原进口日期无法查明的，可按确定补税当天实施的税率征税。

⑥ 对由于《海关进出口税则》归类的改变、完税价格的审定或其他工作差错而需补征税款的，应按原征税日期实施的税率征税。

⑦ 查获的走私进口货物需予补税时，应按查获日期实施的税率征税。

⑧ 暂时进口货物转为正式进口需予补税时，应按其转为正式进口之日实施的税率征税。

四、关税的计税依据

我国对进出口货物征收关税，主要采取从价计征的办法，以商品价格为标准征收关税。因此，关税主要以进出口货物的完税价格为计税依据。

1. 进口货物的完税价格

（1）一般贸易项下进口的货物以海关审定的成交价格为基础的到岸价格作为完税价格。所谓成交价格是一般贸易项下进口货物的买方为购买该项货物向卖方实际支付或应当支付的价格。在货物成交过程中，进口人在成交价格外另支付给卖方的佣金，应计入成交价格，而向境外采购代理人支付的买方佣金则不能列入，如已包括在成交价格中应予以扣除；卖方付给进口人的正常回扣，应从成交价格中扣除。卖方违反合同规定延期交货的罚款，卖方在货价中冲减时，罚款则不能从成交价格中扣除。

到岸价格是指包括货价以及货物运抵我国关境内输入地点起卸前的包装费、运费保险费和其他劳务费等费用构成的一种价格，其中还应包括为了在境内生产、制造、使用或出版、发行的目的而向境外支付的与该进口货物有关的专利、商标、著作权，以及专有技术、计算机软件和资料等费用。为避免低报、瞒报价格偷逃关税，进口货物的到岸价格不能确定时，本着公正、合理的原则，海关应当按照规定估定完税价格。

（2）对于某些特殊、灵活的贸易方式（如寄售等）下进口的货物，在进口时没有“成交价格”可作依据，为此《进出口关税条例》对这些进口货物制定了确定其完税价格的方法，主要有以下六种：

① 运往境外加工的货物的完税价格。出境时已向海关报明，并在海关规定期限内复运进境的，以加工后货物进境时的到岸价格与原出境货物价格的差额作为完税价格。如无法得到原出境货物的到岸价格，可以用原出境货物相同或类似货物的在进境时的到岸价格，或用原出境货物申报出境时的离岸价格代替。如果两种方法都不行，则可用原出境货物在境外支付的工缴费加上运抵中国关境输入地点起卸前的包装费、运费、保险费和其他劳务费等作为完税价格。

② 运往境外修理的机械器具、运输工具或者其他货物的完税价格。出境时已向海关报明并在海关规定期限内复运进境的，以经海关审定的修理费和料件费作为完税价格。

③ 租借和租赁进口货物的完税价格。租借、租赁方式进境的货物，以海关审查确定的货物租金作为完税价格。

④ 对于国内单位留购的进口货样、展览品和广告陈列品，以留购价格作为完税价格。但对于留购货样、展览品和广告陈列品的买方，除按留购价格付款外，又直接或间接给卖方一定利益的，海关可以另行确定上述货物的完税价格。

⑤ 逾期未出境的暂时进口货物的完税价格。对于经海关批准暂时进口的施工机械、工程车辆、供安装使用的仪器和工具、电视或电影摄制机械，以及盛装货物的容器等，如入境超过半年仍留在国内使用的，应自第 7 个月起，按月征收进口关税，其完税价格按原进口时的到岸价格确定，每月的税额计算公式为：

每月关税=货物原到岸价格×关税税率×1/48

⑥ 转让出售进口减免税货物的完税价格。按照特定减免税办法批准予以减免税进口的货物，在转让或出售而需补税时，可按这些货物原进口时的到岸价格来确定其完税价格。其计算公式为：

完税价格=原入境到岸价格×[1−实际使用月份÷(管理年限×12)]

管理年限是指海关对减免税进口的货物监督管理的年限。

2. 出口货物的完税价格

出口货物应当以海关审定的货物售予境外的离岸价格，扣除出口关税后作为完税价格。计算公式为：出口货物完税价格=离岸价格÷(1+出口税率)

离岸价格应以该项货物运离关境前的最后一个口岸的离岸价格为实际离岸价格。若该项货物从内地起运，则从内地口岸至最后出境口岸所支付的国内段运输费用应予扣除。

离岸价格不包括装船以后发生的费用。出口货物在成交价格以外支付给国外的佣金应予扣除，未单独列明的则不予扣除。出口货物在成交价格以外，买方还另行支付的货物包装费，应计入成交价格。当离岸价格不能确定时，完税价格由海关估定。

3. 进出口货物完税价格的审定

对于进出口货物的收、发货人或其代理人向海关申报进出口货物的成交价格明显偏低，而又不能提供合法证据和正当理由的；申报价格明显低于海关掌握的相同或类似货物的国际市场上公开成交货物的价格，而又不能提供合法证据和正当理由的；申报价格经海关调查认定买卖双方之间有特殊经济关系或对货物的使用、转让互相订有特殊条件或特殊安排，影响成交价格的，以及其他特殊成交情况，海关认为需要估价的，则按以下方法依次估定完税价格：

（1）相同货物成交价格法。即以从同一出口国家或者地区购进的相同货物的成交价格作为该被估货物完税价格的价格依据。

（2）类似货物成交价格法。即以从同一出口国家或者地区购进的类似货物的成交价格作为该被估货物完税价格的价格依据。

（3）国际市场价格法。即以进口货物的相同或类似货物在国际市场上公开的成交价格作为该被估货物完税价格的价格依据。

五、关税应纳税额的计算

（一）从价税应纳税额的计算

关税税额=应税进（出）口货物数量×单位完税价格×适用税率

（二）从量税应纳税额的计算

关税税额=应税进（出）口货物数量×关税单位税额

（三）复合税应纳税额的计算

关税税额=应税进（出）口货物数量×关税单位税额+应税进（出）口货物数量×单位完税价格×适用税率

（四）滑准税应纳税额的计算

滑准税是指关税的税率随着进口商品价格的变动反方向变动的一种税率形式，即价格越高，税率越低，税率为比例税率。因此，对实行滑准税的进口商品应纳关税税额的计算方法与从价税的计算方法相同。

例 7-17：某公司进口化妆品一批，支付国外的买价 220 万元、国外经纪费 10 万元，运抵我国海关地前的运输费用 20 万元、装卸费用和保险费用 11 万元，支付海关地运往公司仓库的运输费用 8 万元，装卸费用和保险费用 3 万元。请问该公司应缴纳关税多少万元？

【解析】应纳税额=(220+10+20+11)×20%=52.2（万元）

六、关税的账务处理

企业应当在“应交税费”科目下设置“应交进口关税”和“应交出口关税”两个明细科目，分别用来核算企业发生的和实际缴纳的进出口关税，其贷方反映企业应缴纳的关税，其借方反映企业实际缴纳的关税，余额在贷方表示企业应缴而未缴的关税。对于进口关税，应当计入进口货物的成本；而对于出口关税，通常应当计入企业的营业税金。

进口关税一般计入货物的成本，增值税如果是一般纳税人，可以作为进项抵扣税额，在计算上，关税应根据货物的归属，选择适用关税税率，关税完税价格×适用税率=关税，根据海关完税单据，去税务局认证后可以抵扣增值税进项税额。

进口增值税和进口关税会计分录如下：

借：库存商品或原材料（采购价+关税等）

　　应交税费——应交增值税（进项税额）

　　贷：银行存款

七、关税的纳税申报

（一）关税缴纳

进口货物自运输工具申报进境之日起 14 日内，出口货物在货物运抵海关监管区后装货的 24 小时以前，应由进出口货物的纳税义务人向货物进（出）境地海关申报，海关根据税则归类和完税价格计算应缴纳的关税和进口环节代征税，并填发税款缴款书。纳税义务人应当自海关填发税款缴款书之日起 15 日内，向指定银行缴纳税款。如关税缴纳期限的最后 1 日是周末或法定节假日，则关税缴纳期限顺延至周末或法定节假日过后的第 1 个工作日。为方便纳税义务人，经申请且海关同意，进（出）口货物的纳税义务人可以在设有海关的指运地（启运地）办理海关申报、纳税手续。

关税纳税义务人因不可抗力或者在国家税收政策调整的情形下，不能按期缴纳税款的，经海关总署批准，可以延期缴纳税款，但最长不得超过 6 个月。

（二）关税的强制执行

纳税义务人未在关税缴纳期限内缴纳税款，即构成关税滞纳。为保证海关征收关税决定的有效执行和国家财政收入的及时入库，《海关法》赋予海关对滞纳关税的纳税义务人强制执行的权利。强制措施主要有两类：

1. 征收关税滞纳金。滞纳金自关税缴纳期限届满滞纳之日起，至纳税义务人缴纳关税之日止，按滞纳税款万分之五的比例按日征收，周末或法定节假日不予扣除。具体计算公式为：

关税滞纳金金额=滞纳关税税额×滞纳金征收比率×滞纳天数

2. 强制征收。如纳税义务人自海关填发缴款书之日起 3 个月仍未缴纳税款，经海关关长批准，海关可以采取强制扣缴、变价抵缴等强制措施。强制扣缴，即海关从纳税义务人在开户银行或者其他金融机构的存款中直接扣缴税款。变价抵缴，即海关将应税货物依法变卖，以变卖所得抵缴税款。

（三）关税退还

关税退还是关税纳税义务人按照海关核定的税额缴纳关税后，因某种原因的出现，海关将实际征收多于应当征收的税额（称为溢征关税）退还给原纳税义务人的一种行政行为。根据《海关法》规定，海关多征的税款，海关发现后应当立即退还。

按规定，有下列情形之一的，进出口货物的纳税义务人可以自缴纳税款之日起1年内，书面声明理由，连同原纳税收据向海关申请退税并加算银行同期活期存款利息，逾期不予受理：

1. 因海关误征，多纳税款的；
2. 海关核准免验进口的货物，在完税后，发现有短卸情形，经海关审查认可的；
3. 已征出口关税的货物，因故未将其运出口，申报退关，经海关查验属实的。

对已征出口关税的出口货物和已征进口关税的进口货物，因货物品种或规格原因（非其他原因）原状复运进境或出境的，经海关查验属实的，也应退还已征关税。海关应当自受理退税申请之日起30日内，做出书面答复并通知退税申请人。本规定强调的是，“因货物品种或规格原因，原状复运进境或出境的”。如果属于其他原因且不能以原状复运进境或出境，不能退税。

（四）关税补征和追征

补征和追征是海关在关税纳税义务人按海关核定的税额缴纳关税后，发现实际征收税额少于应当征收的税额（称为短征关税）时，责令纳税义务人补缴所差税款的一种行政行为。海关法根据短征关税的原因，将海关征收原短征关税的行为分为补征和追征两种。非因纳税人违反海关规定造成短征关税的，称为补征；由于纳税人违反海关规定造成短征关税的，称为追征。区分关税补征和追征的目的是为了区别不同情况适用不同的征收时效，超过时效规定的期限，海关就丧失了追补关税的权力。根据《海关法》规定，进出境货物和物品放行后，海关发现少征或者漏征税款，应当自缴纳税款或者货物、物品放行之日起1 年内，向纳税义务人补征；因纳税义务人违反规定而造成的少征或者漏征的税款，自纳税义务人应缴纳税款之日起3年以内可以追征，并从缴纳税款之日起按日加收少征或者漏征税款万分之五的滞纳金。

知识拓展

1.　房产税的改革

房产税改革主要包括以下三方面的改革：

首先是充分发挥税收调节收入分配的作用，实施个人所得税改革，推进个人收入申报和财产登记、信息沟通等社会征信系统建设，逐步建立健全综合和分类相结合的个人所得税制度。统筹推进房地产税费改革，对房地产交易环节征收的有关税种进行简并。总结个人住房房产税改革试点经验，研究逐步在全国推开，同时积极推进单位房产的房产税改革。

其次是强化税收促进经济结构优化和发展方式转变的作用。在实施和完善消费型增值税的基础上，推进营业税改征增值税改革，最终实现货物与劳务税制的统一。合理调整消费税范围和税率结构，进一步推进资源税改革，选择防治任务繁重、技术标准成熟的税目开征环境保护税。

最后是构建地方税体系，将财产行为有关税收作为地方税体系的重要内容，不断增加地方税收收入。在统一税政的前提下，赋予省级政府适当税政管理权限，培育地方支柱税源。

当前房地产交易环节征收的税种过多、税负偏重，本次房产税的改革，对房产税交易税种进行简并，未来我国房产交易环节税负有可能下降，购房者能够享受到更多的税收减负的优惠。

2. 印花税的演变

印花税是一个古老的税种。荷兰是印花税的创始国。1624 年，荷兰政府在广泛征询民间建议的基础上，确定实施了一种以商事产权凭证为征收对象的印花税，由于缴税时是在凭证上用刻花滚筒推出“印花”戳记，以示完税，因此被命名为“印花税”。1854 年，奥地利政府印制发售了形似邮票的印花税票，由纳税人自行购买贴在应纳税凭证上，并规定完成纳税义务是以在票上盖戳注销为标准，世界上由此诞生了印花税票。目前，世界上已有 100 多个国家和地区开征了印花税。

中央人民政府财政部税务总局于 1949 年 11 月，发行了新中国第一套印花税票，主图是在两根柱子之间由齿轮和麦穗衬托下的五星红旗飘扬在地球上，称为“旗球图”印花税票。

1988 年 8 月 6 日，中华人民共和国国务院以 11 号令发布《中华人民共和国印花税暂行条例》，规定重新在全国统一开征印花税。1988 年 10 月 1 日，正式恢复征收印花税。1988 年，国家税务总局监制发行了新中国第三套印花税票，由北京邮票厂印制。

为了适应税收事业的发展，满足广大集藏爱好者的需要，国家税务总局决定，自 2001 年起定期对印花税票图案进行换版，同年印制发行了第三套第二版印花税票——“社会主义现代化建设图”印花税票，一套九枚。2003 年，国家税务总局印制发行了第三套第三版印花税票——“中国世界文化遗产图”。2005 年，为迎接 2008 年第 29 届奥运会在北京的召开，经国家税务总局批准，北京市地方税务局发行了新中国第一套地方版印花税票——“北京胡同”，全套九枚，由国家邮政局邮票印制局印制。

3. 契税的起源

我国契税起源于东晋时期的“估税”，至今已有 1 600 多年的历史。当时规定，凡买卖田宅、奴婢、牛马，立有契据者，每一万钱交易额官府征收四百钱，即税率为 4%，其中卖方缴纳 3%，买方缴纳 1%。北宋开宝二年（公元 969 年），开始征收印契钱（性质上是税，只是名称为钱）。这时不再由买卖双方分摊，而是由买方缴纳了。并规定缴纳期限为两个月。从此，开始以保障产权为由征收契税。以后历代封建王朝对土地、房屋的买卖、典当等产权变动都征收契税，但税率和征收范围不完全相同。如清初顺治四年（公元 1648 年）规定，民间买卖、典押土地和房屋登录于官时，由买主依照买卖价格，每一两银纳税三分（即 3%）。到清朝末年，土地、房屋的买卖契税税率提高到 9%，典当契税税率提高到 6%。

新中国成立后，政务院于 1950 年发布《契税暂行条例》，规定对土地、房屋的买卖、典当、赠与和交换征收契税。1954 年财政部经政务院批准，对《契税暂行条例》的个别条款进行了修改，规定对公有制单位承受土地、房屋权属转移免征契税。社会主义改造完成以后，土地禁止买卖和转让，征收土地契税也就自然停止了。这样使得契税征收范围大大缩小，收入额很小。

改革开放后，国家重新调整了土地、房屋管理方面的有关政策，房地产市场逐步得到恢复和发展。为适应形势的要求，从 1990 年开始，全国契税征管工作全面恢复。恢复征收后，契税收入连年大幅度增加，从 1990 年的 1.34 亿元增加到 1997 年的 36 亿元，成为地方税收中最具增长潜力的税种。但由于《契税暂行条例》立法年代久远，很多规定与当前的实际情况相脱节，在实际工作中难以操作和执行。为了适应建立和发展社会主义市场经济形势的需要，充分发挥契税筹集财政收入和调控房地产市场的功能，从 1990 年起，我国着手开始了《契税暂行条例》的修订工作。其间经过大量的调查研究，数易其稿。1997 年 7 月 7 日，李鹏总理签署国务院第 224 号令，发布了《中华人民共和国契税暂行条例》，并于同年 10 月 1 日起开始实施。

任务案例实施

案例解析:

关税完税价格=450+40+10=500（万元）

关税=500×60%=300（万元）

甲公司应缴纳的车辆购置税=(500+300)÷(1−25%)÷20×2×10%=10.67（万元）

项目小结:

本章主要是我国税制结构中的一些辅助税种的应纳税额的计算、会计核算、申报缴纳的问题。涉及的税种较多，但每个税种的计算及核算、缴纳并不复杂。这些税种虽然在我国税制结构中不占主体地位，但它们各自都有其独到的调节作用，也是地方财政收入的主要来源，与企业会计核算关系也较为密切。

1. 城市维护建设税是国家对缴纳增值税、消费税的单位和个人征收的一种附加税。城市维护建设税没有自己独立的征税对象，它以纳税人实际缴纳的“两税”税额为计税依据，附加于“两税”税额。教育费附加是对缴纳增值税、消费税的单位和个人，就其实际缴纳的税额为计算依据征收的一种附加费。

2. 房产税是以房产为征税对象，按房屋的计税价值或房产租金收入向房产所有人或经营人征收的一种财产税。房产税的计税依据是房产的计税价值或房产的租金收入。企业计提房产税时，借记“税金及附加”等科目，贷记“应交税费——应交房产税”科目。

3. 印花税是对经济活动和经济交往中书立、领受应税凭证的行为征收的一种税。企业缴纳印花税，一般是自行计算购买、贴花、注销的纳税办法，所以企业缴纳的印花税不需要通过“应交税费”账户核算。

4. 车辆购置税是对在我国境内购置规定车辆的单位和个人征收的一种税。车辆购置税实行一车一申报制度。缴纳车辆购置税后，根据有关凭证，借记“固定资产”科目，贷记“银行存款”科目。

5. 车船税是以车船为征税对象，向拥有车船的单位和个人征收的一种税。企业按规定计算的车船税，应借记“管理费用”科目，贷记“应交税费——应交车船税”科目。

6. 契税是以在中华人民共和国境内转移土地、房屋权属为征税对象，向产权承受人征收的一种财产税。企业取得土地使用权、房屋所有权时按规定应当缴纳的契税，借记“固定资产”“无形资产”“在建工程”等科目，贷记“应交税费——应交契税”科目。也可以不通过“应交税费——应交契税”科目。

7. 耕地占用税是对占用耕地建房或从事其他非农业建设的单位和个人，就其实际占用的耕地面积征收的一种税，它属于对特定土地资源占用课税。企业按规定计算缴纳的耕地占用税，借记“在建工程”科目，贷记“银行存款”科目。待工程完工后，再借记“固定资产”科目，贷记“在建工程”科目。

8. 关税是海关代表国家，按照国家制定的关税政策和公布实施的税法及进出口税则，对进出关境的货物和物品所征收的一种流转税。企业应当在“应交税费”科目下设置“应交进口关税”和“应交出口关税”两个明细科目，分别用来核算企业发生的和实际缴纳的进出口关税。

知识测试与能力训练

强化训练 8-1　同步考试真题

一、单项选择题（2014 年机考）

1. 根据车船税法律制度的规定，下列各项中，属于机动船舶计税单位的是（　　）。

A. 净吨位每吨　　B. 整备质量每吨

C. 每米　　D. 每辆

2. 根据车船税法律制度的规定，下列关于车船税纳税申报的表述中，不正确的是（　　）。

A. 没有扣缴义务人的，纳税人应当向主管税务机关自行申报缴纳车船税

B. 保险机构为扣缴义务人的，应当在收取保险费时依法代收车船税，并出具代收税款凭证

C. 已缴纳车船税的车船在同一纳税年度内办理转让过户的，可以退税

D. 扣缴义务人已代收代缴车船税的纳税人不再向车辆登记地的主管税务机关申报缴纳车船税

3. 根据印花税法律制度的规定，下列各项中，应缴纳印花税的是（　　）。

A. 会计咨询合同　　B. 法律咨询合同

C. 审计咨询合同　　D. 技术咨询合同

4. 根据印花税法律制度的规定，下列各项中，不属于印花税缴纳方法的是（　　）。

A. 自行贴花　　B. 汇贴汇缴　　C. 委托代征　　D. 邮寄申报

5. 甲公司出售一处位于郊区的仓库，取得收入 120 万元，又以 260 万元购入一处位于市区繁华地区的门面房，已知当地政府规定的契税税率是 4%。根据契税法律制度的规定，

下列关于甲公司应缴纳契税税额的计算中，正确的是（　　）。

A. 120×4%=4.8（万元）　　B. 260×4%=10.4（万元）

C. (260−120)×4%=5.6（万元）　　D. (260+120)×4%=15.2（万元）

6. 根据城镇土地使用税法律制度的规定，下列各项中，不属于城镇土地使用税征税范围的是（　　）。

A. 建制镇的土地　　B. 县城的属于城镇的土地

C. 镇政府所在地所辖行政村的土地　　D. 工矿区以内的土地

7. 根据城镇土地使用税法律制度的规定，下列用地中，免予缴纳城镇土地使用税的是（　　）。

A. 港口的码头用地　　B. 邮政部门坐落在县城的土地

C. 水电站的发电厂房用地　　D. 火电厂厂区围墙内的用地

8. 根据耕地占用税法律制度的规定，下列情形中，不缴纳耕地占用税的是（　　）。

A. 占用市区工业用地建设商品房　　B. 占用市郊菜地建设公路

C. 占用牧草地建设厂房　　D. 占用果园建设旅游度假村

二、多项选择题（2014 年机考）

1. 根据车辆购置税法律制度的规定，下列单位和个人中，属于车辆购置税纳税人的有（　　）。

A. 购买应税货车并自用的某外商投资企业

B. 进口应税小轿车并自用的某外贸公司

C. 获得奖励应税轿车并自用的李某

D. 受赠应税小型客车并自用的某学校

2. 根据车辆购置税法律制度的规定，下列各项中，应征收车辆购置税的有（　　）。

A. 挂车　　B. 电动自行车　　C. 有轨电车　　D. 游艇

3. 根据车船税法律制度的规定，下列各项中，应征收车船税的有（　　）。

A. 乘用车　　B. 无轨电车　　C. 电动自行车　　D. 挂车

4. 根据车船税法律制度的规定，下列关于车船税纳税地点的表述中，正确的有（　　）。

A. 依法不需要办理登记的车船，纳税地点为车船的所有人或者管理人所在地

B. 依法需要办理登记，纳税人自行申报纳税的车船，纳税地点为车船登记地主管税务机关的所在地

C. 需要办理登记的车船，纳税地点为车船所在地

D. 扣缴义务人代收代缴税款的车船，纳税地点为扣缴义务人所在地

5. 根据印花税法律制度的规定，下列各项中，不属于印花税纳税人的有（　　）。

A. 合同的当事人　　B. 合同的担保人

C. 合同的鉴定人　　D. 合同的证人

6. 根据印花税法律制度的规定，下列各项中，属于印花税征税范围的有（　　）。

A. 土地使用权出让合同　　B. 土地使用权转让合同

C. 商品房销售合同　　D. 房屋产权证

7. 根据城镇土地使用税法律制度的规定，下列关于城镇土地使用税计税依据的表述

中，正确的有（　　）。

A. 尚未组织测定，但纳税人持有政府部门核发的土地使用证书的，以证书确定的土地面积为准

B. 尚未核发土地使用证书的，应由纳税人据实申报土地面积，并据以纳税，待核发土地使用证书后再作调整

C. 凡由省级人民政府确定的单位组织测定土地面积的，以测定的土地面积为准

D. 城镇土地使用税的计税依据是纳税人实际占用的土地面积

8. 根据耕地占用税法律制度的规定，下列各项中，免征耕地占用税的有（　　）。

A. 养老院占用的耕地　　B. 铁路线路占用的耕地

C. 医院占用的耕地　　D. 学校占用的耕地

三、判断题（2014 年机考）

1. 由国家财政部门拨付事业经费，实行差额预算管理的单位，其记载经营业务的账簿，按“其他账簿”定额贴花，不记载经营业务的账簿不贴花。（　　）

2. 产权所有人、承典人均不在房产所在地的，房产税的纳税人为房产的代管人或使用人。（　　）

3. 对融资租赁的房屋计征房产税时，应以出租方取得的租金收入为计税依据。（　　）

4. 某公立高校将一处原用于教学已免缴契税的教学楼出租给某企业，要征收契税，但不需要补缴已经免缴的契税。（　　）

5. 对公安部门无偿使用铁路、民航等单位的土地，免征城镇土地使用税。（　　）

强化训练 8-2　同步模拟训练题

一、单项选择题

1. 某企业 2017 年年初拥有原值 2 000 万元的房产。2017 年 1 月 1 日将其中的 50%用于对外投资联营，投资期为 5 年（不含增值税），不承担投资联营风险。已知当地政府规定计算房产余值的扣除比例为 30%，该企业 2017 年年度应缴纳的房产税税额为（　　）万元。

A. 20　　B. 14.4　　C. 30　　D. 16.8

2. 根据契税法律制度的规定，下列各项中，应缴纳契税的是（　　）。

A. 承包者获得农村集体土地承包经营权　　B. 企业受让土地使用权

C. 企业将厂房抵押给银行　　D. 个人承租居民住宅

3. 根据车船税法律制度的规定，下列各项中，免缴车船税的是（　　）。

A. 救护车　　B. 人民法院警车

C. 市政公务车　　D. 公共汽车

4. 根据印花税法律制度的规定，下列各项中，属于印花税纳税人的是（　　）。

A. 合同的双方当事人　　B. 合同的担保人

C. 合同的证人　　D. 合同的鉴定人

5. 2010 年 3 月，甲企业与乙企业签订了一份合同，由甲向乙提供货物并运输到乙指定

的地点，合同标的金额为300万元，其中包括货款和货物运输费用。货物买卖合同适用的印花税率为0.3‰，货物运输合同适用的印花税率为0.5‰。根据印花税法律制度的规定，甲企业应纳印花税额是（　　）万元。

A. 0.24　　B. 0.15　　C. 0.09　　D. 0.06

6. 根据房产税法律制度的规定，不征收房产税的地区是（　　）。

A. 县城　　B. 农村　　C. 建制镇　　D. 城市

7. 王某2018年6月购买一辆1.8L排量小汽车自用，支付含增值税价款80 000元。国家税务总局核定该型车辆的车辆购置税最低计税价格为73 000元，已知车辆购置税的税率为10%。王某应缴纳的车辆购置税是（　　）元。

A. 3 650　　B. 5 475　　C. 6 837.61　　D. 7 300

8. 根据耕地占用税法律制度的规定，下列各项中，可以按照当地的适用税额标准减半征收耕地占用税的是（　　）。

A. 供电部门占用耕地新建变电站

B. 农村居民经批准在户口所在地按照规定标准占用耕地新建自用住宅

C. 市政部门占用耕地新建自来水厂

D. 国家机关占用耕地新建办公楼

9. 纳税人应当在向公安机关等车辆管理机构（　　），缴纳车辆购置税。

A. 办理车辆交强险手续时　　B. 办理车辆登记注册手续后

C. 办理车辆登记注册手续时　　D. 办理车辆登记注册手续前

10. 地处市区的某内资企业为增值税一般纳税人，主要从事货物的生产与销售。2010年1月按规定缴纳了增值税100万元，同时补缴上一年度增值税10万元及相应的滞纳金1.595万元，罚款20万元。该企业本月应缴纳城市维护建设税为（　　）万元。

A. 5.5　　B. 7.00　　C. 7.7　　D. 9.17

11. 下列项目中，属于进口完税价格组成部分的是（　　）。

A. 进口人向境外自己的采购代理人支付的劳务费

B. 进口人向中介机构支付的经纪费

C. 进口设施的安装调试费用

D. 货物运抵境内输入地点起卸之后的运输费用

12. 某商贸企业从国外进口一辆中轻型商务用车，作为企业班车，海关审定的关税完税价格18万元，关税税率为30%，消费税税率为5%。该商贸企业进口商务用车应纳进口环节税金（　　）万元。

A. 9.36　　B. 9.38　　C. 10.82　　D. 13.28

二、多项选择题

1. 根据房产税法律制度的规定，下列有关房产税纳税人的表述中，正确的有（　　）。

A. 产权属于国家所有的房屋，其经营管理单位为纳税人

B. 产权属于集体所有的房屋，该集体单位为纳税人

C. 产权属于个人所有的营业用的房屋，该个人为纳税人

D. 产权出典的房屋，出典人为纳税人

2. 根据契税法律制度的规定，下列各项中，不征收契税的有（　　）。

A. 接受作价房产入股　　B. 承受抵债房产

C. 承租房产　　D. 继承房产

3. 根据车船税法律制度的规定，下列各项中，属于车船税计税单位的有（　　）。

A. 整备质量每吨　　B. 艇身长度每米

C. 每辆　　D. 净吨位每吨

4. 根据印花税法律制度的规定，下列税率形式中，适用于印花税的有（　　）。

A. 定额税率　　B. 超额累计税率

C. 比率税率　　D. 全额累进税率

5. 根据印花税法律制度的规定，下列各项中，按照“产权转移书据”税目征收印花税的有（　　）。

A. 土地使用权出让合同　　B. 土地使用权转让合同

C. 商品房销售合同　　D. 融资租赁合同

6. 根据印花税法律制度的规定，下列各项中，按照“产权转移书据”税目征收印花税的有（　　）。

A. 专利申请权转让合同　　B. 专利权转让合同

C. 专利实施许可合同　　D. 非专利技术转让合同

7. 下列车辆中，属于车辆购置税征税范围的有（　　）。

A. 三轮摩托车　　B. 无轨电车

C. 半挂车　　D. 三轮农用运输车

8. 根据契税法律制度的规定，下列各项中，应当缴纳契税的有（　　）。

A. 房屋赠与　　B. 农村集体土地承包经营权的转移

C. 以土地使用权作价投资　　D. 以土地使用权抵押

9. 根据耕地占用税法律制度的规定，下列各项中，应征收耕地占用税的有（　　）。

A. 建设铁路线路占用耕地　　B. 建设学校占用耕地

C. 建设公路线路占用耕地　　D. 建设军事设施占用耕地

10. 进境物品的纳税义务人是指（　　）。

A. 携带物品进境的入境人员　　B. 进境邮递物品的收件人

C. 以其他方式进口物品的收件人　　D. 进境物品的邮寄人

E. 以其他方式进口物品的寄件人

11. 某一般纳税人（税率 13%）进口无铅汽油 100 吨，每吨进价 3 000 元人民币，假定关税税率为 10%，则下列表述正确的有（　　）。（1 吨=1 388 升汽油；无铅汽油的消费税税额是 1.0 元/升）

A. 缴纳关税税额为 30 000 元　　B. 缴纳增值税税额为 79 696 元

C. 缴纳消费税税额为 25 580 元　　D. 缴纳消费税税额为 138 800 元

E. 缴纳增值税税额为 60 944 元

三、判断题

1. 城镇土地使用税以纳税人实际占用的土地面积为计税依据。（　　）

2. 资源税纳税人销售应税产品采取分期收款结算方式的，其纳税义务发生时间为发出应税产品当天。（　　）

3. 不记载金额的营业账簿，以账簿的件数为计税依据缴纳印花税。（　　）

4. 凡以房屋为载体，不可随意移动的附属设备和配套设施，无论在会计核算中是否单独记账与核算，都应计入房产原值，计征房产税。（　　）

5. 张某将个人拥有产权的房屋出典给李某，则李某为该房屋房产税的纳税人。（　　）

6. 契税的纳税人是在我国境内转让土地、房屋权属的单位和个人。（　　）

7. 甲企业以价值 300 万元的办公用房与乙企业互换一处厂房，并向乙企业支付差价款 100 万元。这次互换中，乙企业不需缴纳契税，应由甲企业缴纳。（　　）

8. 对房地产开发企业建造的商品房，在出售前已经出租的，应当征收房产税。（　　）

9. 融资租赁的房屋，以该房屋的租金计征房产税。（　　）

10. 购置已征收车辆购置税的车辆，不再征收车辆购置税。（　　）

四、业务训练题

1. 某建筑公司与甲企业签订一份建筑承包合同，合同金额 6 000 万元（不含增值税），施工期间，该建筑公司又将其中价值 800 万元的安装工程分包给乙企业，并签订分包合同。该建筑公司上述合同应缴纳印花税多少钱？

2. 某公司 2016 年有如下车辆：货车 5 辆，每辆整备质量 10 吨；7 月购入挂车 2 辆，每辆整备质量 5 吨，公司所在地政府规定货车年税额 96 元/吨。2016 年该公司应缴纳的车船税多少钱？

3. 某企业建设一厂房，占用耕地 1 000 平方米，当地规定耕地占用税适用税额为每平方米 5 元。请计算该企业耕地占用税并作出相应的会计处理。

4. 某企业拥有房屋原值 2 000 万元，其中单位幼儿园使用的房产原值为 80 万元，将原值 400 万元的房屋出租，年租金为 10 万元，当地政府规定按房产原值一次减除 30%后的余值纳税。请计算该企业应纳房产税税额并作出相应会计处理。

5. 某企业为增值税一般纳税人（增值税税率 13%），2019 年 9 月从国外进口一批材料，货价 80 万元，买方支付购货佣金 2 万元，运抵我国输入地点起卸前运费及保险费 5 万元；从国外进口一台设备，货价 10 万元，境外运费和保险费 2 万元，与设备有关的软件特许权使用费 3 万元；企业缴纳进口环节相关税金后海关放行。材料关税税率 20%，设备关税税率 10%。计算企业应纳进口环节税金并做出相应会计处理。

强化训练 8-3　同步复习思考题

1. 简述城市维护建设税的计税依据和税率。
2. 印花税的纳税义务人是如何确定的？如何进行会计处理？
3. 城镇土地使用权的纳税范围和计税依据是什么？
4. 房产税的纳税范围是什么？自用房产和出租房产分别如何计税？
5. 契税的计税依据是什么？企业单位如何进行会计处理？

参 考 文 献

[1] 中国注册会计师协会. 税法[M]. 北京：中国财政经济出版社，2019

[2] 蔡昌. 税务会计：理论、方法与案例[M]. 北京：清华大学出版社、北京交通大学出版社，2018

[3] 徐双印. 税务会计[M]. 北京：中国电力出版社，2017

[4] 盖地. 税务会计与纳税筹划[M]. 大连：东北财经大学出版社，2018

[5] 王红云. 税务会计与实务操作 [M]. 上海：立信会计出版社，2010

[6] 熊运儿. 税法与税务会计[M]. 北京：北京理工大学出版社，2010

[7] 树利，翟美佳. 税务会计 [M]. 上海：立信会计出版社，2010

[8] 艾华，孙静，万红. 税务会计[M]. 武汉：武汉大学出版社，2010

[9] 富凤英，李抡文. 税务会计实务[M]. 天津：天津大学出版社，2010

[10] 丁云. 税务代理[M]. 北京：北京大学出版社，2010

[11] 窦庆菊. 税务代理[M]. 北京：经济科学出版社，2010

[12] 全国税务师执业资格考试教材[M]. 北京：中国税务出版社，2019

[13] 郭传章，路平. 新编企业纳税会计[M]. 大连：大连理工大学出版社，2008

[14] 贾成海. 税务会计[M]. 合肥：中国科学技术大学出版社，2010

[15] 高从. 纳税实务[M]. 郑州：河南科学技术出版社，2013

[16] 宜国萍、商兰芳. 企业纳税实务[M]. 北京：机械工业出版社，2013